Ascona – Monte Verità

Robert Landmann

Ascona – Monte Verità

Auf der Suche nach dem Paradies

Verlag Huber
Frauenfeld Stuttgart Wien

Von Ursula von Wiese überarbeitete und ergänzte Ausgabe, unter Mitarbeit von Doris Hasenfratz («Die Insel der Seligen»).
Neu herausgegeben mit einem Nachwort versehen von Martin Dreyfuss.

Die Deutsche Bibliothek – CIP-Einheitsaufnahme

Ackermann, Werner:
Ascona – Monte Verità : Auf der Suche nach dem Paradies / Robert Landmann.
Neu hrsg. und mit einem biobibliogr. Anh. vers. von Martin Dreyfus. -
Frauenfeld ; Stuttgart ; Wien : Huber 2000
ISBN 3-7193-1219-4

Umschlag und grafische Gestaltung: Arthur Miserez
Gesamtherstellung: Huber & Co. AG, Grafische Unternehmung und Verlag, CH-8501 Frauenfeld
Einband: Buchbinderei Schumacher, Schmitten
Printed in Switzerland

Inhaltsverzeichnis

Einleitung

Ein Roman? Eine wahre Geschichte?
Zugegeben, Wahrheit ist nicht sonderlich beliebt; sie hat das Odium der Nüchternheit, und gerade in der Literatur steht sie nicht hoch im Kurs. Aber dieser wahre Roman hat alle Reize, die erforderlich sind, um für unwahr gehalten zu werden.

Es handelt sich um ein Schicksal, eine Entwicklung, eine Kette von Erlebnissen, Kämpfen, Irrungen und Abenteuern. Die halbe Welt weiß irgend etwas davon, dieses oder jenes, aus eigener Erfahrung oder aus fremdem Mund. Es gibt wenig Reisende, Künstler, Apostel, Wahrheitssucher, die nicht auf die eine oder andere Art mit diesem Schicksal in Berührung gekommen wären.

Sieben Jahrzehnte sind hier eingefangen. Eine Zeit, angefüllt mit Freude, meist bitterernst genossen, und mit Tragik, die oft recht komisch aussah. Es sind die Jahre eines ungewöhnlichen, eines tollen Lebens. Üblicherweise steht ein Mensch, und vielleicht noch sein Kreis, im Mittelpunkt einer Geschichte, während im Hintergrund, als Staffage, die Landschaft liegt. Hier aber ist die Rede von einer Landschaft, von einem Stück Land, von einem Berg, und die Menschen bilden die Kulisse.

Ascona ist kein gewöhnliches Dorf, und der Monte Verità ist kein gewöhnlicher Berg. Zwar hat er äußerlich nichts Imposantes – er könnte sich genauso gut Hügel nennen, denn er erhebt sich nur 335 Meter über den Meeresspiegel und 150 Meter über Ascona. Die Collina ist nur ein schlichter, unauffälliger Teil vom

Borgo. Sie hat jedoch eine wunderbar schöne Lage oberhalb des Lago Maggiore. Aber dieser Berg hat auch eine Seele. Es ist ein verzauberter Berg. Ein Berg, auf dem mit Leidenschaft nach Wahrheit, nach dem Sinn des Lebens gesucht worden ist. Er wurde «Monte Verità» getauft. Und das war so richtig, dass sich sogar die Behörden und topographischen Anstalten beugten und den Namen anerkannten.

«Berg der Wahrheit» – das hieß nicht, dass der Berg die Wahrheit war oder hatte, sondern daß er sie wollte und suchte.

Viele Jahre dauerte es, bis die Erkenntnis kam, dass das Ziel nicht in großartigen, weltbewegenden Taten lag, sondern in der Beschränkung, der Selbstbesinnung, der Ausgestaltung des eigenen Seins. Man kann nicht von Ascona sprechen, ohne emphatisch, grüblerisch und ein bisschen verdreht zu werden. Das ist eine Eigenart dieses geheimnisvollen Dorfes: Es verleitet zum Schwärmen, zur Überschwänglichkeit, zum Dichten, zum Übertreiben, zum Lügen. Es wimmelt im Borgo wie auf der Collina von phantastischen Gerüchten, zu Tatsachen angewachsenen Vermutungen, unglaublichen und doch geglaubten Märchen, schwindelhaften Gedankensprüngen.

Die Fama spielt eine wichtige Rolle und übernimmt vielfach die Initiative im Asconeser Leben. Das ist wohl gut so, denn die laue Luft, die Sonne und die mystischen Stimmungen zaubern häufig Initiative, Logik, Ausdauer und Willenskraft unmerklich aus den Gemütern weg. Die Luft muss hier eine besondere Zusammensetzung haben. Außer den üblichen Grundstoffen enthält sie gewiss neben einigen übersinnlichen Elementen eine mächtige Dosis Dolcefarniente.

Obwohl die Luft erfüllt ist von Seifenblasen, Ungenauigkeit und Poeterei, soll hier sachlich und auf Grund authentischen Materials einiges aus der Geschichte Asconas berichtet und der Werdegang des Monte Verità erzählt werden.

Man hat behauptet, dass der im Kirchlein S. Pancratio auf den Brissago-Inseln, den «Inseln der Seligen», eingemauerte Stein der Göttin Aphrodite, der Göttin der Schönheit und der Liebe, geweiht sei. Das ist eine Fabel; denn diese Aphrodite war nur die Schwester einer römischen Freigelassenen, wie es sich später herausstellte. Aber diese Tafel beweist immerhin eine römische Siedlung. Auf antike Lebensfreude weisen jedoch im nahen Locarno Funde aus einem Bacchus-Tempel hin, und dort hat man in der Tat zwei Tonfigürchen gefunden, welche die wirkliche Aphrodite darstellen, die Schutzgöttin der Liebe und des Gartenbaus.

Andere Zeugen der römischen Herrschaft sind die stellenweise recht gut erhaltenen Römerstraßen. Die schönste zieht sich von Ascona nach Ronco hin. Besonders interessant ist die in Stein gehauene Straße hinter Arcegno, die in Richtung Intragna führt.

Über die Frühgeschichte des südlichen Tessins unterrichtet eine von Professor Karl Meyer als Privatdruck herausgegebene Familienchronik, die sich «Dei Capitanei von Locarno» betitelt. Bemerkenswert ist, daß es immer zwei Parteien in Ascona gegeben hat; früher waren es der Adel und die Populari. Eine Parallele dazu bildet das spätere Verhältnis vom Dorf Ascona zum Monte Verità.

Das wechselvolle Schicksal Asconas, einer der Durchgangspunkte der großen Handels- und Wanderstraßen nach dem Norden, hat den Geist des Ortes und seiner Bewohner geprägt. Die bedeutende Stellung Asconas neben dem Hauptort Locarno geht aus vielen alten Urkunden hervor. Adelsgeschlechter, wie die der Da Carcano, der Castelletto im Mittelalter und später die berühmten Namen der Serodine, der Pisoni, der Pancaldi, der Vacchini, der Berna, der Abbondio haben nicht nur als politisch Herrschende, sondern auch als Maler, Architekten, Stuckateure, Bildhauer den Namen Asconas weit über die Grenzen getragen. Ein weltoffener Geist belebt diesen Ort bis in die heutigen Tage und ist gewiss eine Ursache für die spannungsreiche Atmosphäre, der der Ort seine

Einmaligkeit verdankt. Die größten Widersprüche prallen in Ascona aufeinander. Das trifft sogar auf die Natur, die geographische Lage zu; denn im unteren Tessin treffen Nord und Süd zusammen. Ascona ist bei vielen Wissenschaftlern als das interessanteste Grenzgebiet, in dem die eigenartigsten Mischungen auftreten, seit langem bekannt. Die Gelehrten erwähnen den Ort, wo subtropische und arktische Welt so auffällig und harmonisch zusammenwirken, sehr häufig, sowohl wegen der botanischen und faunischen als auch wegen der geologischen Seltenheiten.

Auch in der schönen Literatur spiegelt sich schon verhältnismäßig frühzeitig diese Landschaft und ihr intensives Leben wider. Goethe, «Wilhelm Meisters Wanderjahre», Jean Paul, «Titan», Jakob Burckhardt, «Kleine oberitalienische Reisen», Bruno Götz, «Das göttliche Gesicht», Emil Ludwig, «Tom und Sylvester», Werner von der Schulenburg, «Briefe vom Roccolo», Henry Jaeger, «Der Club», Gabriele Reuter, «Benedikta», Franziska v. Reventlow, «Der Geldkomplex» und viele, viele andere Werke enthalten Schilderungen der Gegend von Ascona.

Es ist unmöglich, das reichhaltige Material vollständig zu verwerten; und eine regelrechte, strenge Chronik wird es trotz den wortgetreuen Auszügen aus Berichten und Dokumenten nicht werden. Die Ereignisse sind so romanhaft, dass sie oft eine leichtere Form fordern; die Erlebnisse so individuell, dass sie zuweilen einen subjektiven Ton bedingen.

«Hier haben Klassiker geweilt. Shelley. Und wahrscheinlich Goethe. Seine pädagogische Provinz aus Wilhelm Meister ist zwischen Bellinzona und Ascona zu suchen …

Das Tessin gehört zu den merkwürdigen Ländern der Peripherie, wie einst Böhmen und das Elsass, in denen alles Neue zuerst sprießt, um sich dann weiter ungestört zu entfalten. In diesem Sinne mag der ganze Tessin noch heute als pädagogische Provinz gelten und der Monte Verità in Ascona wird seine Hochburg bleiben.»

So sagt der Chronist Werner von der Schulenburg über die südliche Südschweiz aus.

Die Anachronistin Grete Wels negiert – echt asconesisch – die territoriale Existenz Asconas:

«Zunächst: Ascona gibt es wahrscheinlich gar nicht. Es gibt zwar einen Ort gleichen Namens, der unweit Locarno am oberen Lago Maggiore angebracht ist. Doch scheint die Annahme, dies sei Ascona, sich als Irrtum zu erweisen. Die Prähistorie bringt es an den Tag: Ascona lag zur Zeit, da Kelten es behausten, nicht in Ascona, sondern im benachbarten Moscia, das hinwiederum in jenem heute Ascona sich nennenden Ascona placiert war. Über diesem Ort liegt ein Zauber, den niemand fassen, den niemand definieren, dem niemand sich entziehen kann. Warum eigentlich? Äußerlich unterscheidet es sich kaum von anderen Tessiner See- und Felsennestern. Schön sind sie alle. Ein Ort, der am Lago Maggiore liegt, kann nicht umhin und hat's leicht. Wie alle hat Ascona die blaue Weite des Sees, die ruhige Größe der Tessiner Berge und die subtropische Vegetation des 46. Breitengrades zur Verfügung. Wie alle hat es seine Piazza mit den bonbonfarbenen alten Häusern, mit Bogengängen, mit südlichen Balkonen, mit viel Geschrei, Gesang, elektrischem Klavier und Mond und Sonne.

Soweit wäre alles in Ordnung. Aber was sich nun vor diesem Hintergrund begibt, ist stets auf irgendeine Art wider alle rationale Ordnung der Dinge. Die Asconauten haben eine private Ratio. Wer auf Kredit kauft, kriegt Prozente. Dem Barbezahlenden gewährt man keine. Wer keine Uhr hat, kauft sich nicht etwa eine solche, wohl aber ein Fernrohr, um die Turmuhr zu befragen, die außerdem dreizehn schlägt ...»

Verwandte Seelen: Henri Oedenkoven und Ida Hofmann

Im Baedeker von 1893 konnte man lesen:

«Südlich von Locarno hat man einen Blick in das Val Maggia, die Maggia hat bei ihrer Mündung in den See ein großes Delta gebildet. Weiterhin ist das westliche Ufer bis hoch hinauf mit Landhäusern, Dörfern und Kirchtürmen übersät.» «In der Ecke Ascona (Kahnstation) mit Burgruine und einigen Villen, dann Ronco höher am Abhang. Weiter im See zwei kleine Inseln – Isole di Brissago.»

Aber im Reisetaschenbuch des St. Gallers Iwan von Tschudi stand 1916 unter den Ausflügen, die von Locarno aus empfohlen wurden:

«*Ronco*, 355 m. sw. Über (¼) Solduno und die Maggia-Brücke nach d. freundl. schatt. (¼) Losone mit guten Wein- ‹Grotti›. Dann auf gutem Saumpfad teilw. durch Wald, weiter bei prächt. Niederblick auf d. See u. die Brissago Inseln nach d. trotzig am Bergabhang thron. (¾) Ronco, Heimatort d. Malers Ciseri. V. da Fahrstraße z. See hinab u. üb. Ascona (Alb. Quattrini, einf. gut; H. Monte Verità, teurer) mit Burgruine u. Vegetarier Ansiedlung auf dem ‹Berg der Wahrheit› für kulturmüde Großstädter, n. Locarno zurück.»

Zwischen diesen beiden Daten trug sich folgendes zu:

Sommer 1899. Naturheilanstalt Rikli in Veldes (Österreich).

Ein vierundzwanzigjähriger Herr, lang, schmal, blass, macht die Bekanntschaft einer hübschen jungen Dame. Beide haben etwas

Ehrliches, Ernstes in den Augen. Beide empfinden auf den ersten Blick Sympathie füreinander.

Sie heißt Ida Hofmann. Seit einem Jahr gibt sie Musikunterricht an einem russischen Institut in Cetinje in Montenegro. Jetzt hat sie Ferien; will sich erholen. Sie ist ein bisschen gemütskrank. Not der Jugend. Sie spürt die Diskrepanz zwischen der Gesellschaft und den Gesetzen der Natur. Die Ethik, welche Eltern, Pastoren und Lehrer ihr eingepflanzt haben, steht in krassem Gegensatz zur Wirklichkeit. Sie bekennt, dass sie dieses Leben hasst, weil es sich auf Egoismus, Luxus, Schein, Heimlichkeit, Lüge und Heuchelei aufbaut. Kummer und Resignation verdüstern ihr Leben. Sie weiß keinen Ausweg.

Das alles vertraut sie ihm an. Und sie spürt, dass er sie versteht. Sie sind verwandte Seelen. Auch in ihm ist dieses Leid, dieser Überdruss, genau dieselbe Opposition, dieselbe Sehnsucht. Aber er hat Zeit gehabt, nachzudenken; er ist lange krank gewesen. Er weiß einen Ausweg!

Ihre Augen sind weit geöffnet wie Kinderaugen und hängen an seinem Mund. Erwartung, Hoffnung, alles Schwere ihres jungen Lebens ballt sich in ihr zusammen. Sie erwartet Befreiung.

Dieser Mann ist Henri Oedenkoven, der Sohn eines reichen Antwerpener Großindustriellen. Er wuchs in dem konventionellen Milieu einer verwöhnten und gelangweilten Gesellschaftsklasse auf. Gedankenlos genießt er alle Vergnügungen, das Wohlleben ohne Verantwortung und Ziel. Aber mit der Zeit büßt er sein frisches Wesen ein, seine Spannkraft lässt nach. Er erkennt, wie sinnlos und verfälscht sein Leben, das Leben seiner Umgebung ist. Seine kritischen Instinkte werden wach. Er beginnt zu beobachten, zu denken. Auf einmal durchschaut er den Schwindel der Zivilisation. Ein Abgrund tut sich vor ihm auf.

Er ist schwer krank. Kein Arzt kann helfen. Jahrelang kämpft er mit dem Tod. Sein Zorn über das sinnlose Dasein, das seinen Körper verdorben hat, wandelt sich in entschiedene Ablehnung der unnatürlichen Lebensweise. Reformgedanken bilden sich. Er grübelt, lernt, studiert.

Da die Üppigkeit der flämischen Tafelfreuden ihn anwidert, wendet er sich dem Vegetarismus zu. Neben fleischloser Kost verschlingt er eine Unmenge Literatur. Seine Bibliothek füllt sich mit Büchern und Broschüren in allen Weltsprachen; nichts erscheint auf dem Gebiet des Vegetarismus, das seinem Spürsinn entgeht.

Dann entdeckt er in der Darwinschen Lehre einen bedeutsamen Wink. Aus der Entwicklungstheorie zieht er die Konsequenz, dass den Menschen nur allein der «Frugivorismus», die Ernährung mit Früchten, angemessen sei.

Nochmals wagt der Kranke einen Versuch. Er begibt sich in die Behandlung eines Leipziger Naturheilkundigen. Dieser Mann rettet ihn aus seinem trostlosen Zustand. Ein Wunder ist geschehen. Die Natur hat es vollbracht. Der junge Mensch lebt auf. Jetzt werden seine unbestimmten Pläne zum System. Der Geheilte geht einen neuen Weg. Das Erlebnis der Gesundung erfüllt ihn so stark, dass er schon nach den ersten Schritten die Stimme erhebt, um seine Mitmenschen der neu gewonnenen Erkenntnis teilhaftig werden zu lassen.

Er ruft zur Umkehr.

In großen Zügen entwickelt er seiner Freundin die Grundgedanken seiner Anschauung. In Ida Hofmanns Memoiren formuliert er sie etwa so:

«Innerhalb der bestehenden gesellschaftlichen Organisationen, die jede individuelle Regung im Menschen ersticken und seine Kraft und natürlichen Anlagen in den Dienst der Machtbesitzenden zwingen, ist eine freie Entwicklung nach Befreiung strebender Menschen undenkbar. Auf neuem Boden, auf neu zu erwerbendem Grunde soll das Unternehmen entstehen, dessen Gründung ich mir mit allen mir zu Gebote stehenden Mitteln schon seit mehreren Jahren als Ziel gesteckt habe.»

Mit Begeisterung willigt Ida Hofmann ein, sich an dem Zukunftsunternehmen zu beteiligen.

Innige Freundschaft verbindet die beiden, als sie voneinander Abschied nehmen.

Noch wissen sie nicht, wo sie das Paradies errichten werden. Aber wenn sie auch Ort und Namen nicht kennen, so gehören schicksalsmäßig doch schon alle ihre Gedanken und Pläne dem kleinen Berg am oberen Lago Maggiore.

Während Ida Hofmann nach Cetinje zurückkehrte, unternahm Henri Oedenkoven eine Studienreise. Er verbrachte den Winter in Rom und das Frühjahr 1900 in Paris. Das Treiben in den Großstädten, die riesenhaften Veranstaltungen des Anno Santo und das glanzvolle Gepränge auf der Weltausstellung bestärkten ihn in seinem Vorhaben. Dieser Welt des Scheins will er endgültig den Rücken kehren.

Oedenkoven war ein äußerst begabter Briefschreiber. Die Korrespondenz mit seiner Gesinnungsgenossin wuchs ins Unermessliche. «Reich und mannigfaltig, Friede, Wahrheit und Liebe für das Leben des einzelnen und aller verheißend, so entströmten die Gedanken aus Henris gewandter Feder», urteilte Ida Hofmann. Angeregt durch seine losgelöste Sprache, fand auch sie die Worte, die ihr Herz erleichterten: «Unser heute durch Einflüsse und Machtgebote aller Art so kläglich gehemmtes Wünschen, Wollen und Können muss frei zum Ausdruck gebracht werden. Hierin liegt die ganze mögliche Summe individueller Befriedigung, und die unausbleibliche Folge ist größere Eintracht und Liebe unter den Menschen. An die Natur müssen wir uns halten. Wir müssen uns in den Schutz ihrer alles frei gewährenden Gesetze stellen, durch sie gesunden, von ihr, die jedem Lebewesen freie Entwicklung lässt, lernen. Ihre Gesetze sind so weise, so milde, so selbstverständlich, dass sie uns nicht drücken dürfen. Erkennt man sie richtig, so gibt es nichts Einseitiges, sondern nur den regelrechten Ausgleich von Gut und Böse als Wirkung und Ursache. In diesem ewigen Entwicklungsgange macht sich heute eine Zeit unheilvollen Niederganges des körperlichen und geistigen Wohlseins unter uns Menschen bemerkbar. Aber da bietet Natur uns Heilung – Heilung und Wiedergeburt dem, der sich ihr anvertraut.»

Sie legte die Gedanken in ihren Memoiren nieder. Dort ist auch Oedenkovens Anfangsprogramm beschrieben:

«Sein Gedanke ist, mit Zuhilfenahme von Kapitalien als augenblicklich größtem Machtmittel, dem Kapitalismus mit allen seinen sozialen Folgeübeln entgegenzutreten. Späteren Geschlechtern ist es vorbehalten, denselben gleichzeitig mit Steigerung der allgemeinen Sittlichkeit ganz zu bekämpfen. Henris vorläufiges Unternehmen gipfelt in der Gründung einer Naturheilanstalt für solche Menschen, die in Befolgung einfacher und natürlicher Lebensweise entweder vorübergehend Erholung oder durch dauernden Aufenthalt Genesung finden und sich in Wort und Tat seinen Ideen, seinem Wirken anschließen wollen. Hieraus erwächst auf Grund der Einnahmen und Anschluss Gleichgesinnter mit eventuell finanzieller Beteiligung eine oder mehrere Ansiedlungen mit allgemeinem Bodenbesitz, jedoch gesondertem persönlichem Eigentumsrecht, welches durch das individuelle Bedürfnis danach und durch die möglichst selbständige Herstellung der Lebensmittel und Gebrauchsartikel jedes Einzelnen begründet ist. Späterhin folgen die Anlagen von Mühlen, Webereien, Fabriken aller Art auf hygienischer Grundlage zur Betätigung der individuellen Fähigkeiten und Wünsche, nicht jedoch zur bloßen Kapitalsanhäufung oder zur Entfaltung von Luxus; endlich Schulen zur Heranbildung persönlicher Anlagen. Häuslichen und körperlichen Bedürfnissen soll mit Meidung jedes Luxus in dem Maße Rechnung getragen werden, als jeder Einzelne sich den ihm wünschenswerten Komfort durch eigener Hände Arbeit schaffen mag. Die Ausbeutung des Unbemittelten von seiten des Bemittelten zur Befriedigung seiner übertriebenen, ungesunden und luxuriösen Ansprüche fällt hierdurch von selbst weg.»

Aus diesen Überlegungen entstand bald darauf das Experiment – der Monte Verità, der schon jetzt, ehe er entdeckt war, den Keim zum Versagen in sich trug. Aus den Gedanken Oedenkovens geht deutlich hervor, dass das Trachten der beiden Neuerer nicht nur darum ging, sich selbst von den Schlacken des Lebens zu reinigen, sondern auch der Menschheit das Heil zu bringen.

Selbstverständlich traten alsbald mancherlei praktische Bedenken auf. Aber «sie waren bald bekämpft». Oedenkoven hatte zwar ein überdurchschnittlich scharfes Denk- und Urteilsvermögen, aber er war auch besessen von seiner Mission. Vor seinem Willen konnten keine Widerstände, auch keine berechtigten, bestehen. Außerdem waren ihm die äußeren Verhältnisse günstig. Sein Vater war reich, seine Mutter gütig. Musste das Werk da nicht gelingen?

Oedenkoven und Ida Hofmann sahen sich nach weiteren Anhängern um.

Im Oktober 1900 tagte in München im Hause von Ida Hofmanns Angehörigen eine kleine siebenköpfige Versammlung freiheitshungriger Menschen. Vielleicht waren die meisten von ihnen im Grunde weniger freiheitshungrig als gesellschaftsmüde. Jedenfalls wollten sie alle mit der alten Gesellschaftsordnung brechen und eine eigene Ordnung aufbauen. Oedenkoven und Ida Hofmann waren die Seele, die treibende Kraft der kleinen revolutionären Gruppe. Mit ihrem Feuer hätten sie ein Heer von Unzufriedenen entflammen und zur Mitarbeit veranlassen können. Aber sie ließen auch die praktische Seite der Angelegenheit nicht aus den Augen. Mit aller Vorsicht gingen sie ans Werk. Ida Hofmann berichtet:

«Lebhafte Erörterung über praktische und moralische Befähigung jedes Einzelnen, sich selbst und den Mitarbeitern gegenüber, über Utopie und Möglichkeit des Experiments nach Henris Plan führten schließlich zu dem Beschluss, dass das bewegliche Vermögen jedes Einzelnen von uns zur Gründung einer Naturheilanstalt in dem vorgeschriebenen Rahmen beigesteuert würde. Der zu erwartende Gewinn soll zu einem, später näher zu bestimmenden Hauptteil wieder zugunsten des Unternehmens verwendet, der Rest soll zu gleichen Teilen unter die Mitarbeiter verteilt werden. Jedem Mitglied steht es frei, aus der Mitgliedschaft auszutreten, wenn ihm dieselbe nicht mehr oder eine andere Lebensweise ihm besser zusagt. In diesem Falle erhält er das seinerzeit eingezahlte Kapital sobald zurück, als es flüssig ist. Als Ort der Gründung wurde das Ufer eines oberitalienischen Sees in Aussicht genommen und unverzüglich die Wanderung dahin beschlossen.»

Die Reformer prüften sich gegenseitig auf Herz und Nieren.

Das Initiatorenpaar war natürlich von vornherein über jeden Zweifel erhaben.

Besonderer Sympathie in diesem Kreis erfreute sich der ungarische Oberleutnant Karl Gräser. Er war im Sommer 1899 in Veldes gewesen und hatte dort seine ideal-anarchistischen Ideen dargelegt. Der Offizier fand den Soldatenstand unmoralisch und wünschte dem militärischen Zwang zu entrinnen. Geldbesitz hielt er für sündig. Ein größeres Vermögen, das ihm durch Erbschaft zugefallen war, hatte er verschenkt; allerdings nicht ohne eine kleine Reserve zurückzubehalten. Seine Teilnehmerschaft stand außer Frage.

Eine bildhübsche Bürgermeisterstochter, Lotte Hattemer, war froh, dass man ihr gestattete, mitzumachen. Der Ekel vor dem gleichmäßig stumpfen täglichen Dasein ließ ihr die Verhältnisse im bürgerlichen Elternhaus so unerträglich erscheinen, dass ihr jede Veränderung wie eine Erlösung vorkam. Ihr Vater hatte für ihre reichlich überspannt anmutenden Anschauungen kein Verständnis. Als er sie einmal zu einer studentischen Kundgebung mitnahm, kam es zu einer heftigen Auseinandersetzung zwischen ihnen; sie hatte in die hochtönende Rede eines Studenten mit erregter Stimme gerufen: «Alles, was ihr sprecht, ist Unsinn!»

Ein Gutsbesitzer, mit dem Lotte Hattemer eng befreundet war, wurde nach eingehender Diskussion von Oedenkoven auf freundschaftliche Weise ausgeschaltet. Er war ein engherziger Theosoph und konnte mit seinem orthodoxen Weltbild bei den anderen keinen Anklang finden.

Auch um Ida Hofmanns Schwester Jenny wurde heftig debattiert. Es war nicht leicht, einen Kontakt mit ihr herzustellen. Im Gegensatz zu ihrer hochideal gesinnten, leicht entflammten Schwester war sie nüchtern und praktisch veranlagt. Sie hatte große Bedenken, sich zu beteiligen. Aber schliesslich besiegte sie ihre Skepsis. Sie konnte nicht mehr verlieren als ungesunde Stadtluft und eine kümmerliche Lehrerinnentätigkeit. Neben den in Aussicht gestellten finanziellen Vorteilen reizte sie die Möglichkeit, das irrationale Unternehmen mit ihren realen Gedankengängen zu durchsetzen.

Der Siebente in der Runde war Gustav, ein jüngerer Bruder des Oberleutnants Gräser. Er war ein hübscher, hoch gewachsener Bursche von 22 Jahren, der erwartete, dass gutgläubige und fleißige Menschen sein grenzenloses Faulenzertum finanzierten. Auch er lehnte das verlogene Gesellschaftssystem ab, trieb aber die Konsequenz so weit, dass sie den übrigen unangenehm wurde. Da sich seine extreme Gesinnung auch noch in wenig bescheidener Form äußerte, wollten sie ihn durchaus nicht mitnehmen; er war ihnen zu aufdringlich. Er drängte sich dennoch auf und schloss sich unaufgefordert an.

Die große Frage war nun, wo die Kolonie gegründet werden sollte. Auf jeden Fall irgendwo im Süden, wo es viel Sonne, viele Früchte und viel Schönheit gab.

Oedenkoven, der Vielgereiste, schlug einen entzückenden Winkel am mittleren Comer See vor: Lenno. Niemand wusste etwas Besseres. Es wurde daher der Beschluss gefasst, nach Lenno zu wandern. Zu Fuß natürlich, denn die Begeisterung der kleinen Gesellschaft hätte in einem Eisenbahnabteil niemals Platz gehabt. Jenny Hofmann musste vorläufig zurückbleiben. Der Trupp bestand aus Henri Oedenkoven, Ida Hofmann, Lotte Hattemer, Karl Gräser und dem unvermeidlichen Gustav Gräser.

Sie waren ungewöhnlich gekleidet und fielen dadurch überall auf. Eigentlich waren sie ganz vernünftig gekleidet, einfach und luftig, wie es ein Vierteljahrhundert später selbstverständlich war. Auch legten sie den Weg mit bloßen Füßen zurück – nur zeitweise trugen sie Sandalen. Die Männer hatten den Mut, in kniefreien Hosen zu laufen, und die Frauen die Kühnheit, kein Korsett zu tragen. Die Haare ließen sie hängen, wie Gott sie hatte wachsen lassen.

Ein besonders auffallendes Bild bot Gustav Gräser, genannt Gusto. Er genierte sich noch weniger als die anderen. Er war bloßbeinig und hatte eine lange härene Tunika malerisch um sich drapiert. Ein breites ledernes Stirnband, das wie ein Diadem wirkte, hielt seine üppigen, aber strähnigen Haare zurück. Nur selten legte er Sandalen an; auch über steinige Wege konnte er barfuß gehen. Um die Schultern trug er an einem Riemen eine alte Reisetasche. Darin befanden sich … Verse, die er mit großen, schnörkeligen Buchstaben eigenhändig aufgeschrieben hatte. Der Verkauf dieser Gedichte brachte ihm zuweilen etwas von dem tief verachteten Mammon ein. An einem langen Wanderstab schritt er wie ein Prophet einher. Ida Hofmann schrieb über ihn:

«Kinder knien vor ihm nieder, denn sie meinen, der Heiland erscheine ihnen. Davon ausgehend, dass Schöpfung und Menschheit seiner Entwicklung dienen, dass Geldbesitz schlecht sei, verschanzt sich hier Bettelei und Arbeitsscheu hinter angeblicher Bedürfnislosigkeit. Selbst zu träge, um ein angeborenes Künstlertalent weiterzubilden oder auf andere Art seinen Unterhalt zu bestreiten, hält Gustav Gräser, um satt zu werden, skrupellos in den Gärten der Bauern Einkehr und meint, die Menschheit für milde Gaben, Speisung und Wohnung durch seine volltönende Stimme und ein allgemeines Phrasentum über Liebe und Brüderlichkeit voll zu entschädigen. Es gelingt ihm oft, kleine Geister durch sein Auftreten zu verblüffen. Mit Sophismus, aus krankhaften Wahnideen erzeugt, begegnet er den Scharfblickenden, und mit mitleidigem Lächeln lässt er sich buchstäblich vor die Tür setzen. Wie unser Schatten war dieser Mann seit München unseren Spuren gefolgt; er wirkte durch seine fortdauernde Aufdringlichkeit und einen gewissen lehrhaften Ton, den er selbst Greisen gegenüber für angebracht findet, höchst unangenehm auf seine Umgebung.»

Mit Bitterkeit stellte die kleine Gesellschaft fest, wie stark Äußerlichkeiten das Urteil der Menschen beeinflussen; sie verschmähte jedoch die Folgerung, dass es eigentlich überflüssig war, die eigene Anschauung so demonstrativ im Äußerlichen zur Schau zu tragen. Sie alle kamen aus guten bürgerlichen Verhältnissen und waren gewohnt gewesen, dass ihr vornehmes Kleid ihnen allgemein Achtung verschafft hatte. Jetzt, wo ihre Bedürfnislosigkeit den auffälligsten Stempel der Armut trug, erhob man sich über sie und verweigerte ihnen oft freundliche Aufnahme.

Der Weg führte sie über Oberammergau – man ließ sich keine weihevolle Stimmung entgehen und besuchte die Passionsspiele – und über das Stilfser Joch nach Cadenabbia und in die Nähe von Lenno.

Je südlicher sie gekommen waren, desto größer wurde die Hilfsbereitschaft der Bevölkerung. Das selbstverständliche, ungezwungene und offene Auftreten verschaffte sich Respekt, auch wenn man kein Verständnis für die fremdartigen Erscheinungen hatte.

Die auserwählte Gegend schien für die geplanten Zwecke geeignet zu sein. Mit Eifer und Gewissenhaftigkeit wurden auf Streifzügen in der Umgebung des Ortes Grundstücke besichtigt. Jedes Haus, jeder Stall, jede Scheune wurde eingehend auf Verwendbarkeit hin geprüft.

Eigentlich hätte man nun kaufen können. Aber da war ein unerklärliches Gefühl, als ob doch noch etwas anderes möglich wäre, als ob es doch noch etwas Endgültigeres gäbe, etwas Wichtigeres vielleicht als nur Klima und Landschaft.

Schließlich wurde man sich einig, dass noch ein paar andere Orte angeschaut werden müssten, damit die Entscheidung für Lenno ein noch stärkeres Gewicht bekäme.

Karl Gräser zog mit dem Auftrag los, die Landschaft am unteren Comer See und die Umgebung von Mailand zu erkunden. Sein Bruder begleitete ihn. Lotte Hattemer und Ida Hofmann sollten die Gegend um Lugano und am Lago Maggiore besichtigen. Oedenkoven blieb zurück, um die Grundstücke, die er kaufen sollte, im Auge zu behalten.

Die beiden Mädchen hatten es jetzt, wo ihnen der männliche Schutz fehlte, zuweilen recht schwer. Sie wurden belästigt und mussten abends viele Stunden in strömendem Regen herumsuchen, ehe sie jemanden fanden, der bereit war, ihnen für ihr gutes Geld Unterkunft zu gewähren. Auch die Grenzbeamten nahmen die Gelegenheit wahr, sich großartig aufzublähen und aus Misstrauen einen interessanten Fall zu wittern. In Luino trafen die beiden Mädchen mit Gräsers zusammen. Eine Menschenmenge scharte sich um das seltsame vierblättrige Kleeblatt und genoss mit harmlos südländischer Fröhlichkeit die Sensation. Man hielt die Fremdlinge für Engländer oder Artisten, auf alle Fälle für nicht ganz normal.

Sie mussten im Ort bleiben. Einer der berüchtigten tropenartigen Regen floss unaufhörlich herunter und verbreitete empfindliche Kälte. Da erwies sich die luftige Kleidung als unzulänglich. Blaugefroren und wahrhaft schlechter Laune verkrochen sie sich unter feuchte Bettdecken und warteten auf besseres Wetter.

Gräsers hatten bald keine Ruhe mehr und eilten weiter nach Locarno. Dafür erschien eines Nachmittags Henri Oedenkoven in Luino. Auch er hatte blaugefrorene Waden, aber seine Stimmung war rosig. Seine heitere Art verscheuchte alle Mutlosigkeit.

Von Karl Gräser kam eine begeisterte Nachricht: «Hier findet man wirkliche Menschen, auch langhaarige – und vegetarische Pensionen ...» Da gab es kein Halten mehr. In dunkler Frühabendstunde schon lief das Trio Henri, Ida und Lotte auf dem Monte Trinità herum. Sie suchten die Pension Engelmann und beleuchteten mit Streichhölzern die Türschilder.

Endlich fanden sie die Pension. Herzlich wurden sie von dem Ehepaar Engelmann aufgenommen. Sie waren hier bei Gesinnungsfreunden und fühlten sich sofort wohl. Die Abende waren stimmungsvoll. Herr Engelmann, ein Sachse, rezitierte Wagner und spielte Harmonium. Er erhöhte die Weihe in raffinierter Weise durch eine rote Lampe, die er mitten unter der Tischplatte angebracht hatte; so war der Raum in mystisches Halbdunkel getaucht.

Besonders Ida Hofmann war für das Gebotene empfänglich. Sie war eine ausgezeichnete Pianistin und schwärmte für das kräftige Pathos der Wagnerschen Musik.

Mit offenen Augen lernten sie die Gegend kennen. Der südliche Teil des Kantons Tessin war damals noch ein unentdecktes, unberührtes Land. Der Tourismus kannte nur Lugano als Durchgangspunkt für den «richtigen» Süden: Italien. Die Bevölkerung war, wie das ganze Land, ein glückliches Gemisch aus entgegengesetzten Zonen. Sie vereinte den Typus, die Grandezza, das Temperament und die Genügsamkeit südlicher Völker mit nordischer Geradheit, Sauberkeit und Gemütstiefe.

Das Herz der Neuankömmlinge füllte sich mit tiefer Sympathie für dieses Land und seine Leute. Sie fanden hier in gewissem Maße die Ungezwungenheit und Bedürfnislosigkeit, die sie anstrebten.

Die schönen Herbsttage färbten Felsen, Wälder, Wasser, Wiesen und Dörfer. Das Licht des Südens traf hier mit den Schatten des Nordens zusammen. Und noch etwas begeisterte die kleine Schar. Wie die Sonne ihren Körper wohltuend wärmte und der Landschaftszauber die Gemüter beglückte, so erfüllte sich auch die geistige Sehnsucht nach einer unverstellten menschlichen Atmosphäre. Dieser Teil des Tessins war vorbereiteter Boden für die Oedenkovenschen Ideen. In Brissago, Ronco, Ascona, Losone, Minusio, Orselina, Monte Trinità – bis hinein in die Täler und hinauf zu den Höhen von Bosco – gab es eine Stimmung, die einer neuen Gedankenwelt günstig war. Überall gab es Abseitslebende. Künstler, Philosophen, Theosophen, Vegetarier, politische Flüchtlinge. Nicht in großen Mengen, im Gegenteil, nur ganz vereinzelt, verstreut; aber doch genug, um einen Hauch des Besonderen, des Bereiten, des Empfänglichen über die Gegend zu legen.

Einen besonderen Eindruck machten die beiden Inseln vor Ronco; geheimnisvoll ragten sie aus dem Wasser, von den Asconeser Fischern misstrauisch beobachtet. Hier spielte sich einstmals ein tolles und ausschweifendes Klosterleben ab, sodass der Papst gezwungen war, einzuschreiten. Dann wurde es immer stiller auf den Inseln. Es musste reizen, sich diese einsamste Einsamkeit zu erschließen und alle ihre Märchengespinste auszukosten. Eine russische Malerin hatte den Mut gehabt, von den Inseln und der 2000 Jahre alten Geschichte Besitz zu ergreifen. Nun war sie rastlos tätig, das verwahrloste Gebiet in ein großartiges, kostbares Paradies zu verwandeln. Sie verstand es, mit sicherem Gefühl für die gärtnerischen Möglichkeiten eine wunderbare tropische Pflanzenwelt hervorzuzaubern. Ihrem feinen Kunstsinn gelang es, das historische Milieu mit interessanten Werken alter und neuerer Meister harmonisch zu durchsetzen.

Die Landsucher kreisten immer enger das Gebiet von Ascona ein. Irgend etwas zog sie magisch dorthin.

Im November siedelten sie nach Ascona über. Sie hatten das Gefühl, am Ort ihrer Bestimmung angelangt zu sein.

Die Inseln kamen für einen Ankauf nicht in Betracht. Recht geeignet erschien ihnen das Saleggi, die große von der Maggia angeschwemmte Ebene zwischen Locarno und Ascona. Aber sie strebten nach oben; ihr Interesse und ihre Liebe galten immer stärker der Anhöhe, die sich aus dem Ort hinaushob und den Zugang bildete zu einer unberührten romantischen Felsenlandschaft. Monte Monescia hieß der Hügel.

Oedenkoven verhandelte. Man forderte natürlich von den sonderbaren Fremden mehr, als die Einwohner sonst für kärgliches, verwildertes, steiniges Weidegelände zu zahlen gewohnt waren. Die Kuppe war von Gestrüpp überwuchert, der Boden felsig, und nur an wenigen Stellen gab es tiefergehende Erde. Nach der Locarneser Seite hin stand ein kleines Steinhäuschen, das einmal eine armselige Osteria für Holzfäller gewesen war und in letzter Zeit als Stall gedient hatte. Von dort stuften sich terrassenförmig einige vernachlässigte Rebhänge hinab. Auch ein kleines Stück Wald war vorhanden. Nach Westen öffnete sich das breite Tal der Maggia. Zauberhaft war der Blick gegen Italien. Zwischen zerklüfteten Bergen dehnte sich der unergründlich blaue Lago Maggiore aus.

Die zukünftigen Siedler erwarben zunächst anderthalb Hektar von diesem prächtig gelegenen, aber wenig ergiebigen Grund und Boden. Kaum war der Kauf bekannt geworden, so drängten sich die Besitzer der anliegenden Terrains mit Angeboten heran. Oedenkoven, der eine bedächtigere Natur hatte als seine Begleiter, wog zwar noch ab, welches Gelände für die Arrondierung zweckmäßig sei, aber auch er war schon mit Haut und Haaren diesem kleinen Berg verfallen. Er kaufte hier ein Stück dazu und dort ein Stück, er liebte in diesem Land bereits die Zukunft seiner Pläne, er genoss die Gier, eigene Erde zu besitzen, und je mehr das Grundstück an Umfang zunahm, desto großartiger sah er die Möglichkeiten für seine Kolonie.

Schließlich betrug das Gelände dreieinhalb Hektar. Jetzt hieß es arbeiten!

Gebetene und ungebetene Gäste

Kaum hatte die Tätigkeit begonnen, kam es zu Auseinandersetzungen zwischen den vier Teilhabern. Der Anlass war Gusto, der ungebetene Gast. Seine selbstgefällige Aufdringlichkeit wurde immer unerträglicher. Da er Halt und Unterstützung bei seinem Bruder fand, wiegte er sich in Sicherheit. Er vertrat den extremradikalen Standpunkt derer, die nichts zu verlieren haben, und kritisierte, obwohl er der Jüngste war, schulmeisterlich den Mangel an letzter Konsequenz. Er war den anderen gegenüber im Vorteil, weil die Theorie es leicht hat, geradlinig zu sein, wohingegen die Praxis nicht ohne Konzessionen auskommt.

Die Wogen der Erregung gingen hoch. Eine Sitzung wurde anberaumt. Deutliche Worte wurden gewechselt.

Lotte Hattemer verhielt sich neutral. Ida Hofmann hasste den überheblichen Eindringling. Oedenkoven bestand auf der Entfernung des Schmarotzers. Karl Gräser aber setzte sich energisch für Gustos Bleiben ein. In seinem Innern war Opposition gegen eine mögliche Oedenkovensche Diktatur erwacht.

Aber schließlich unterlagen doch die Gräsers. Karl musste sich fügen, Gusto mußte weiterwandern.

Die Spannung war erloschen, aber die Einheit hatte einen Sprung, die innige Freundschaft einen Knacks bekommen.

Ein gewisser Albert Skarvan, der sich oft besuchsweise zu ihnen gesellte und dem alle sehr zugetan waren, erzählte, dass sich auf dem Monte Trinita einige Extremisten von der Denkart Gusto Gräsers angesiedelt hätten. Sie übten auf niemanden auch nur die geringste Rücksicht. In aller Öffentlichkeit nahmen sie Sonnenbäder und verletzten so das Schamgefühl der Bevölkerung. Lange ging dieses Treiben natürlich nicht. Die Beschwerden der Bauern führten dazu, dass die unvernünftigen Fanatiker gezwungen wurden, die Gegend zu verlassen.

Skarvan war ungarischer Militärarzt gewesen. Seine Überzeugung gipfelte in der Ablehnung, für einen Staat zu arbeiten. Eines Tages hatte er den Soldatendienst verweigert; die österreichische Justiz rächte sich durch Entziehung des Doktordiploms. Ida Hofmann berichtet von ihm:

«Er musste fliehen, fand in Tolstois Hause eine liebevolle Aufnahme und hatte sich schließlich in der Schweiz, vor den Verfolgungen seiner Gegner gesichert, niedergelassen. Ein kräftiges, mit Naturreizen bäuerlicher Abstammung ausgestattetes Mädchen war seit kurzem seine Gattin. Den nächsten Tag schon waren wir bei Skarvan wie zu Hause. Gleiches Streben nach Wahrheit und Freiheit, unter Menschen menschlich zu sein, führte rasch zu ungeahnter Herzlichkeit und Seelenverbindung. Als warmer Anhänger Tolstois und seiner Lehren wusste Skarvan anregend von seinen mit Tolstoi verquickten Erlebnissen zu erzählen, und ein reger Verkehr entspann sich mit ihm.»

Skarvan, der Oedenkovens Anhänger bei Engelmann kennengelernt hatte, bestärkte sie in ihren anarchokommunistischen Grundsätzen. Seinem Einfluß war es zuzuschreiben, dass sich Oedenkoven, dem ursprünglich in allererster Linie das Prinzip der Erneuerung durch naturgemäße Lebensweise am Herzen lag, in erhöhtem Maße mit dem praktisch sozialen Teil seines Programms befaßte. Allerdings ließ sich der im Grunde nüchtern veranlagte Belgier nicht zu phantastischen Spekulationen hinreißen. Er nahm gern und dankbar alle Gedanken und Anregungen an, die sein Unternehmen fördern konnten, und verarbeitete sie gründlich, war aber mit der Anwendung zurückhaltend. Die sentimentale Schwärmerei seiner ersten und späteren Mitarbeiter war ihm wesensfremd. Er erlag ihr nur insofern, als jede Umgebung, auch auf kühle Naturen, einen gewissen Einfluss ausübt. Außerdem war der ganze Zeitgeist, der von Jugendstil, Gefühlsüberschwang, Romantik und reformerischen Ideen erfüllt war, mitbestimmend.

Ende November traf Ida Hofmanns Schwester Jenny ein, um dem Unternehmen als fünfte Teilhaberin beizutreten. Sie erwies sich als sehr brauchbare Mitarbeiterin. Ihre nette, resolute Art wurde allgemein geschätzt; ihre praktischen Fähigkeiten bildeten eine nützliche Ergänzung zu den vielen Theoretikern. Allerdings wurzelten ihr Sinn für Realität und ihre bremsende Skepsis – Eigenschaften, die sie seinerzeit als wertvolles Gegengewicht zu dem Optimismus der übrigen in die Waagschale geworfen hatte – weniger in selbstständiger Überzeugung als in ihrer bürgerlichen Befangenheit.

Das ergab sich deutlich, als ihre Schwester offen erklärte, sie wolle ihre Ansichten über die Ehe durch ihr eigenes Leben dokumentieren. Ida begündete ihre Ansicht mit denselben Worten, mit denen zu allen Zeiten vor und nach ihr mutige Menschen gegen die anmaßende Bevormundung von Staat und Kirche angekämpft haben, und sagte:

«Inzwischen hat die Freundschaft, welche mich mit Henri verbindet, sich immer mehr gefestigt; unsere Interessen stimmen so sehr überein und unsere gegenseitige Sympathie wächst so beglückend, dass in beiden der Wunsch nach dauernder Vereinigung erwacht ist. Liebe als eine in der Natur ‹frei› sich vollziehende Vereinigung zweier Wesen betrachtend, verwerfen wir für uns sowohl den priesterlichen Segensspruch als auch den Staatsakt. Beide stellen für unsere Begriffe eine autoritäre Einmischung Unbeteiligter dar, die keinerlei Gewähr für das Treuegelöbnis bieten und in den meisten Fällen anstatt eines weihevollen Bundes nur ein Geschäft besiegeln, welches von zwei oder mehr Interessenten geschlossen wird. Staat und Kirche bestätigen offiziell jene entwürdigende Besitzergreifung der Frau durch den Mann und bieten daher dem klar denkenden Menschen unseres Zeitalters den Inbegriff der Unmoral, der Lüge und der Lächerlichkeit.»

Dass Ida ihre Unabhängigkeit von Henri zu wahren wusste, zeigt eine Briefstelle aus dem Jahre 1903 an A. Grohmann:

«henry ist 28 jare alt, ich 39. ich bemerke noch, dass ich absichtlich meinen namen fol u. for demjenigen meines manes anbringe, da ich der ansicht bin, dass eine freie, ideale, ferbindung die frau nicht zum besiz des manes stempelt u. si folglich auch nicht des namens ferlustig werden lässt. diesen standpunkt wil ich ganz ofen u. der warheit entsprechend vertreten.»

Als die Verwandten und Bekannten in der Heimat erfuhren, daß Henri Oedenkoven und Ida Hofmann eine freie Ehegemeinschaft miteinander geschlossen hatten, setzten Vorwürfe, Entrüstung, Empörung, Entsetzen und eine Flut von Bitten, Beschwörungen, Warnungen, Drohungen ein. Auch Jenny versuchte, ihre Schwester zu bekehren. Ida Hofmann blieb fest. Sie nahm es auf sich, dass ihre Kühnheit als unerhörte Frivolität, als Unzucht gebrandmarkt wurde. Sie war in der Frage der freien Liebe, wie auch auf manchem anderen Gebiet, eine Verkünderin und Verfechterin von Ideen, die noch jetzt, Jahrzehnte später, aktuelle, umstrittene, ungelöste Probleme bilden.

Ihr zur Seite stand ihr Mann, der schon zu einer Zeit, wo nur einzelne daran dachten, Forderungen aufstellte, proklamierte und propagierte, die eigentlich erst nach dem Ersten Weltkrieg von der großen Masse, von der gesamten Öffentlichkeit aufgegriffen und ernsthaft diskutiert wurden. Es handelte sich um Ernährungstheorie, naturgemäße Lebensweise, Körperkultur, Frauenemanzipation, Eherecht, allgemeine Gesellschaftsreform, Kleidungsreform, Jugendbewegung, Friedensbewegung, Kriegsdienstverweigerung, unpolitischen begrenzten Kommunismus, Siedlungswesen, Internationalismus und sonstige Kulturbestrebungen. In dieser geistigen Pionierarbeit, weniger im praktischen Experiment, besteht das Hauptverdienst der Begründer des Monte Verità.

Mit Fleiß und Begeisterung handhabten die Fünf Spaten, Säge und Axt. Frauen und Männer verrichteten dieselbe Arbeit; sie rodeten, bauten Wege und bereiteten Baumaterial vor.

Da traf die Nachricht ein, daß Oedenkovens Eltern die neue Wohnstätte des eigenwilligen Sohnes in Augenschein nehmen wollten. Offenbar sollte der Besuch dazu dienen, der amoralischen ungesetzlichen Verbindung entgegenzuwirken. Das junge Paar holte die Eltern am Bahnhof von Locarno ab. Nach der ersten Begrüßung entdeckte Henri, dass auch seine Schwester mitgekommen war; die Zwanzigjährige wurde von den Eltern ängstlich behütet und in einigem Abstand von den «Verderbten» gehalten. Befangen und nach konventionellen Redewendungen suchend, standen die drei eleganten Stadtmenschen vor den langhaarigen, in sonderbare Leinengewänder gekleideten «Naturisten». Es war ihnen peinlich, dem Publikum ein Schauspiel bieten zu müssen.

Oedenkovens Vater, der ein Lebemann war, aber die Sittlichkeit als Dekorum forderte, verurteilte mit heftigen Worten den Verstoß seines Sprösslings gegen die gesellschaftlichen Gesetze. Ida Hofmann war in seinen Augen ein nettes, aber lasterhaftes Wesen; auf dem Weg zum Grand Hotel bemühte er sich, seine Tochter von ihr fernzuhalten. Im übrigen genierte er sich sehr und ließ die Mutter, die sich zwischen den beiden «Verrückten» eingehakt hatte, vorangehen. Oedenkovens Mutter versuchte, den Starrsinn der jungen Leute durch gütiges Zureden zu brechen. Immer wieder warf sie ein: «Mais il faut vous marier, mes enfants, vous n'êtes pas mariés, voyons.» Allerdings war ihr, solange sie sich auf offener Straße befanden, die auffällige Kleidung unangenehmer als die freie Liebe. Der Anblick von Henris lang herabhängenden Haaren schnitt ihr tief ins gesellschaftlich genormte Herz. Sie war heilfroh, als sie in ihrem Zimmer im Hotel angekommen war.

Am nächsten Tag besichtigten die Eltern Oedenkovens das Grundstück oberhalb von Ascona. Ihre Tochter hatten sie im Hotel zurückgelassen. Sie sahen kaum, wie herrlich der Berg lag; sie waren nur voller Entsetzen über die Absicht, Geld und Arbeit in diesen dürftigen Felsen zu stecken. Schaudernd fragten sie, wie gebildete Menschen sich in solch einer wüsten Wildnis wohlfühlen könnten. Sie hatten für die mutigen Pläne nicht das geringste Verständnis und prophezeiten ein elendes Fiasko.

Aber sie fanden bei ihrem Sohn kein Gehör und begegneten nur unerschütterlicher Zuversicht.

Was blieb ihnen anderes übrig, als zu seufzen und die Schultern zu zucken? Sie reisten ab. Immerhin hatte Oedenkoven von seiner Mutter das Versprechen erhalten, dass sie ihm ihre finanzielle Unterstützung nicht entziehen werde.

Es kamen jetzt öfters Leute zu Besuch, die von dem neuen Unternehmen gehört hatten und es kennenzulernen wünschten. Auch an Zuschriften, in denen Lebensüberdrüssige um Rat baten oder sich zur Mitarbeit anboten, fehlte es nicht.

Es war erstaunlich, wie schnell und wie weit sich die Nachrichten von den Oedenkovenschen Bestrebungen verbreiteten. Vor allem wiesen die auf Lebensreform eingestellten Zeitschriften und Verbände auf den Asconeser Siedlungsversuch hin. Dabei war vorläufig nicht viel mehr da als die Idee. Die Arbeit beschränkte sich auf die allerersten Handgriffe zur Besitzergreifung und Urbarmachung eines steinigen Geländes.

Die Siedler schliefen zwar im Borgo, wo sie sich ein bescheidenes Heim eingerichtet hatten, hielten sich aber von morgens bis abends auf der Collina auf. Das war auf die Dauer anstrengend.

Obwohl das Tessiner Klima auch im Winter mild und sonnig ist, gibt es doch eine Anzahl feuchter, regnerischer Tage, die geeignet sind, Erkältungen zu fördern. Eine Portion Unvorsichtigkeit und die zu leichte Kleidung, ferner die ungewohnte, anstrengende Arbeit und die Nachwehen der schweren Krankheit machten Oedenkoven eines Tages arbeitsunfähig. Er bekam eine gigantische Erkältung. Zusammen mit Ida Hofmann flüchtete er vor der Primitivität seines Berges und quartierte sich auf dem komfortableren Monte Trinità ein, um sich zu erholen.

Kaum waren die beiden fort, tauchte der verfemte Gustav wieder auf. Sein Bruder ließ es zu, dass er sich in der gemeinsamen Wohnung festsetzte und Worte gegen Brot eintauschte. Gustav Gräser war ein merkwürdiger Mann. Emil Szittya hat ihn einmal beschrieben:

«Er war phantastisch gekleidet und trug eine bunte griechische Toga. Malte unheimlich große Bilder über das Neuland der Menschheit. Schrieb Maßregelgedichte für Vegetarier und Antialkoholisten. Er lebte davon, dass er plötzlich bei irgendeinem Asconeser mit folgenden Worten anklopfte: ‹Bruder! Ich habe gestern im Traum die Eingebung bekommen, dass ich unbedingt bei dir arbeiten muss.› – Er arbeitete dann einige Wochen ganz umsonst. Plötzlich verschwand er, wie er später mitteilte, wieder unter dem Einfluß eines Traumes. Gustav Gräser ist durch viele Städte und Länder gekommen. Hatte auch viele Schüler, so unter anderem in Paris Isidora Duncans Bruder, der in den Straßen von Paris Kindern das Gustav Gräsersche Evangelium predigte. Mit 40 Jahren passierte dem guten Gustav ein Unglück. Er machte die Bekanntschaft einer Hellseherin, die acht Kinder hatte. Sie verliebten sich, und nun reiste die ganze Familie von Stadt zu Stadt. Der Geist war aber leider bei ihnen zu vielzählig, und sie hungerten auch manchmal. Das wurde dem Apostel denn doch zu langweilig, und er fand eine sehr gute Methode, seine Kinder loszuwerden. Er ging einfach in verschiedenen Städten zu seinen Gesinnungsgenossen und fragte, ob er eines seiner Kinder nicht auf eine halbe Stunde dort lassen könne; dann holte er es einfach nicht wieder ab. Kurz vor dem Kriege passierte ihm das zweite Unglück. Thomas Heine, der ‹Simplizissimus›-Zeichner, pumpte ihm nur unter der Bedingung etwas, daß er mit ihm mittrinke. Der arme Gustav wurde zum erstenmal in seinem Leben besoffen, und was noch grausamer ist, man zwang ihn, im betrunkenen Zustand seine antialkoholischen Gedichte an betrunkene Bürger zu verkaufen. Von da an gings mit Gusto Gräser abwärts. Während des Krieges hat man ihn in Budapest als spionageverdächtig verhaftet. Da man ihm nichts anhaben konnte, schnitt man ihm aus Rache die Haare ab und zwang ihn, seine griechische Toga mit einem anständigen Kleid zu vertauschen. Er sah in der neuen Adjustierung wie ein grämlicher Bürger aus. Nun blieb ihm nichts als seine hellseherische Frau, die eine Zeitlang mit ihren Prophezeiungen ihren bürgerlich gewordenen Mann ernährte. Aber die unverständige Polizei verbot ihr dies Gewerbe. Nach dem Kriege ging es mit Gräsers wieder aufwärts. Er schied von seiner Kameradin. Zog als Buße für das große Vergehen der Menschheit eine Mönchskutte an. Durchpilgerte alle Städte Deutschlands. Predigte, dass nur durch rhythmischen Tanz die Menschheit genesen könne. Zuletzt sah ich ihn in Berlin im Romanischen Café.»

Übrigens hat dieser Mitbegründer des Monte Verità auch bei einem späteren Mitbesitzer des Monte Verità, dem damaligen badischen Gutsbesitzer William Werner, das Manöver mit der Kindshinterlassung versucht.

In kurzer Zeit gelang es dem salbungsvollen Prediger Gräser, sowohl Lotte Hattemer als auch Jenny Hofmann für sich zu gewinnen. Er erschütterte in ihnen den unbedingten Glauben an die Oedenkovenschen Theorien und überzeugte sie von den besseren Gräserschen Wahrheiten.

Diese Beeinflussung dauerte aber nicht viel länger als Oedenkovens Erkältung.

Nach mehrwöchiger Abwesenheit trafen Oedenkoven und Ida Hofmann wieder auf dem Berg ein. Sie waren nicht wenig erstaunt und sehr erbost, als sie Gusto Gräser vorfanden. Es gab einige erregte Szenen. Der milde Heilige musste buchstäblich hinausgeschmissen werden. Die Haltung Oedenkovens war so resolut und eindeutig, dass er endlich den endgültigen Charakter der Ablehnung begriff. Er kam nie wieder. Obwohl Gusto Gräser nun auf den Gang der Ereignisse persönlich nicht weiter einwirkte, lebte etwas von seiner Opposition in seinem Bruder fort; so spielte er in der Entwicklung des Unternehmens doch noch eine heimliche Rolle.

Im Laufe des Winters zeigte sich deutlich, dass jedes allzu nahe Gemeinschaftsleben zu Reibungen und Gegensätzen führen muß. Das Grundgesetz, dass die Menschen verschieden sind und niemals in allen Punkten harmonieren können, wurde nicht von Anfang an gebührend berücksichtigt. Daher kam es bald zu Enttäuschungen, Entfremdungen und Differenzen. Der Kreis vergrößerte sich um einen sechsten Gesellschafter, den Handwerker Fritz Röhl. Er war gelernter Tischler und Glaser, hatte seine gute Allgemeinbildung als Autodidakt erworben und durchschaute mit klarem Blick das Ausbeutungssystem der Privatwirtschaft. Er zog die Konsequenz aus seinen eigenen Erfahrungen und gelangte zu einem idealanarchistischen Standpunkt. Sein Streben war auf Freiheit und Brüderlichkeit gerichtet, und er hoffte, sein Ziel durch Beteiligung an einem genossenschaftlichen Unternehmen zu erreichen. Mit seinen Fachkenntnissen, seiner Geschicklichkeit und seiner Schaffensfreudigkeit bildete er für die ziemlich unbeholfenen Amateure der handwerklichen Arbeit eine willkommene und wertvolle Hilfe.

Leider stellte Röhl, der über eine große Fertigkeit in der Handhabung der Worte verfügte, auch eine Bereicherung für die fruchtlosen Redespiele und Diskussionsschlachten dar. Es wurde endlos und mit störrischem Fanatismus disputiert und theoretisiert. In jedem war sein Neues noch so neu, dass er es zu ungeheuerlicher

Wichtigkeit erhob. Es dauerte eine ganze Zeit, ehe die tägliche Kleinarbeit zu Einsicht, Beruhigung und Mäßigung zwang.

Oedenkoven und Ida Hofmann wurden der ewigen, zu nichts führenden Gespräche leid. Röhl hielt gutgemeinte, aber langatmige Vorträge über allgemeine Themen, die sich allzuoft wiederholten. Lotte Hattemer schwebte stets in höheren Sphären; im Bestreben, zu versöhnen und auszugleichen, pflichtete sie jedem bei, der etwas geäußert hatte. Jenny Hofmann war still, stand aber mit ihrer Sympathie auf Gräsers Seite. Das Verhältnis zwischen Oedenkoven und dem ehemaligen Oberleutnant wurde recht unerquicklich. Gräser wich von der ursprünglich eingeschlagenen Linie immer mehr ab und setzte dem Gründer des Unternehmens einen versteckten, aber hartnäckigen Widerstand entgegen. Nicht nur die alte Freundschaft war allmählich in die Brüche gegangen, auch das gegenseitige Vertrauen war erloschen.

Die verschiedenartigen Ziele kristallisierten sich immer schärfer heraus. Gräser vertrat einen egoistisch-individuellen Standpunkt. Er hielt Eigentum für so unwichtig, dass er unbedenklich fremdes Gut mitgenoss; ein Äquivalent bot er mit dem Bewußtsein, «eine Kraft zu repräsentieren». Aus solchen Voraussetzungen heraus befürwortete er kommunistischen Allgemeinbesitz und forderte dazu auf, sich des Geldes zu entäußern. Mit seiner Ansicht, Bedürfnislosigkeit durch Ablehnung aller Errungenschaften der Kultur und Technik bedeute Erlösung der Welt und des Einzelnen, stand er in fundamentalem Gegensatz zu Oedenkoven, der jeden Fortschritt der naturgemäßen Lebensweise dienstbar zu machen gedachte. Oedenkoven wies es weit von sich, gegen die Kultur zu leben; zurück zur Natur hieß für ihn keineswegs Primitivität, sondern weiter nichts als: zurück zur Natürlichkeit. Er hatte das Prinzip, sich vom Zwang aller Äußerlichkeiten loszulösen und den Fortschritt zu benutzen, um die Menschen von den Unannehmlichkeiten und Schwierigkeiten des Lebens zu befreien. Privatbesitz konnte er nicht verneinen, waren doch er und Ida Hofmann die finanziell Hauptbeteiligten der werdenden Kolonie. Das Wort Kolonie lehnte er jetzt, wo Gräser es für sich in Anspruch nahm – Gräser sah die Zukunft in einer Kolonie nach Fouriers sozialer Reform –, ganz entschieden ab. Er arbeitete auf die Schaffung einer Naturheilanstalt hin, deren Erträgnisse den Betrieb erhalten sollten. Gräser ließ es zwar nicht an skeptischen Bemerkungen mangeln, fügte sich aber nach außen hin und zog scheinbar am gleichen Strang mit den anderen. «Es wird ja werden, was es wird» – mit dieser nicht gerade welterschütternden Weisheit enervierte er seine Gegner; besonders Ida Hofmann brachte er durch solche Redensarten, die er ständig im Munde führte, in heftigen Zorn.

Tatsache war, dass er Recht zu behalten schien. Was da auf dem Berge wuchs und wurde, gestaltete sich offenbar vorläufig mehr zu einer Art Kolonie als zu einer Naturheilanstalt.

Als im Frühjahr nach einer längeren unfreiwilligen, vom Wetter diktierten Pause die regelmäßigen Arbeiten wieder einsetzten, entstanden einige Wohnhütten.

Es wurde unermüdlich, meistens elf bis zwölf Stunden am Tag, gearbeitet.

Dennoch reichte die Zeit nicht aus. Die Erkenntnis brach sich Bahn, «dass der an geistige Arbeit Gewöhnte seine Kraft ebenso schwer in körperliche Leistung umsetzen kann, wie es umgekehrt der Fall ist». Es wurden daher, entgegen den Prinzipien, vorübergehend Hilfskräfte angestellt, Arbeiter, Schreiner, Gärtner.

Im Mai standen zwei doppelwandige Holzhäuschen, sogenannte Lufthütten, da. Und eine große Anzahl Pflanzen, Sträucher und Bäume ließen erkennen, dass fleißige Menschenhände den Boden verwalteten.

Oedenkoven bekam erst jetzt einen richtigen Begriff von den enormen Kosten, die die Bebauung eines völlig rohen Grundstücks verursachte. Er fand es notwendig, mit seiner Mutter, die sich mit Mann und Tochter in Genua aufhielt, Rücksprache zu nehmen. Er fuhr mit Ida Hofmann nach Genua.

Oedenkovens Vater verschloß sich den Gedankengängen seines Sohnes; er lebte ganz und gar auf der Oberfläche der menschlichen Gesellschaft und war viel zu bequem, um sich nicht allen Vorurteilen äußerlich willig zu beugen. Es kam zu einigen heftigen Auftritten, weil die Mutter sich von Henri beeinflussen ließ. Die arme Frau war in keiner beneidenswerten Lage. Mit Ida Hofmann verstand sie sich ganz gut, jedoch erregte es ihr höchstes Missfallen, daß die junge Frau sich entschieden weigerte, auf der Straße Handschuhe zu tragen; der geplante gemeinsame Spaziergang kam deswegen nicht zustande. Im übrigen übten die Eltern so viel Nachsicht, wie ihnen möglich war; teils aus Schwäche dem energischen Sohn gegenüber, teils weil sich der kompromittierende «Spleen» ja in weiter Ferne vom Heimatmilieu austobte.

Nachdem Henri Oedenkoven und Ida Hofmann einige reizvolle Punkte Oberitaliens aufgespürt hatten, wo sie weitere Siedlungsmöglichkeiten studierten, kehrten sie nach Ascona zurück.

Immer häufiger stellte sich auf dem Monte Monescia Besuch ein. Durch die damit verknüpften stundenlangen, oft zwecklosen Unterhaltungen wurde die Arbeit behindert. Die Ankömmlinge begnügten sich nicht damit, die neue Lebensweise zu betrachten und zu begutachten, sondern sie wollten deren Vertreter auch nach allen Regeln der Kunst interviewen. Ferner kamen alle möglichen Verwandten und Bekannten nach Ascona, um in der neuentdeckten Idylle den Sommer zu verbringen. Die Gäste, die nichts zu tun hatten, verwickelten die Arbeitenden gern in Gespräche, ohne zu berücksichtigen, dass sie sie von der Arbeit abhielten. Es wurde daher beschlossen, von fremden Besuchern zwecks Abschreckung ein Eintrittsgeld zu erheben. Viel half das allerdings nicht, denn die Taxe wurde gutwillig bezahlt.

So bevölkerte sich Ascona und sein Berg mit allerlei Volk, das sich zum großen Teil aus überspannten und verschrobenen Sonderlingen zusammensetzte. Es kamen aber auch tüchtige, ernsthafte, selbstständig denkende Leute. Aus Italien trafen zwei Ärzte ein, die sich eingehend informieren ließen und Aufzeichnungen für eine Statistik machten.

Ein Gutsbesitzer, Baron Schilling, brachte eines Tages Grüße von den Eltern Oedenkovens mit dem Auftrag von der Mutter, ihrem Henri praktische Geschenke zu übermitteln: einen Kahn und eine Kuh. Schilling erstand mit Kennerblick die schönste Kuh, die auf den Asconeser Weiden zu finden war. Leider krepierte das edle Tier, das sich in falsch verstandener Freiheit unbeaufsichtigt auf dem Grundstück tummeln durfte, schon nach kurzer Zeit. Voller Sehnsucht nach Salzgenuss, den Oedenkoven streng verwarf, war die Kuh in den offenstehenden Magazinraum eingedrungen; dort stieß sie auf einen Kübel Schmierseife, machte sich darüber her und leerte ihn gierig bis auf den Grund. Am nächsten Tage war sie tot.

Noch ehe Fenster und Türen eingesetzt waren, wurden die Wohnhütten bezogen. Vorläufig musste der Fußboden als Bett dienen; bei besserem Wetter wurden die Nächte im Freien verbracht. Oedenkoven hatte sich ein hübsch gelegenes Chalet mit Aussicht auf den Lago Maggiore gebaut. Ein Speisesaal mit angrenzender Küche bildete den Anfang eines Gemeinschaftshauses. Dreihundert Obstbäume wurden gesetzt, von denen allerdings die größte Anzahl wieder einging. So sah der Berg im Sommer 1901 aus.

Ein reges geselliges Leben hatte eingesetzt. Es kamen Gesinnungsgenossen aus Locarno und viele durchreisende Freunde. Fritz Röhl versammelte alle in einer halbfertigen Wohnhütte und hielt in einer schwerfälligen Ausdrucksweise phantasievolle Vorträge über Weltanschauungsfragen aus sämtlichen Gebieten. Immer war etwas anderes modern; einmal war es die Phrenologie, dann die Theologie, der Spiritismus oder die Kunst.

Die Besuche nahmen überhand. Die Siedler verloren den Überblick. Ida Hofmann stellte mit Verdruss fest, dass sich ein wahres Freilager auf dem Grundstück bildete. So gewann das Unternehmen nach außen hin immer mehr den Eindruck einer kommunistischen Kommune. Die Öffentlichkeit nahm dazu Stellung, diskutierte das Für und Wider, kannte aber die wirklichen Tendenzen nicht und traf daher in keinem Falle den Kern der Sache.

Manche von den begeisterten Gästen benutzten die kurze Zeit ihres Aufenthaltes auf dem Monte Monescia zu eifriger Mitarbeit. Besonders Röhl verstand es ausgezeichnet, die vielen Freunde und Freundinnen, die er herangezogen hatte, zu tüchtigen Hilfeleistungen zu veranlassen. Aus allen Lagern und Schichten stammten diese Kräfte; unter den Frauen gab es eine fanatische russische Studentin und eine abenteuerliche Prostituierte aus Zürich.

Karl Gräsers kommunistisch-kolonistisches Glaubensbekenntnis wirkte zusammen mit Fritz Röhls genossenschaftlichen Bestrebungen. Sie fanden allgemeinen Beifall. Nur Oedenkoven und Ida Hofmann sahen in der Praxis, so wie sie sich da gebärdete, keine Lösung der sozialen Frage und keine klare Grundlage für ihr geplantes Werk. Sie stellten sich aber taktisch ein und sahen in all den zufälligen Mitarbeitern vorläufig annehmbare Arbeitskräfte, die weiter nichts beanspruchten als bescheidenes Essen und ein noch bescheideneres Nachtlager.

Karl Gräser und Jenny Hofmann wurden ein Paar – selbstverständlich in freier Ehe. Jetzt stand Idas Schwester ganz auf Gräsers Seite und nahm Partei gegen Oedenkoven. Die Spannungen waren aber noch nicht so stark, daß sie zu einem Bruch führen mußten.

Auch Fritz Röhl verfiel der Liebe. Er hatte sich zwar immer gegen jede Fessel ausgesprochen und jede Möglichkeit einer Bindung weit von sich gewiesen, mußte aber eines Tages feststellen, daß er gleichzeitig in drei Frauen verliebt war; sie hießen Rebekka, Lilly und Lotte. Er wich den Gefahren aus, indem er von dannen zog. Er hatte die Absicht, seine Ideen, für die er konsequent Propaganda gemacht hatte, in einem anderen Lande zu verwirklichen. Amerika lockte ihn. In Neapel wurde er jedoch festgenommen und wegen mangelhafter Ausweispapiere in Untersuchungshaft gesteckt. Seine zarte Gesundheit ertrug das Gefängnisleben nicht – er starb in der Zelle.

Die Mitarbeiter kamen und gingen. Manche blieben monatelang, manche nur einige Tage. Alle waren ringende Menschen, meistens von irgendeiner Idee besessen und hungrig nach einer neuen Religion, einem neuen Halt oder einem neuen Heiland.

Eine auffällige Erscheinung unter den Mitarbeitern war der Jugendstil-Zeichner Fidus, der eigentlich Hugo Höppener hieß. Er kam in Begleitung eines Mediums, des sogenannten Kaffeemediums. Dieses sonderbare Wesen nahm nur Kaffee zu sich – zum Entsetzen der Vegetarier, denn sie hatten den Genuss von Kaffee streng verboten. Das Kaffeemedium diente Fidus als Modell für seine bekannten Lichtgestalten.

Großen Zulauf hatte der in weiteren Kreisen verehrte und umworbene Josua Klein, für den Lotte Hattemer eifrigst Reklame machte. Als Ida Hofmann ihn bei der ersten Begegnung fragte: «Sie nennen sich Theosoph?» schlug er sich auf die geschwellte Brust und rollte mit schauspielerischem Pathos die Worte heraus: «Ich bin Mensch! Ich bin, der ich bin!» Klein hielt gewaltige Predigten, in denen er von seiner Gottgesandtschaft sprach. Er schloss sich an seinen berühmteren Kollegen, den Theosophen Dr. Franz Hartmann, der schon seit vielen Jahren in Locarno und Ascona lebte und über eine beträchtliche Anhängerschaft verfügte, näher an und förderte durch seine transzendentalen Phrasen die allgemeine Verwirrung. Oedenkoven war in höchstem Maße niedergeschlagen; Ida Hofmann berichtet:

«Die Vereinigung so vieler verschiedener Elemente verursachte eine heillose Unordnung auf unserem Berge. Die meisten tun nicht das Notwendige zur Förderung des Zwecks, sondern ungefähr genau das, was ihnen beliebt. Es waltet eine schlecht verstandene Anarchie. Die Durchzügler schlafen auf Heulagern; Kästen und Vorräte stehen offen. Die von Karl Gräser fanatisch vertretene Theorie der Selbsthilfe, verbunden mit nur sporadischer Arbeitslust einerseits, sowie das physische Unvermögen der Einzelnen, weil sie schwere Arbeit nie gewöhnt waren, bewirken, dass die Hütten im Monat August genau so unvollendet dastehen wie im April.»

Die beiden Hauptgründer fühlten das dringende Bedürfnis, die Siedlung auf einige Zeit zu verlassen, um in anderer Umgebung neue Kraft und Klarheit zu sammeln.

Sie fuhren nach Airolo, bestiegen barfüßig den St. Gotthard und wanderten am nächsten Tage weiter. In Altdorf gerieten sie in den Trubel der Tell-Festspiele. Für die große Menge bedeuteten sie eine Sensation, die sich in vielen neugierigen, oft aber auch in ernstlich interessierten Fragen äußerte. Nach dem Besuch der Naturheilanstalt Friedenfels in Sarnen, in der neben den natürlichen Heilmitteln dem Gesundbeten eine hervorragende Rolle eingeräumt war, unternahmen die beiden eine beachtliche Fußtour bis zurück in das vielfältig schöne Tessiner Gebiet. Ida Hofmann bemerkt dazu:

«Wir marschieren nun täglich sieben bis acht Stunden und leisten hut- und stocklos, barfuß oder in Sandalen, die Strecke von Meiringen – über die Grimsel bis Guttannen, von da bis Oberwald im Rhonetal; über den Griesgletscher bis zum Wasserfall der Toce; über die Crina Furka – bis Bosco beim Valle Maggia mit Leichtigkeit. Ein Rucksack mit den nötigen Vorräten an Schalenfrüchten, trockenem und etwas frischem Obst und Brot sowie mit den notwendigsten Toilettenartikeln eines zivilisierten Reisenden, ein leichtes Unter-, ein Oberkleid bilden die Ausrüstung, mit welcher wir ohne wesentliche Ermüdung Höhen bis zu 3000 Meter ersteigen und Strecken von täglich 35–40 Kilometer zurücklegen. Die in Reisebüchern angeführte Zeitdauer wird immer um ein beträchtliches geschlagen. Gegenüber den mannigfachen Behauptungen der Fleisch- und Gemischtesser, dass vegetabile Nahrung schwächend wirke, erwähne ich gern diese Tatsache, denn sie liefert den Beweis für die nicht nur ausreichende, sondern kräftigende und die allgemeine Leistungsfähigkeit erhöhende Lebensweise, welcher wir huldigen.»

Als sie zurückkamen, war die kleinliche Nervosität, die die Teilhaber mit der Zeit gegeneinander empfunden hatten, gewichen. Alle fünf nahmen die Leitung wieder gemeinsam in die Hand.

Es traten schwierige Probleme auf, bei denen Prinzip und Praxis meist in Konflikt miteinander gerieten. So hätte zum Beispiel nach der orthodoxen Anschauung jedes tierische Produkt abgelehnt werden müssen. Vorläufig wurde allerdings noch nicht streng nach dieser Theorie gelebt. Jedoch wurde der Genuss von Milch und Butter sowie der Gebrauch von Leder auf das Notwendigste eingeschränkt. Es bestand die Ansicht, dass es in Konsequenz der Erkenntnis unrecht sei, überhaupt Tiere zu halten. Dass die gestiftete Kuh nach kurzer Zeit verschieden war, hatte die Gemüter eher befreit als betrübt. Nun machte sich aber andererseits das Fehlen eines Tragesels höchst unangenehm bemerkbar. Nicht nur die Bedarfsartikel und Nahrungsmittel mussten von weither herangeholt werden, auch das Wasser war nur mit großer Mühe herbeizuschaffen. Auf dem Berge selbst gab es kein Wasser. Es musste aus einer Quelle geschöpft werden, die in einiger Entfernung vom Grundstück (hinter der Casa Rossa, die inzwischen verschwunden ist) entsprang. Angesichts dieser Schwierigkeiten wurde in einer Sitzung beschlossen, einen Esel anzukaufen und in Dienst zu stellen.

Der Italiener Pilade bekam den Auftrag, den ganzen Tag mit dem Esel hin und her zu ziehen und in zwei länglichen Holzeimern das erforderliche Wasser herbeizuschaffen. Für später wurde die Anlage einer Wasserleitung und die Übernahme eines Autos vorgesehen. Es war überhaupt Oedenkovens besonderes Prinzip, alle technischen Hilfsmittel, Geräte, Maschinen und modernsten Erfindungen zu benutzen, um den Menschen ein möglichst unbeschwertes Leben zu gewährleisten. Mit solchen Gedanken stand er in offenem Gegensatz zu Gräser, der die heilbringende Bedürfnislosigkeit bedroht sah.

Anlässlich einer Beratung, die damit anfing, dass Gräser vorschlug, Ida Hofmann solle ihr Vermögen dem Unternehmen schenken, kam es zum großen Krach. Jeder fühlte sich im Recht, und jeder war empört über den andern. Zu den Reibereien, die das enge Zusammenleben immer wieder mit sich brachte, kamen die Gegensätze in den Grundanschauungen, in den Charakteren, in den Veranlagungen hinzu. Rein äußerlich war die Atmosphäre von Missstimmung, Missverständnis und Misstrauen nur dadurch möglich, dass von Anfang an keine klaren Abmachungen getroffen worden waren. Man hatte alle Bedingungen des gegenseitigen Verhältnisses der Freundschaft überlassen. Daher ließ sich unmöglich feststellen, in welchem Grade Ansprüche und Vorwürfe berechtigt waren. Im Verlauf der peinlichen Szenen verwirrten sich die Rechtsbegriffe immer mehr. Gräser war gleichberechtigter Teilhaber und verlangte Aufteilung von Grundstück und Inventar. Oedenkoven, der Initiator und Hauptgeldgeber, war als Besitzer notariell eingetragen und weigerte sich energisch, den Forderungen auch nur im geringsten zu entsprechen. Da er nicht nur der geistige Führer war, sondern auch alle materielle Macht in Händen hatte, mussten Gräser und Jenny weichen und ihren Anteil, der nur noch ideell war, preisgeben. Ihre Einlage war ihnen schon vorher ausbezahlt worden. Sie bewohnten noch einige Wochen lang das kleine Steinhaus, das am äußersten Ende des Grundstücks stand, und zogen im Dezember 1901 von dannen. Das heißt, sie zogen nicht weit; sie hatten ein herrliches Grundstück am Abhang des Monte Monescia knapp unterhalb der Siedlung gekauft und bildeten nun einen extrem eingestellten Ableger des ursprünglichen Unternehmens. Durch gemeinsame Bekannte blieb eine gewisse Beziehung bestehen. Heute gehört das Gräsersche Gebiet nicht mehr zum Areal des Monte Verità. Casa Ruhe und Casa Francesco sind umgebaut.

Der revolutionäre Lyriker und Essayist Erich Mühsam nahm in der Broschüre, die er über Ascona schrieb, lebhaft Partei für Gräser:

«Der Bruch mit dem Prinzip einer sozialethischen Gemeinschaft musste den Bruch der Teilnehmer untereinander selbstverständlich mit sich führen. Mehrere von ihnen räumten denn auch dem Begründer des Sanatoriums, Herrn Henri Oedenkoven, das Feld und kauften sich selbstständig Grundstücke, auf denen sie nach eigenem Belieben schalteten. Ihr Beispiel fand mehr und mehr Nachahmung, und so kommt es, dass in Ascona und den Nachbardörfern jetzt eine große Zahl von Grundstücken in den Händen von Deutschen sind, von denen die Mehrzahl Vegetarier sind ... Ich komme jetzt zu den Sezessionisten des Monte Verità, zu den Mitbegründern der ursprünglichen vegetarischen Gemeinschaft, die aus der Umwandlung in ein Sanatorium die Konsequenz zogen. Ich beginne mit der interessantesten, tiefsten und bedeutendsten Persönlichkeit unter allen Kolonisten, Karl Gräser. Dieser Mann, der einmal Offizier gewesen ist, lebt jetzt mit seiner Frau Jenny Hofmann auf einem ziemlich umfangreichen Grundstück, das die beiden durch ihrer eigenen Hände Arbeit bewohnbar gemacht haben. Es ist ihr Stolz, möglichst alles, was sie zum Leben nötig haben, selbst herzustellen. Sie begnügen sich daher mit den primitivsten Bedarfsmitteln und lehnen es fast prinzipiell ab, den gemeinhin üblichen Tauschverkehr mit der Außenwelt durch Geldmünzen zu bewirken. Gräser ist der erste Mensch, der mir begegnet ist, der mit starrer Konsequenz das, was er theoretisch als richtig erkannt hat, in die Praxis umsetzt. Es gibt köstliche Anekdoten, wie sich das seltsame Paar prinzipiengetreu mit den ärgerlichen Einrichtungen seiner Umwelt abfand.»

Als ein halbes Jahr später – 1902 – der junge Karl Vester mit einigen anderen, Freiheit und Natur suchenden Burschen den Berg hinanstieg, um sich als Mitarbeiter bei Oedenkoven zu melden, machte er bei Gräser Halt. Mit mitleidigem Spott wurde er wegen seines Hutes und der Schnüre an seinem Hemd – solche kleinen Äußerlichkeiten wirkten wie ein rotes Tuch auf den reinen Naturmenschen als «Bourgeois» begrüßt. Vester wich den Sticheleien mit der ihm eigenen schlagfertigen Bescheidenheit aus und gestattete sich die Frage:

«Vielleicht können Sie mir sagen, wie man es anfängt, richtig zu leben?»

«Der größte Schmutz ist das Geld! Vor allem müssen Sie sich vom Geld befreien.»

«Ja, aber heutzutage gibt es doch nichts ohne Geld.»

«Ich brauche nichts.»

«Ja, wovon leben Sie denn?»

«Aus eigener Kraft.»

«Aber Sie kommen doch ohne ein paar Kleinigkeiten nicht aus. Sie tragen ein Gewand; Sie benutzen Papier und Tinte, wie ich sehe; da liegt Seife und da Brot -»

«Meine Kraft ist eben noch nicht groß genug. Ich habe noch ein bisschen Geld. Aber ich weiß, wenn es aufgebraucht sein wird, dann wird meine Kraft groß genug sein, und ich werde leben können aus mir selbst.»

«Ich danke Ihnen.»

«Sehen Sie, junger Freund, nicht nur das Geld, sondern all unser Metall ist unrein. Seine Bestimmung ist, in der Erde zu ruhen, aber die Menschen haben es der Erde entrissen und in hässlicher Arbeit sich dienstbar gemacht. Hier in dieser Ecke stand ein eiserner Ofen. Ich habe ihn hinausgeschmissen. Da drüben auf dem Felde liegt er. Sünde klebt daran!»

Das war im Sommer. Ein halbes Jahr später traf Vester das Gräsersche Paar bei einem Bekannten. Sie saßen ganz dicht am Ofen und wärmten sich auf.

«Wir sind fast jeden Tag hier. Unser Kamin heizt nicht recht», sagte Jenny.

«Wenn unsere Kraft groß genug geworden ist, werden wir die Kälte nicht mehr spüren», erklärte Gräser stolz.

Dann kam das Gespräch wieder auf das vermaledeite Geld. Jenny berichtete triumphierend, dass sie arge Zahnschmerzen gehabt hätte und gestern sich nicht anders mehr zu helfen gewusst habe, als nach Locarno zum Zahnarzt Wald zu gehen.

«Er hat mir einen Zahn gezogen, und als Entgelt habe ich mich hingestellt und ihm ein Lied vorgesungen. ‹Sie sind Zahnarzt, ich bin Sängerin›, habe ich gesagt, ‹jeder tut, was er kann!› Habe ich nicht recht?»

Es scheint, dass sie recht hatte, denn bei fast allen Ärzten, Zahnärzten und sogar bei einigen Schneidern in Locarno und Umgebung hingen dreißig Jahre später Ölgemälde, Radierungen und Zeichnungen von Asconeser Malern.

Erich Mühsam erkannte Gräsers radikale Einstellung vollkommen an:

«Soll etwas, was die beiden nicht allein herstellen können, erhandelt werden, so gehen sie mit selbstgezüchtetem Obst nach Locarno und Bellinzona und werden mit dem Kaufmann über den Tausch stets einig. Was aber irgend selbst geschaffen werden kann, das erhandeln sie nicht von anderen. Ich traf Gräser einmal an, als er damit beschäftigt war, sich aus einem Stück rohen Holzes einen Esslöffel zu schnitzen, ein andermal verfertigte er gerade ein Paar

Sandalen. Diese Arbeiten begleitete er mit allgemeinen Betrachtungen und Sentenzen über die Schönheit der Natur, über seine persönliche Beziehung zum Weltganzen und über seine selbstgefundenen Erkenntnisse. Sein Ideenkreis ist ein recht begrenzter, aber innerhalb dieser Begrenztheit doch ein sehr tiefer. Die Phrase ‹Zurück zur Natur!›, die die schwächlichen Geister der Schablonenvegetarier sinn- und verstandlos einander vorpredigen, ist ihm innerste Lebenssehnsucht geworden. Ich hatte jedesmal einen starken Eindruck, wenn ich Gräser besucht hatte. Fast ganz unbekleidet liegt er im Gras und philosophiert … Karl und Jenny Gräser sprechen miteinander geradezu in einer eigenen Terminologie … Seit einiger Zeit haben sie ein Kind zu sich genommen, den vierjährigen Sohn einer bekannten sozialistischen Frauenrechtlerin, die plötzlich katholisch geworden ist. Die Gräsersche Ehe ist kinderlos. Hier sei bemerkt, dass die Vegetarierehen in Ascona und Nachbarorten durchweg kinderlos geblieben sind. Es wäre interessant, von Sachverständigen zu erfahren, ob die Erscheinung der Unfruchtbarkeit bzw. Impotenz – viele Vegetarier zählen das Prinzip der Geschlechtsenthaltung zu ihren ethischen Grundsätzen – aus der vegetarischen Lebensweise resultiert resp. ob der Drang zum Vegetabilismus vorwiegend bei potenzgeschwächten Individuen entsteht.»

Nun gelang es Henri Oedenkoven und Ida Hofmann, für einige Zeit etwas Ordnung in den Betrieb zu bringen und die Arbeiten zu fördern. Lotte Hattemer, die dritte Teilhaberin, kam kaum noch in Betracht; sie spann sich immer mehr in Weltfremdheit ein und verfiel einer Art von religiösem Wahnsinn.

Es erwies sich zeitlich wie auch geldlich als rentabler, statt den eigenen Kräften zu vertrauen, den Bau einiger Hütten einem Unternehmer zu übertragen. Schon ein paar Wochen später sah die Siedlung bedeutend präsentabler aus. Fixfertig standen fünf Wohnhütten und ein Lesezimmer da. Die männlichen und weiblichen

Mitarbeiter, die sich auf längere oder kürzere Zeit anboten, waren häufig labile Menschen, die mehr Hilfe brauchten als brachten. Manche von den jungen Leuten waren krank. Viele waren überspannt, weltanschaulich schwer belastet, Exzentriker. Andere wieder waren Anarchisten, Sozialdemokraten, Spiritisten, Träumer; unter ihnen gab es einige gesunde, fleißige Praktiker. Ida Hofmann, die immer noch von Verantwortung für die Menschheit erfüllt war und helfen wollte, ehe ihr eigenes Wirken sie reif zur Führerschaft gemacht hatte, seufzte: «Schlecht verstandene Freiheit solcher, die bis dahin nur auf Befehl zu arbeiten gewohnt waren und sich nun der Fesseln allzu ledig fühlen, bringt ein Missverhältnis zwischen der zu leistenden täglichen Arbeit und der effektiven Leistung hervor. Unsere gute Absicht, einer leidenden Gesellschaftsklasse zu Hilfe zu kommen, wird abermals ausgenutzt, und wir tragen die lehrreiche Erfahrung davon, dass keine Neuerung ohne Übergang vor sich gehen kann.»

Die größte Sehnsucht der seltsamen Gemeinde, die da oben auf dem Berge hauste, ging nach Sonne. Man jubelte, dass im Monat Januar 27 Grad Celsius herrschten. Allerdings brachte der Februar dann so viel Schnee, dass der Verkehr zwischen den Hütten behindert war. Die Unermüdlichen sägten von früh bis spät Holz, um die Öfen zu heizen. Die Schwächeren widmeten sich der Korbflechterei. Die Übrigen legten die Vorteile spiritistischer Offenbarungen dar oder ergingen sich in Schwärmereien über die Wonnen des Klimas auf den Kanarischen Inseln.

Das unbändige Verlangen nach Sonne und südlichen Früchten, dazu eine große Europamüdigkeit und der Drang nach Freiheit und Abenteuern brachten die Unterhaltung immer wieder auf Pläne, die in einer Tropensiedlung gipfelten. Oft spielte wohl auch eine geheime Freude am Nichtstun dabei eine Rolle. Man sprach von Mexiko, Brasilien, Chile und vor allem von Samoa. Die bescheidenste Sehnsucht galt Südspanien.

Tatsächlich wanderten einige im Juli 1902 nach Samoa aus. Unter ihnen befand sich Karl Vester, der einzige, der nicht bald wieder umkehrte, sondern sich durch Energie und Arbeitsfreudigkeit auf seiner Insel eine Daseinsmöglichkeit erzwang. In die Diskussionen über Auswanderung spukten Theosophie, Mystizismus, Christian science und – Lyrik hinein. Ein wirklich gedruckter Gedichtband, betitelt «Aus meiner Seele!» und geziert mit dem Bildnis des himmelwärts blickenden, zart bebarteten Poeten, gibt Kunde von der Art der damals üblichen Empfindungen. Einige Verse seien zitiert:

Nun siehst du mich wieder so lockend an
Mit deinen tausendfarbigen Augen,
Mit Augen, die einem anderen Mann
Das Blut wohl aus den Adern saugen.

Nun zeigst du mir wieder die ganze Pracht,
Deine gleißende, üppige Herrlichkeit,
Und wieder versprichst du für Tag und Nacht
Eine ganze Hölle voll – Seligkeit!

Und mit sinnenerregenden Melodien
Suchst du mein junges Herz zu betören,
Ich aber bin stark genug – um zu entfliehen,
Und ich will und ich werde nicht auf dich hören!

Ich küsse dich nur auf die Stirne
Und nie auf den Mund, mein Kind,
Weil mir deine lieblichen Lippen
Zu keusch und zu heilig sind.

Ich möchte sie nimmer entweihen,
Behüten will ich sie, Kind! –
Drum küsse ich nur deine Stirne,
Wie Lilien der Frühlingswind! – –
Da sitzen wir nun und starren in die Glut,
In das Feuer, das zu erlöschen droht...
Was soll ich singen, du weißt nicht, wie's tut,
Wenn man liebt, und plötzlich ist alles tot! –

Höre! Ich liebte einmal ein Weib,
So brüderlich zart und so sinnlich erregt! –
Aber das hat seinen jungfräulichen Leib
Einem andern Mann in die Arme gelegt...

Doch nein – was kümmert denn dich mein Leid,
Du bist mir so fremd – du kennst mich ja nicht!
– Es gibt so viel Sänger, die Welt ist ja weit,
Warum grad von mir willst du ein Gedicht?!! –

Verbrannt ist das Feuer – der Herd ist kalt...
Ein Funken nur unter der Asche noch glimmt –
Ein einziger Funken!... der mit Gewalt
Mir doch noch einmal die Besinnung nimmt!!

Ich bin gewandert von Ort zu Ort,
Als ob mich etwas triebe.
Ich suchte ja mein Leben lang
Die wahre, große Liebe.

Ich suchte sie und glaubte oft,
Ich hätte sie gefunden,
Doch immer wurde ich enttäuscht
Nach einigen kurzen Stunden.

Da ließ ich das deutsche Vaterland
Weit hinter mir zurücke,
Da löste ich, was mich halten wollt',
Brach ab die letzte Brücke.

Und bin als heimatloser Mensch
In die weite Welt gegangen –
Ich weiß, ich werde irgendwo
Doch noch die Liebe fangen.

Ich habe bisher nur dort gesucht,
Wo sie längst fortgezogen,
Weil sie das traurige Menschengeschlecht
Belogen und betrogen.

Aber gestorben ist sie noch nicht! –
Vielleicht nur schlafen gegangen …?
Ich aber weiß, ich werde einmal,
Einmal die Liebe noch fangen! –
Du kannst mich ruhig brechen,
Das kleine Veilchen sprach,
Und doch hat es geweinet,
Als ich es wirklich brach.

Was sollen deine Tränen,
Blauveilchen, sage an?
Ich wein', weil ich nie wieder
Gebrochen werden kann! –

Von stolzen Palästen hab' ich geträumt,
Die ich einst mir würde erringen,
Von meinen Ländern, meerumschäumt,
Und anderen schönen Dingen.

Ich richtete mir schon die Säle ein
Und füllte die Vorratskammern,
Ich trank in Gedanken den feurigsten Wein
Und stillte im Reich alles Jammern.

Ich hatte das herrlichste Weib zur Frau
Und den prächtigsten Bengel zum Kinde …
Ach Gott, ich wollt', ich wüsste genau,
Wo in der Welt ich das finde!

Das herrlichste Weib zwar wüsste ich schon,
Der Bub würde auch wohl noch kommen;
Wo aber nur Palast und Kron'
Und Zepter und Reich hergenommen?

Der Band ist «F.v.R., meinem lieben Prinzesslein gewidmet». Zum erstenmal taucht hier, wenn auch nur durch Initialen, die geniale und schöne Gräfin Reventlow in Verbindung mit Ascona auf. Anscheinend war sie der Schwarm der jungen Naturmenschen.

Erich Mühsam nahm diese sanften, oft heuchlerischen Schwärmer scharf aufs Korn:

«Die bedenklichste Erscheinung sind ethische Wegelagerer mit ihren spiritistischen, theosophischen, okkultistischen oder potenziert vegetarischen Sparren. Wer je in Vereinigungen irgendwie absonderlicher Prägung hineingerochen hat, weiß, was ich meine, kennt die schmachtäugigen Blassgesichter, die von morgens früh bis abends spät nur beflissen sind, in untadeligem Lebenswandel Leib und Seele im Gleichgewicht zu halten. Vegetarier sind diese Geister ja fast alle. Wenn mich jemand überzeugen könnte, für meine Gesundheit und bei meiner Konstitution sei Pflanzenkost, Alkoholenthaltung und was sonst noch alles dazu gehört, unbedingt geboten, so würde ich auch wohl Vegetarier werden. Sicher bin ich der Meinung, dass einem Rekonvaleszenten ein paar Monate konsequent vegetarischen Lebens, etwa auf dem Monte Verità, überaus nützlich sein mögen. Wenn mir aber jemand mit allgemeinsittlichen Vorhaltungen kommt, mir ‹Leichenfraß› vorwirft und sich als höheren Menschen aufspielt, so wirkt er auf mich in höchstem Maße lächerlich. Mit solch läppischen Albernheiten aber begründen die meisten ihren Vegetarismus. Als ob sie nicht mit jedem Radieschen, das sie verzehren, ein Stück Leben vernichten und sich ebenfalls von ‹Leichenfraß› nähren! Solche Leute sind auf dem Monte Verità immer zu finden gewesen. Sie tragen ihren zum Schutz vor Sonnenbrand sehr zweckmäßigen Leinenkittel wie ein Priester seinen Talar, und die Haare, die sie sich, wie viele Künstler aus ästhetischen Gründen, aus naturgemäßen Gründen lang wachsen lassen, wallen ihnen um die verzeichneten Christusköpfe, als wohnten ihrer Mähne magische Kräfte inne. Dass solche Elemente, die mit Aufputz Innenleben zu markieren trachten, den ernsten Ideen eines Unternehmens als Hemmschuh anhängen, liegt auf der Hand … Ich weiß, wie sie sich mit ihrem bißchen Weltanschauung als ‹Individualitäten› aufblasen, während sie doch einander gleichen wie durchgepaust.»

Der Hort des «Vegetabilismus»

Ida Hofmann war innerlich durchaus nicht frei von dem Gefühlsüberschwang, der sich in den verschiedenartigsten Formen so heftig gebärdete. Sie hatte, neben starkem Willen und zielbewusster Energie, ein sehr weiches und empfängliches Gemüt. Das kam vor allem in ihrer tiefen Musikliebe zutage; sie war eine ausgezeichnete Pianistin und konnte völlig aufgehen im Rausch der Melodien. Für alles, was den Menschen über den Alltag erhebt, hatte sie eine starke Vorliebe; daher war sie für die Geheimnisse der Theosophie besonders aufnahmefähig.

Bei Oedenkoven fand sie wenig Anklang mit pathetischem Gebaren und transzendentalen Neigungen. Er war nüchtern überlegend, maßvoll, sachlich, immer kühl, anständig, höflich – im Gegensatz zu manchen seiner Mitarbeiter, die oft ein grobes Naturburschentum hervorkehrten. Oedenkoven stand abseits von den überspannten Diskussionen, in denen sich so häufig die Weltferne der Bewohner des Berges offenbarte. Sein gezügelter Idealismus beruhte auf verstandesgemäß errungenen, von gutem Willen und großer Menschlichkeit getragenen Erkenntnissen. Er sah das Unfassbare des Lebens in der sehr greifbaren Gerechtigkeit und ihren ausgleichenden Tendenzen. Daher war ihm das Reden und Fühlen der Grübler und Schwärmer fremd. Wenn er aber die Phantasten auch nicht begriff, so ließ er sie doch gewähren. Er versuchte, auf sie einzugehen, und stand zuweilen unter dem Eindruck, dass da etwas Besonderes, etwas Hohes in seinen Gefährten war, das sie auf ihm fremden Pfaden doch zu seinen Ideen führte. Aber im Grunde ging er seinen eigenen Weg, immer bestrebt, die Pläne, die ihm vorschwebten, auf irgendeine Art und Weise, mit irgendwelchen Mitteln, ja, zur Not sogar mit beliebigen Menschen zu verwirklichen. In diesem berechnenden Fanatismus, den er gern als Stärke empfand, lag seine Schwäche.

Oedenkovens Reformgedanken gewinnen ein besonderes Relief, wenn man bedenkt, dass sie heute noch oder von neuem aktuell sind, während er sie bereits um die Jahrhundertwende herum zu realisieren trachtete. Damals gehörte Mut dazu, mit nackten Beinen herumzulaufen, einen gelben Rucksack statt eines grünen zu tragen, Sonnenbäder zu nehmen, nur Pflanzenkost zu genießen und der ganzen so genannten guten Gesellschaft den Rücken zuzudrehen. Die nackten Waden haben die Mitwelt damals mehr empört als heute. Die Lust an solch tiefer Empörung über privates Eigendenken gibt es wohl überhaupt nicht mehr. Das Experiment, die Opposition, die Reform haben Rechte gewonnen; das Auffällige interessiert nicht mehr so sehr. Oedenkovens Ideen beschränkten sich nicht nur darauf, aus seinem Berg einen Hort des Vegetabilismus und eine Versuchsstätte für freie, menschenwürdige Daseinsbedingungen zu machen. Er hatte weiterfliegende Pläne. Eine neue Gemeinschaft sollte entstehen; aber man legte Wert darauf festzustellen, dass man nicht «im Communismus» lebe. Man nannte sich «Cooperativa Monte Verità», plädierte für Stimmeneinheit bei allen Beschlüssen. Man plante auch die Gründung eines Kindererziehungsheimes, «etwa im Sinne Rousseaus», und eine Lehranstalt für Gartenbau.

Die Berghalde sollte bis Ronco besiedelt, die Losone-Ebene käuflich erworben und als Anbauland verwendet werden. Da Oedenkoven nicht das «einfache Leben» suchte, sondern es veredeln wollte, war es eines seiner Hauptanliegen, alle Errungenschaften der Technik an dem Werk mithelfen zu lassen. Eine grandiose Ablösung der Zivilisation durch wahre Kultur schwebte ihm vor. Man plante Wasser- und Elektrizitätsanlagen, und tatsächlich waren die Siedler die ersten in Ascona, die elektrisches Licht anlegen ließen. Für später waren Tochteranstalten in allen fruchtbaren, milden und tropischen Gegenden in Aussicht genommen. Alles Lebensnotwendige sollte von den Mitarbeitern selbst hervorgebracht werden. Die achtstündige Arbeitszeit sollte unter Einhaltung von Übergangsperioden langsam eine Einschränkung erfahren; drei bis vier Arbeitsstunden am Tag wurden, unter Ausschaltung der Sonntage, als ausreichend erachtet. Das Prinzip der freien Ehe bildete einen wesentlichen Bestandteil der neuen Moral. Kinder sollten so lange von der Allgemeinheit erhalten werden, bis sie Selbstständigkeit erlangt hätten. Jeder Mitarbeiter sollte Wohnung, Nahrung, Kleidung und einen Gewinnanteil bekommen. Strengste Bedingung war die vegetarische Lehre; sie galt nicht nur als beste Ernährungsmethode, sondern als Grundbegriff einer ethischen Weltanschauung. Besonderer Wert wurde auf Luft- und Sonnenbäder und auf das Arbeiten im Freien in nacktem Zustand gelegt. Baupläne wurden entworfen, auf denen Häuser in einem für damalige Verhältnisse unerhört kühnen Stil abgebildet waren; die so lange umstrittene Sachlichkeit war darin eingefangen. Aber auch in abseits liegenden Dingen war Oedenkoven ein mutiger Vorläufer. Er beschäftigte sich mit Kleiderreform, hutloser Mode, Aufhebung des Dienstbotenverhältnisses, Abschaffung der Großbuchstaben, Änderung der Orthographie nach der Forderung «Schreib, wie du sprichst!» Die Kooperativbewegung hatte in ihm allzeit einen eifrigen Befürworter und Förderer.

Es ist interessant, was Robert Jentschura zur Orthographiereform in einem Brief an Arthur A. Grohmann 1903 mitgeteilt hat:

«Si haben auch für unsere rechtschreibung interesse. Wi Si sehen, weicht meine fon der Henris u. Idas ab. Ihr schreibgrundsatz ist: Äusserste einfachheit, der meinige: möglichst follkommene widergabe des gesprochenen (das geschribene wort soll nicht deutlicher fassbar sein als das gesprochene) bei einfachen ausnamslosen regeln. Ich wende h als dehnungszeichen an, konsonantenferdoppelung als Kürzezeichen.

Das dehnungs-e ersetze ich forläufig durch den längestrich, um dem leser nicht gleich ein zu fremdartiges wortbild zu biten. Aus demselben grunde verzichte ich forläufig auch auf manche andern fereinfachungen. Di majuskeln sollen hauptsächlich di satzzeichen bei der widergabe der tonfärbungen in der sprache unterstützen, ferner zur herforhebung bedeutungsfoller wörter dinen, etc. etc.

Es liegt mir fern, zu behaupten, dass meine rechtschreibung oder richtiger ‹schreibung› auch für alle andern gut sei. So gut wie jeder einigermaßen gebildete seinen eigenen Stil hat, sollte auch di schreibung eines jeden eigenartig fon ihm selbst aus den grundelementen entwickelt sein. Fort mit dem gleichformwesen, das zum unwürdigen herdenmenschentum führt! Scharf ausgeprägt in jeder Hinsicht soll di persönlichkeit sein, all sein tun kennzeichnend für den menschen.»

Der Berg bot Oedenkoven jedenfalls Gelegenheit, praktische Versuche in jeder Richtung anzustellen. Seine Anhänger unterwarfen sich willig allen Anregungen, sodass es schien, als sei die Welt reif für jede Neuerung.

Im Frühjahr 1902 waren die Vorbereitungen so weit gediehen, dass der erste Prospekt zusammengestellt werden konnte. Bei dieser Gelegenheit erhielt das Besitztum den Namen «Monte Verità», Berg der Wahrheit. Er war von Wahrheitssuchern erschlossen worden und sollte Wahrheitssuchenden geweiht sein. Aber so überheblich war das von den Gründern nicht gemeint. Ida Hofmann schrieb darüber an A. Grohmann und wünscht, «die bedeutung des fon uns gewälten namens der anstalt dahin zu erklären, dass wir keines wegs behaupten die ‹warheit› gefunden zu haben, monopolisiren zu wolen, sondern dass wir entgegen dem oft lügnerischen gebaren der geschäftswelt, u. dem her konvenzioneler forurteile der geselschaft, danach streben, in wort u. tat ‹war› zu sein, der lüge zur fernichtung, der warheit zum sige zu ferhelfen.»

Der Prospekt, der eine Naturheilanstalt auf freigenossenschaftlicher Grundlage ankündete, zog die Aufmerksamkeit weiter Kreise auf sich. Teils aus Neugier, teils aus Interesse, teils aus Sympathie kamen die verschiedenartigsten Gäste aus allen möglichen Ländern. Außer zukünftigen Mitgliedern der Anstalt waren es Männer und Frauen mit irgendwelchen göttlichen Missionen, freundschaftlich oder gegnerisch eingestellte Ärzte, Universitätsprofessoren, der Präsident der Spiritualistischen Gesellschaft in Mailand, ein berüchtigter Magnetopath, und schließlich die Masse der Sensationslüsternen von nah und fern.

Auf die Frage von A. Grohmann, der sich mit einer Studie über den «Monte Verità» befasste, ob ihnen der Besuch der vielen Neugierigen lästig sei und ob er in seinem Aufsatz eine Bemerkung hierüber fallen lassen sollte, schreibt Ida: «bezüglich des besuches fon neugirigen, zien wir for den erwänten passus nicht zu bringen, den wir möchten besucher nicht abhalten zu komen – gar manche neugirige sind mit geweckten interesse fon uns gegangen, u. groben, manchmal unflätigen naturen, merkt man bald an, dass sie schmuz witern, wo reinheit herrscht u. denen geben wir gerne einen kleinen denkzettel.»

Neben der praktischen Arbeit blühte auch ein reges geistiges Leben auf. Der Monte Verità wurde ein Mittelpunkt für alle, die ihren Mitmenschen irgendetwas Besonderes zu sagen hatten. Die Kräfte, die hier einen so günstigen Boden fanden, induzierten die ganze Gegend. Im Laufe der Jahre entwickelte sich die geistige Linie so stark, dass Ascona eine Weltberühmtheit erlangte, ähnlich

Worpswede, Positano oder den fluidalen Milieus in Paris und Rom. Tauchten besonders berühmte oder interessante Gäste auf, so wurden Vorträge, meist im Freien auf der großen Wiese, abgehalten oder Diskussionsabende veranstaltet. Einen nicht geringen Raum nahmen dabei die künstlerischen Darbietungen ein. Es wurde deklamiert, gesungen oder Instrumentalmusik getrieben. Ida Hofmann stellte ihre pianistische Begabung jederzeit gern in den Dienst der Geselligkeit. Der Locarneser Maler Albert Franzoni (1857–1931) spielte Geige.

Viele Namen der Besucher sind untergegangen, aber viele andere bleiben für Ascona unvergesslich. Wahllos, aus verschiedenen Perioden der Oedenkovenschen Zeit: Bakunin, Fürst Krapotkin, die Barone Ungern-Sternberg, Lenin, Trotzki, Hermann Hesse, Mary Wigman, Leoncavallo, Dr. Rudolf Steiner, Erzherzog Leopold Wölfling, Emil Ludwig, Fidus, Erich Mühsam, Gräfin Reventlow, Johannes Nohl, Arthur Segal, Karl Wolfskehl, Professor Fleiner, Hegeler, Laban, Richard Seewald, Karl Bleibtreu, Martin Buber, Hans Arp, Bruno Götz, Dr. Gross, Baron Wrangel, Leonhard Frank, die Sacharoffs, Eugen d'Albert, Reinhard Göring, André Germain, Alfred Richard Meyer, Lulu d'Albert-Lasard, Else Lasker-Schüler, Stephan George, Emmy Hennings, Hugo Ball, Paul Klee, Klabund, Isidora Duncan, Kempter, Jawlenski, Dr. Fritz Brupbacher, Lydia Petrowna, Marianne von Werefkin, Iwan Goll, André Gilbeau, Charlotte Bara, Kogan – und tausend andere sind mehr oder weniger mit dem früheren Ascona verknüpft. Sie sind nicht nur durch Ascona durchgezogen, sondern haben dort einmal irgendeine Rolle gespielt. Sie haben von der seltsamen Atmosphäre getrunken und selbst auch Atmosphäre gegeben.

Eines Tages trat eine merkwürdige Gestalt auf: Gustav Nagel, «Liedermacher von Gottesgnaden», der gleichfalls «freie Liebe und Ortografi» predigte. Trotz empfindlicher Kälte war er barfuß, und trotz Schnee und Sturm hatte er nichts als ein kurzes Hemd an. Die Siedler sahen nicht ohne Neid auf diesen Fortgeschrittenen und schenkten ihm ihre volle Bewunderung. Sie kauften ihm eine große Anzahl Postkarten mit seinem Bildnis ab und bedienten ihn, als ob er ein Prophet wäre. Er ließ es sich einige Tage gern und hoheitsvoll gefallen, aber dann trieben ihn Unrast und Kälte weiter. Er löste sich ein Schiffsbillett und «wanderte gen Süden».

Aber die Ideen des Naturapostels Gustav Nagel entsprachen nicht den Anschauungen Oedenkovens und Ida Hofmanns.

Ida schrieb darüber an A. Grohmann: «die menschen wie nagel, jenasch u.s.w. welche dem angeblichen oder wirklichen ‹zurück› zur natur huldigen, haben keine bezihungen zum ‹monte verità›, henri kan inen darüber des näern berichten. bite nochmals uns nicht als ‹naturmenschen› zu bezeichnen, indem wir dise bezeichnung fast gleichbedeutend mit ‹urmenschen› betrachten, eine bezeichnung, welche wol nur auf jene zeit bezug haben kan, da die ersten menschen di nakte, d.h. di noch unkultivirte natur u. erde befölkerten.»

Manche Mitarbeiter, die den Drang nach Selbstständigkeit verspürten, kauften sich außerhalb des Territoriums an und knüpften auf diese Weise immer mehr Fäden zwischen dem Berg und der Umgebung. Auch Oedenkoven und Ida Hofmann pflegten Beziehungen zur Umwelt. Ihr geistiges Expansionsbedürfnis trieb sie über Ascona hinaus in die Täler. Sie suchten im Valle Maggia Fausto Anello auf und begeisterten sich an seinen genialen Landschaftsgemälden.

Kamen sie in belebtere Gegenden, so stießen sie in ihrem ungewöhnlichen Aufzug oftmals auf Unverständnis, zuweilen sogar auf Feindseligkeit. Eingefleischte Bürger empfanden die betonte Abkehr vom Konventionellen als persönliche Beleidigung. In Pallanza wurden einmal neun Monte-Veritaner, die einen Ausflug nach den Borromäischen Inseln machten, von der Polizei festgenommen. Die nackten Waden der Männer erregten Anstoß. Oedenkoven als Haupt der «Bande» sah sich gezwungen, auf der Wache einen erklärenden Vortrag zu halten. Er wies darauf hin, dass in Pallanza doch auch die Fischer mit bloßen Beinen herumliefen und viele Leute mit unbekleideten Armen ihre Arbeit verrichteten. Die Beamten mussten das zugeben und ihre Einwendungen zu ihrer eigenen Verwunderung zurücknehmen. Die naturgemäße Lebensweise hatte einen offiziellen Sieg über den Staat und die Gesellschaft davongetragen.

Immerhin, die Behörden hatten einmal in aller Höflichkeit einen Fühler ausgestreckt: Man bäte um Nachweis ihrer Trauungen, die aus den Ausweispapieren nicht hervorgingen. Aber die Antwort der Ansiedler und ihre Erklärung über ihre Auffassung von der Ehe war sehr energisch und selbstbewusst: Nicht eure, sondern unsere Ehe halten wir für die richtige. Und so kam ein stillschweigender Kompromiss zustande: Dort der Lehrsatz von der Dezenz mindestens auf der Straße – auf seiten der Polizei, hier die Aufrechterhaltung einer heiligen Überzeugung in Ehesachen – auf Seiten der Ansiedler. A. Grohmann meinte dazu: «Ich habe wenigstens aus den ungleich lautenden Berichten durchaus nicht den Eindruck bekommen, als ob die Behörden eine sich mit ihrem Gewissen nicht zu vereinigende Concession gemacht hätten, etwa um die Ansiedler nicht ausweisen zu müssen und so der Bevölkerung die Landverkäufe und sonstigen Erwerbsquellen durch die Ansiedler zu erhalten. Auch ist man ihnen dort zu gut gesinnt. Um das Alles richtig abschätzen zu können, gehört freilich (dazu), dass man die für Deutsche und Nordschweizer fremdartigen Verhältnisse im Canton Tessin in Rechnung zu ziehen wisse.»

Es wurden auch weitere Reisen unternommen. Das Paar Oedenkoven-Hofmann machte mehrfach Rundfahrten, die sie zu

Künstlern, Metaphysikern, Naturheilkundigen, Anstaltsbesitzern und Verwandten führten.

Sie weilten in der Kolonie des Apostels Josua Klein, die durch eine Schenkung von einer halben Million zustande gekommen war. Dann besichtigten sie verschiedene Naturheilanstalten und studierten die Einrichtungen einer Kaltwasserheilanstalt. Sie konnten feststellen, dass überall Tendenzen vorhanden waren, Licht und Luft sowie der Diät besondere Geltung einzuräumen.

Zuweilen wurden auch die Eltern Oedenkoven besucht und immer wieder durch die langhängenden Haare der beiden in Schrecken versetzt. Jedesmal wiederholten sich die peinlichsten Lagen und Auftritte. Vor allem im mondänen Paris schämten sich die Eltern der «Impossibles», die sich jedoch nicht beirren ließen. Sie fühlten sich durch die üppigen Lockenperücken in einer Molièreschen Komödie sowie durch Kleider, Haartracht und Inhalt der Oper «Samson und Delila» von Massenet in ihren Prinzipien durchaus bestätigt. Häufig suchten sie die Pariser vegetarischen Kreise auf und fanden dort reiche Anerkennung für ihr Werk. Ferner wohnten sie interessanten, aufregenden Sitzungen bei, die von Hypnotiseuren, Hellseherinnen und Okkultisten veranstaltet wurden und ein Stückchen Ascona inmitten des Großstadtbetriebes zu bilden schienen. Im Übrigen aber fesselte sie das Sündenbabel nicht, sondern fachte ihre alte Opposition gegen das verlogene und ungesunde Treiben der Gesellschaft wiederum zu hellen Flammen an. Von Sehnsucht getrieben, kehrten sie auf den Monte Verità zurück.

Auch in Ascona fanden sie nicht gerade ein Paradies vor.

Auf dem Monte Verità hatte sich eine Anzahl schädlicher Elemente eingenistet. Oedenkoven hatte große Mühe, sie zu eliminieren. Faulenzer, Schmarotzer, Demagogen ließen es sich auf seine Kosten wohlsein und hatten wenig Lust zu weichen. Sie stützten sich dabei auf die freigenossenschaftlichen Grundsätze, übersahen aber großzügig die unbequemen Verpflichtungen zu produktiver Mitarbeit.

Zum Beispiel war da ein Pianist, der sich als besonders bedürfnisloser Theosoph eingeführt hatte. Es dauerte jedoch nicht lange, da hatte er erkannt, welche angenehmen Möglichkeiten in der Meditation verborgen lagen. Da er vollauf und angestrengt damit beschäftigt war zu denken, zu träumen und sich seiner Konzentration zu widmen, hatte er für «andere Arbeit» keine Zeit. Im Gegenteil, er verlangte als sein gutes Recht, dass alles, was er zum Leben brauchte, von den anderen hervorgebracht und ihm gereicht werde.

Es gab eine ganze Reihe solcher Leute. Sie waren für Arbeitsteilung und gaben vor, ihre Arbeit in sich zu leisten. «Wie groß ist die Zahl verlogener Idealisten!», musste Ida Hofmann mit Entsetzen erkennen. Und noch andere Einsichten, die nicht nur fremdes, sondern auch eigenes Verhalten charakterisierten, gewannen Raum:

«Jene, die zur Erkenntnis der Notwendigkeit einer veränderten Lebensweise gelangen, führen sie meist unbedacht ein und schlagen mit einer gewöhnlich fanatischen Energie eine extreme Richtung ein. Je nach Maß der Intelligenz und der deduktiven Fähigkeit der Betreffenden beharren sie kürzer oder länger im Wahne, das Richtige gefunden zu haben. Es werden mit Spaten und Hacke, mit Hammer und Säge die ungewohntesten Arbeiten vorgenommen, es wird in primitiver Weise Wäsche gewaschen, es werden Sandalen mit der Schusternadel angefertigt – Arbeiten, die von Maschinen in kürzerer Zeit und vollkommener verrichtet werden können, während hier ein Aufwand von Zeit, Geld und körperlicher Anstrengung nur Erstlingsprodukte auf technischem Gebiet meist ganz unerfahrener Menschen zutage fördert. Wer davon nicht bald abkommt, um sich vernünftigerweise auf den heutigen Verhältnissen angepassten Gebrauch seiner einseitig gebildeten Körperkraft mit Verwendung von Maschinen zu beschränken, wer die bisherigen Erfahrungen und Errungenschaften verneint, der überschätzt in eitler Selbstüberhebung seine persönlichen Kräfte; er ist rückschrittlich, und langsamer Wiedergewinn des verlorenen Mittelweges kostet Zeit und manch bittere Stunde.»

Außer den Schmarotzern mussten auch einige gutartige und sympathische Menschen ausgewiesen werden; es handelte sich um solche, die von Natur aus untüchtig oder unfähig zu praktischer Tätigkeit waren. Manche von ihnen kauften sich in der Nähe an und führten «idyllische Traumexistenzen».

Auch Robert, ein langjähriger Mitarbeiter, schrieb an A. Grohmann: «filmehr wird das sanatorium fon seinen gründern mit hilfe freier mitarbeiter betriben. Als mitarbeiter werden nur solche für die dauer behalten, die sich nach einer probezeit als reif für unser leben erwisen haben. File waren berufen, aber ach! wi wenige auserwählt! Gar mancher, der mit großer begeisterung herkam und glaubte, den geist unserer sache erfasst zu haben, zeigte früher oder später, wi sehr er noch fon dem durch die heutige gesellschaft ihm anerzogenen knechtsein befangen war; und andere wider konnten es nicht fassen, dass der einzelne gerade dadurch di reife für die freiheit in seinem schaffen zeigt, dass er sich in di ordnung des ganzen zu finden fersteht und nicht ferlangt, zu jeder zeit willkürlich handeln zu können. Unsere mitarbeiter erhalten keine bezahlung ihrer arbeit. Ein mensch, der sich in idealem streben einer edlen sache widmet, ist unbezahlbar. Sie finden hir die befridigung ihrer nötigen lebensbedürfnisse: nahrung, kleidung, wohnung, unterhaltungs- u. bildungsmittel und zur bezahlung dessen, was ihnen hir nicht geboten werden kann, einen geldbetrag, der jetzt, solange das unternehmen keinen wesentlichen gewinn abwirft, auf eine bestimmte summe bemessen ist. Später wird fon dem reingewinn die hälfte ferteilt, während die andere hälfte zur amortisierung des grundkapitals dint, das nicht ferzinst wird. Übersteigt der gewinn eine bestimmte höhe, so wird der überschuss zur schaffung fon freistellen für unbemittelte kranke und unterstützung vegetabilischer ansidler ferwendet.»

Nachdem Oedenkoven die Leitung wieder übernommen hatte, führte das Schaffen der Kolonisten erneut zu sichtbaren Ergebnissen. Einige praktisch veranlagte Menschen, unter denen sich auch Ingenieure befanden, ließen ein Wirtschaftsgebäude entstehen, das allen Anforderungen einer soliden Bautechnik entsprach. Eines Tages trat ein früherer Handelskonsul namens Salomonson in den Kreis ein. Seine klugen Darlegungen über Ernährungstheorie erregten viel Aufmerksamkeit und fanden besonders bei Oedenkoven Beachtung.

Der neue Gast war schon nach kurzer Zeit bereit, dem Unternehmen nicht nur sein platonisches Interesse zu schenken, sondern sich als Mitarbeiter anzuschließen.

Er hatte gehört, dass Oedenkoven den Aspiranten zuweilen eine harte Probezeit auferlegte, während der er sie vor allem Schmutzarbeiten tun ließ. Ein schmächtiger Theologiestudent, der sein Studium aufgegeben hatte, um mit heiligem Feuer an dem Entstehen einer neuen Menschheit mitzuschaffen, wurde angehalten, vierzehn Tage lang die Torfmullklosetts zu leeren. «Wenn er sich in der ganzen Zeit kein einziges Mal beschwert, nehmen wir ihn auf», hatte Oedenkoven gesagt. Nach vierzehn Tagen kehrte der Student reumütig zur Theologie zurück.

Salomonson, der ein schon etwas behäbiger Fünfziger war, sprach den Wunsch aus, «keinen Dreck schleppen zu müssen». Oedenkoven dispensierte ihn von jeglichen Prüfungen und betraute ihn mit kaufmännischen Aufgaben. Der Konsul zog fortan ein paarmal in der Woche mit Karren und Esel nach Locarno, um den Obst- und Gemüseeinkauf zu besorgen. Leider gewöhnte er sich mit der Zeit ein derart herausforderndes Benehmen an, dass er eines Tages Abschied nehmen musste. Die meisten Siedler waren Vegetarier, aber nicht Rohköstler. Sie konnten sich den Genuß von Butter, Milch und Käse nicht versagen. Salomonson predigte völlige Abstinenz von allen tierischen Produkten, verwarf jede Art von Gewürzen, besonders Pfeffer und Salz, und erklärte außerdem allen wollenen Kleidungsstücken den Krieg.

Oedenkoven fühlte sich durch diese mit gewichtiger Sicherheit vorgebrachten Grundsätze in seinen eigenen, in gleicher Richtung laufenden, aber noch nicht ganz gefestigten Anschauungen unterstützt. Er verschärfte das Regime in ernährungs- und bekleidungstechnischen Fragen: «Der Ausschluss jedes tierischen Produktes, des Salzes sowie auch wollener Kleidungsartikel wird nun im Sanatorium Monte Verità zum Prinzip erhoben. Lederne Sandalen werden in Ermangelung eines äquivalenten vegetabilen Produktes noch beibehalten.» Salz wurde wohl von den externen vegetarischen Ansiedlern, nicht aber von denen im Sanatorium verwendet. Hierüber schreibt Ida Hofmann in der eigenen Reformschrift: «befor si ire behauptung, dass unsere salzlose narung ungesund sei, in di öfentlichkeit bringen, möchte ich si auf einen irtum aufmerksam machen, indem si meinen, wir genössen kein salz in unsern speisen. si fergessen, dass wir das reinste aler salze, das organische salz unserm körper zufüren, nur das giftige, anorganische salz meiden wir – si haben recht, wen si di salzlose narung des fleisch- oder gemischtessers für ungesund halten, den dise brauchen es zur anregung der ferdauung irer an eiweiss u. fet überreichen narung, abgeseen dafon dass ja di meisten irer speisen erst durch zusaz fon salz u. gewürzen genissbar werden. nicht aber bei natürlichen pflanzenprodukten, di nicht nur im natürlichen zustand schon tadellos schmecken, sondern auch wen si auf eine weise (im reformkocher) gekocht, bei der kein wasser zugesetzt, und darum nichts fon den närwerten bei der zubereitung ferloren get. dass salz bei dieser zubereitungsweise (für vegetabilier wolgemerkt) giftig sein muss, beweist wol das peinigende, zerende durstgefül nach genuss gesalzener speisen, u. dass unsere kochsalzfreie narung nicht ungesund sein kan, beweist wol unser gesundheitszustand.»

Nicht alle waren mit der Verbannung der gewohnten Lebensmittel einverstanden, und nicht wenige unterwarfen sich nur widerstrebend den strengen Anordnungen. Bald stellte sich, teils aus Opposition, teils als Reaktion, ein bedeutend verstärktes Bedürfnis nach Fetten und Gewürzen ein. Und: wo Gier ist, ist auch ein Weg. Nachts, wenn sich die Hüter der vegetarischen Tugend zurückgezogen hatten, stahlen sich seltsame, langhaarige Gestalten über die Grenze des Grundstückes hinaus auf Schleichwegen nach Losone. Asconeser Wirtschaften aufzusuchen, wäre zu gefährlich gewesen. Aber in Losone gab es diskrete Grotti, die für die nächtlichen Heimlichkeiten der hungrigen Monte-Veritaner den passenden Rahmen abgaben. Heißhungrig verschlangen die Vegetarier höchst unpassende Mengen von Salami, Salametti, Luganighi und fetten Schafkäse aus dem Valle Maggia. Sie freundeten sich im Laufe der Zeit auch mit einigen Einheimischen an und verbrachten bei lebhaften Gesprächen recht fröhliche Stunden bald in diesem, bald in jenem Grotto. Die verbotenen Genüsse steigerten ihre Unternehmungslust; das schlechte Gewissen musste durch weitere Abenteuer betäubt werden; die Losoner Bauern lockten mit den besten Weinen, die der Keller barg – kurz und gut, nichts Menschliches blieb den Ausreißern fremd, und mit der Zeit gab es unter ehemaligen Bewohnern des Monte Verità ganz hervorragende Weinkenner.

Es kam sogar vor, dass sich Zyniker Vorräte auf den Berg mitnahmen. Mehrfach fand Oedenkoven irgendwo im Gebüsch Käserinden. Er pflegte die verdächtigen Fundstücke in die nächste Versammlung, bei der die inneren Angelegenheiten besprochen wurden, mitzubringen, sie zwischen zwei Fingern in die Höhe zu halten und die Frage zu stellen, wer gegen die Gesetze des Berges verstoßen habe.

Als Ida Hofmann unter Geschwüren zu leiden begann, brach sich auch bei den Führern des Sanatoriums eine tolerantere Auffassung Bahn:

«Neben der Voraussetzung, dass erkenntnisreifere Menschen die ausschließliche Fruchtnahrung als die ihnen von der Natur bestimmte und bekömmlichste Ernährungsweise betrachten, besteht doch noch die Frage, ob hier in naturgesetzlicher Entwicklung Erkenntnis und Ausführung gleichen Schritt zu halten haben, oder in welches Verhältnis beide miteinander zu bringen sind, ohne nach irgendeiner Richtung hin Schaden zu erzeugen. – Wir haben seit Beginn unseres Unternehmens die Fruchtnahrung in reichhaltigster Auswahl besonders berücksichtigt; es wurde einmal des Tages gekocht, und zwar hauptsächlich Gemüse (mit Ausschluss sämtlicher Kohlarten, der Kartoffel und der Zwiebel); zur Abwechslung gab es Hülsenfrüchte. Es ist allen bei uns, ohne Ausnahme, unmöglich, sich dauernd an die ausschließliche Fruchtnahrung zu halten (wiewohl der Wert ihrer periodischen Durchführung zwecks Heilung unübertroffen bleibt). Den meisten fällt es schwer, die gewohnten Gemüse zu meiden, besonders seitdem der vollkommene Ausschluss tierischer Nahrungsmittel beschlossen ist. Es stellt sich, wohl durch die Obstsäure bedingt, ein wahrer Kartoffelhunger ein, den der Brotgenuss nicht ersetzt. Die Neigung, sich andere Lebensmittel, ob heimlich oder zugestandenerweise, von auswärts zuzuführen, greift um sich; bei diesen Gelegenheiten wird des ‹Beliebten› gewöhnlich zuviel genossen, und die Folgen davon machen sich durch Magenverstimmungen geltend. Schließlich werden von Henri, dem stärksten Gegner des zum Ausschluss Bestimmten, Kartoffeln auf das Menü gesetzt; nach und nach treten auch Blumenkohl, Spargel, Artischocken und Bohnen sowie Ersatz für tierische Fette durch Kokos- und Haselnussbutter hinzu. Dass diese Einführungen im allgemeinen große Befriedigung hervorriefen, muss ich als Tatsache erwähnen; denn es handelt sich darum, ob, trotz aller Schätzung des Prinzips, nicht auch die Befriedigung der Geschmacksnerven berücksichtigt werden muss, ferner ob die Entwöhnung von bisherigen Nahrungs- und Genussmitteln nicht sehr vorsichtig und ganz allmählich vonstatten gehen muss, und ob das Maß derselben nicht der Vernunft und Beschaffenheit jedes Individuums überlassen bleiben soll.»

Immerhin gab es einige wenige, die mit äußerster Konsequenz nur Rohkost aßen und ihre Überzeugung sogar derart auf die Spitze trieben, dass sie sich auch noch in der Auswahl der Früchte spezialisierten. Ein Mitarbeiter, der als einer der merkwürdigsten Typen eine Rolle in Ascona gespielt hat, warf sich auf die Kokosnuss. Man weiß nicht recht, ob er die Kraft zu seiner Konsequenz aus seiner tiefen Religion schöpfte, oder ob er sein göttliches Feuer an seiner außergewöhnlichen Vorliebe für Kokosnüsse entfachte. Jedenfalls behauptete er, alle Nahrung sei sündig, da sie zu nah der Erde wüchse. Nur die Kokosnuss hielt er für heilig, weil sie hoch in den Bäumen wachse und eine sonnenähnliche Form habe. Der Kokosnussprediger gehörte zu den Idealisten, die in der Auswanderung keine Flucht, sondern einen Weg zu Gott sahen. Er kaufte sich auf einer Insel im Bismarckarchipel an, um dort einen Sonnenorden zu gründen.

Erich Mühsam erinnerte sich unter anderem noch folgender Typen:

«Einer besonders ulkigen Marotte wegen möchte ich ferner einen Herrn erwähnen, der nicht nur Rohköstler und Temperenzler ist, sondern es sogar verschmäht, rohe Weintrauben zu genießen. Er begründet das mit seinem Keuschheitsprinzip. Weintrauben, behauptet er, wirken auf die Geschlechtsnerven, denn schon die alten Griechen feierten das Fest des Dionysos zugleich mit dem der Aphrodite. Dies nur als Beispiel für die Begründungen, die man hier von allen möglichen Leuten für alle möglichen Torheiten tagtäglich zu hören bekommen kann. Genannt seien schließlich noch ein Hypochonder, der sich nie unter Leuten sehen lässt und sich immer krank fühlt, von dem ich aber nicht weiß, ob ihn der Vegetarismus hypochondrisch oder die Hypochondrie vegetarisch gemacht hat – und im Gegensatz zu diesem ein allzeit fideler ehemaliger Berliner Arbeiter, der tagaus, tagein singt. Sein Grundsatz ist:

Der Herrgott ist ein guter Mann, und wenn man nur tüchtig daran glaubt, kann der Lohn auf die Dauer nicht ausbleiben. Ein geduldiger Nachbar hat einmal gezählt, wie er hintereinander sechsundvierzigmal ‹Nun danket alle Gott› sang.»

Ab und zu zogen Gruppen von Buddhisten durch Ascona und quartierten sich auf dem Monte Verità ein. Sie trugen indische Gewänder und waren mit seltsamen Abzeichen geschmückt. In überschwänglicher Weise wurden sie auf der Wiese des Monte Verità in Empfang genommen und gefeiert. Es gab neben den auffallenden Sonderlingen auch Leute, die still ihr glückhaftes Dasein in dem paradiesischen Ort lebten und sich von jedem weltanschaulichen Exhibitionismus fernhielten. Es waren darunter Anthroposophen, die versuchten, ihrer Überzeugung nach zu handeln und ohne Aufhebens Gutes zu tun, wo Mitmenschen hilfsbedürftig waren.

Anarchisten, Theosophen und Spiritisten

Inzwischen waren auf dem Berge in ständigem Wechsel Leute ausgeschieden, andere hinzugekommen. Die vegetarische Bewegung blühte. Besonders auf dem Monte Trinità und in Ronco vergrößerten sich die Kolonie sowie die Anzahl der klausnerischen Einzelgänger.

Bei Ronco spielt auch der an und für sich recht unbedeutende Roman «Benedikta» von Gabriele Reuter, in dem einige kitschig-schwärmerische Naturmenschen auftreten. Die übrigen Romane der 1941 gestorbenen Erzählerin hatten großen Einfluss auf die Frauenbewegung. In Orselina schuf ein Mystiker aus Berlin, Louis Fink, zusammen mit seinen jungen Anhängern, aus unwirtlichem Gelände ein recht ertragreiches Obstgut; die Ausbeutung der Arbeitskräfte trug gute Früchte. Zuweilen löste sich eine Zweigansiedlung auf und bescherte dem Monte Verità neuen Menschenzustrom.

Auch Robert Jentschura, ein ostpreußischer Geometer, gab sein eigenes Grundstück auf und meldete sich als Mitarbeiter. Er machte sich in kurzer Zeit so beliebt, dass ihm der Posten eines Direktors übertragen wurde. Er verstand es, leichtflüssige Reden zu halten. Einige klarblickende Männer, darunter Karl Vester, hielten sich von ihm fern; sie trauten den hochtrabenden Parolen nicht. Tatsächlich war Jentschura der Erste, der sich entgegen seinen so laut proklamierten Überzeugungen – standesamtlich trauen ließ, die Haare kurz trug, Würstchen aß und lange Hosen, die verpönten Ofenrohre, anzog. Diesem «Verrat» folgte dann eine damals tiefverachtete merkantile Tätigkeit; er war der erfolgreiche Vorläufer der Grundstückspekulanten in Ascona. Zu günstigen Zeiten kaufte er für ein Butterbrot felsige Terrains, Ruinen, leer stehende Häuser. Nachdem er durch Wiederverkäufe ein Vermögen erworben hatte, gab er die Theosophie, die ihm nicht wenig genützt hatte, auf und zog nach Deutschland. Der Inflation war weder er noch sein Reichtum gewachsen.

Die Frau, die Robert Jentschura heimgeführt hatte, war im Herbst 1904 auf dem Monte Verità in Aktion getreten. Sie nannte sich Dr. Anita Dehn, besaß ein ärztliches Diplom, praktizierte aber unter der Hand nach der Naturheilmethode. Sie begeisterte sich für die auf dem Monte Verità vertretenen Ideen und wurde als Mitarbeiterin aufgenommen. Bald jedoch begann sie auf dem Berg, der der Wahrheit und Liebe geweiht war, Intrigen zu spinnen, Streitigkeiten anzuzetteln und Unfrieden zu säen.

Kurze Zeit nachdem sie sich mit Robert verbunden hatte, erschien in Begleitung eines Polizeibeamten der deutsche Konsul aus Lugano, um Dr. Anita Dehn als Hochstaplerin zu entlarven. Natürlich entstand größte Aufregung. Immerhin war die Angelegenheit nicht ganz so peinlich wie etwa in nördlicheren, strengern Bezirken. Konsul und Polizei sahen von der Verhaftung ab. Bedingung war, dass die Dame und ihr Gemahl innerhalb von vierundzwanzig Stunden die Schweiz verließen. Aber das Paar blieb; zwar nicht auf dem Monte Verità, aber doch in der Nähe, in einem abseits liegenden Häuschen. Sie lebten anfangs sehr zurückgezogen. Dann wagten sie sich wieder hervor. Sie taten, als ob nichts geschehen wäre, und die Behörde tat desgleichen. Niemand legte ihnen etwas in den Weg. Man war eben im «gemütlichen» Tessin.

Ein treuer Kampfgenosse war den Monte-Veritanern der aus Samoa zurückgekehrte Karl Vester. Aber aus dem Verlangen heraus, nur sich selbst verantwortlich zu sein, löste er sich von der

Gemeinschaft und erwarb ein selbstständiges Besitztum. Als die beiden Inseln vor Brissago im Zwangsverkauf für 25 000 Franken ausgeboten wurden, verband er sich mit dem damals noch ganz unbekannten Emil Ludwig, um sie zu kaufen. Aber der Besitzerin blieben die herrlichen Inseln noch über zwanzig Jahre erhalten, obwohl die Gefahr der Versteigerung alle paar Jahre in beängstigendem Maße akut wurde. So musste sich Vester mit einem bescheideneren Grundstück am Ufer des Sees begnügen. Emil Ludwig, der eine bewegte Asconeser Vergangenheit hat, tat es ihm gleich.

Im Spätherbst 1905 kam der Bildhauer Kruse, Käte Kruses Vater, auf den Monte Verità. Er freundete sich bald mit Oedenkoven und Ida Hofmann an und förderte ihre Bestrebungen durch scharfe Kritik. Der Berg und seine mutigen Bewohner erfüllten ihn, dem «der Stempel innerer Zerrissenheit aufgedrückt war, denn auch er rang nach idealeren Lebensverhältnissen» (Ida Hofmann, Memoiren), mit neuem Glauben. Er holte seine Familie nach Ascona und brachte sie auf dem Monte Verità unter. Seine Frau trug während des Winters zu den geselligen Veranstaltungen im Zentralhaus durch «individuell graziöse Tänze in einer entsprechenden Gewandung» bei und stützte die Bestrebungen, die der Kleiderreform auch im täglichen Leben Rechnung tragen wollten. Es war noch kein Jahr vergangen, da hatte Kruse ein Grundstück auf dem Hügel neben dem Monte Verità gekauft. Er hegte die Absicht, dort eine Künstlerkolonie ins Leben zu rufen.

Ein anderer guter Freund, der dem Monte Verità zwei Jahrzehnte lang die Treue bewahrt hatte, war der Berliner Arzt Dr. Raphael Friedeberg, eine der legendären Gestalten von Ascona. In Berlin hatte er einst eine Rolle als Herausgeber der Sozialistischen Monatshefte und Vorkämpfer für die Idee des Generalstreiks gespielt. Er verbrachte einen Sommer auf dem Monte Verità, interessierte sich für die naturgemäße Lebensweise und kaufte sich schließlich an.

Ida Hofmann kennzeichnete seine Sphäre mit den Worten: «Was sich Anarchist nennt, schart sich gern um seine sympathische Persönlichkeit.»

Emil Szittya warf folgendes Schlaglicht auf die Ereignisse um Friedeberg, die häufig auch mit dem Monte Verità in Zusammenhang standen:

«Die Romantik kann, weil sie sich meistens unorganisch meldet, naturgemäß nur von kurzer Dauer sein. Es hat sicher eine psychologische Ursache, weshalb Extremisten, Anarchisten, Theosophen, Vegetarier, Spiritisten meistens einen Parallelweg gehen. In einem gewissen Punkt müssen sich alle Extreme verknüpfen, weil sie doch in ihren Bestrebungen einen Gegenpol zu herkömmlichen Gewohnheiten bilden; aber in dem Augenblick, wo sie miteinander in eine gesellschaftliche Bindung treten wollen, entsteht unter ihnen dasselbe Verhältnis, dessentwegen sie sich als Komplex in die Gesellschaft nicht einreihen konnten. Wir sahen in Ascona, dass die Theosophen, Spiritisten und Vegetarier unter sich in einem fortwährenden persönlichen Streit leben. Der Vater der Asconeser Anarchisten war lange Zeit hindurch Dr. Raphael Friedeberg. Er war einst Arzt in Berlin und sozialdemokratischer Reichstagsabgeordneter, bis er plötzlich die Bekanntschaft mit dem französischen Syndikalismus machte. Er war ziemlich konsequent, trat aus der Partei aus, legte sein Mandat nieder und schrieb die erste syndikalistische Broschüre, ‹Direkte Aktion›, in deutscher Sprache. Gründete die deutsche syndikalistische Bewegung. Hatte Unannehmlichkeiten mit der deutschen Behörde und verließ seine Heimat. Ließ sich in Ascona nieder, wo er eine Theosophin heiratete. Eine Zeitlang hat er jeden Anarchisten, der in das Dorf kam, materiell unterstützt. Es lebte zeitweise eine ganze anarchistische Kolonie bei ihm. Meistens Menschen, die wegen ihrer Ideen verfolgt wurden, aber auch solche, die sich Anarchisten nannten, zu faul waren, um zu arbeiten, und gerne auf Kosten eines gutsituierten Genossen lebten.»

Der ideal gesinnte Arzt teilte in diesem Punkt das Schicksal des Brüsseler Pelzwarenhändlers Bernhard Mayer, eines der reichsten Anarchisten der Welt, der sich ebenfalls nach Ascona zurückzog. Wenn irgendwo Anarchisten Geld brauchten, haben sie sich immer mit Erfolg an ihn gewandt, und es wird berichtet, dass ihn die Bewegung viele Millionen gekostet habe.

«Die Kolonie brachte zeitweise viele Unannehmlichkeiten für Friedeberg. Einige stahlen bei ihm, andere wurden von der Polizei wegen gemeiner, nicht anarchistischer Verbrechen verfolgt, sodass ihm schließlich die Sache ein bisschen zu dumm wurde und er sich zurückzog. Er wurde ein guter Bürger und nahm seinen Arztberuf wieder auf. Friedeberg war, solange ihn seine Genossen nicht umwimmelten, in Ascona außerordentlich geschätzt. Die Theosophen, Spiritisten und Vegetarier hatten ihn als einen der Ihrigen betrachtet; als aber die Sache mit den Anarchisten anfing, sah man sein Heim als das Nest des Teufels an und intrigierte überall gegen ihn.»

Eine wertvolle neue Mitarbeiterin, besonders für das wirtschaftliche Gebiet, bildete Clara Linke. Sie war als Kurgast gekommen und blieb lange Zeit eine überaus wichtige Stütze des Betriebes. Manchmal wurde der Mitarbeiterkreis ganz klein; es kam vor, daß er nur aus Oedenkoven, Ida Hofmann und Clara Linke bestand.

Lotte Hattemer war als Mitbesitzerin ausgeschieden. Es war schon lange nicht mehr mit ihr zu rechnen gewesen. Ihr religiöser Wahn wuchs sich zeitweilig zu offensichtlichem, allerdings harmlosem Irrsinn aus. Sie hauste irgendwo in den Bergen zwischen

Ronco und Ascona in einem halbverfallenen Stall. Ida Hofmann behielt die Bürgermeisterstochter nicht gerade in bester Erinnerung. Sie schrieb über sie:

«Lotte Hattemer legt Hand auf ein Stückchen Erde. Sie ist wie alle jene Ansiedler, Durchzügler und Mitarbeiter, die Bedürfnislosigkeit zum Zwecke freiwilliger Entbehrung des Geldes vorgeben, aber meist nur dann in der Tat bedürfnislos sind, wenn der Mangel an Geld sie dazu zwingt. Entschiedene Trägheit und Unlust zur Arbeit sowie Unmut über Besitzende ist ihnen eigen. Sie kehren dort gern ein, wo es etwas Gutes zu essen gibt, und geben selbst gern – sehr gern ! – haben jedoch nichts zum Geben. Kommt es zur Abwicklung von Geldangelegenheiten oder Auszahlung von Forderungen, so erwartet diese Kategorie Menschen gewöhnlich mehr, als sie beanspruchen darf, zeigt sich enttäuscht und versteht sehr wohl, zu ihrem Vorteil zu rechnen. Pathologisches Lügnertum ist da vorherrschend.»

Anscheinend war es also bei der Auszahlung des Besitzeranteils zu Unstimmigkeiten gekommen.

An anderer Stelle äußert Ida Hofmann, nachdem sie die trostlosen Zustände bei der Familie Gräser beklagt hat:

«Lotte Hattemer bewohnt ebenfalls ein Steinhaus auf einsamer Höhe. Es ist noch primitiver eingerichtet als das vorerwähnte; seine Umgebung ist verwahrlost, denn hier wird gar nicht gearbeitet. Lotte lebt vom Gelde ihrer Eltern und huldigt, wann möglich, dem Kommunismus. Ihr Streben geht nach Verinnerlichung durch Anschauen der Natur.»

Etwas wohlwollender klingt das, was Emil Szittya über diese Mitbegründerin des Monte Verità in Erfahrung gebracht hat:

«Die sympathischste, wenn auch die tragischste Entwicklung unter den Begründern des neuen Lebens hatte Lotte durchgemacht. Sie fand das Treiben ihrer Kameraden lärmend und zog sich von den zu lauten Idealisten zurück. Lebte in einem ruinenhaften

Haus. Schlief auf bloßem Stein. Aß nur rohe Wurzeln. Jede Nacht kletterte sie auf einen Berggipfel. Klaubte trockenes Reisig zusammen. Legte ein großes Feuer an und siebte die Asche, wobei sie jammervoll schrie: ‹Mein Gott, es ist noch nicht fein genug!› Die St. Lotte von Ascona endete nicht ganz so, wie es sich für eine Heilige ziemt. Einmal packte Lotte der unheilige Geist, und sie vergiftete sich. Man erzählt, sie habe ein Gift genommen, das bei jedem Menschen in einigen Augenblicken wirkte; bei ihr dauerte es aber zweieinhalb Tage, bis sie starb.» Erich Mühsam widmete ihr folgende Charakteristik: «Lotte, ‹Die Lotte›, gehört auch noch zu denen, die den ‹Monte Verità› begründen halfen, sich dann aber, als der Hase anders lief, als er getrieben werden sollte, auf eigene Faust ansiedelte. Zuerst hatte sie es allerdings noch als Mitarbeiterin in dem Sanatorium versucht gehabt und ‹Portiönchen ausgeteilt›, wie sie selbst sich ironisch ausdrückte, bevor sie einsah, dass in solchem Betrieb die ewige Glückseligkeit nicht zu erwerben sei. ‹Lotte hat unbedingt Anspruch darauf, als originellstes Wesen der ganzen Gegend angesprochen zu werden.› Ihre Originalität hat einen starken Einschlag ins Groteske, Abenteuerliche, Absurde. Dass sie die Tochter eines höheren preußischen Beamten ist, sieht man ihr in der Tat nicht an, wenn sie, den rundlichen Körper in die notdürftigsten, Kleidungsstücke vorstellenden Textilerzeugnisse gehüllt, einige Blumen in den Händen und in den wüsten flachsblonden Haaren, die Chaussee entlangträllert. Ihr eine Viertelstunde südlich von Ascona sehr hübsch gelegenes Grundstück mit dem fensterlosen, schief dastehenden Häuschen erweckt denselben romantisch-chaotischen Eindruck wie die Besitzerin. Irgendwo im Freien verstreut liegt eine Decke und ein Reisigbündel. Das ist Lottens Nachtlager. Hie und da stolpert man über ein Kleidungsstück, ein Küchengeschirr oder ein Andenken aus der höheren Tochterzeit. Im Hause selbst, das aus zwei übereinander liegenden Räumen besteht, sieht es noch bunter aus. In tollem Durcheinander Koffer,

Utensilien, Nahrungsmittel, Bücher, Briefe und Ratten; dazwischen Bindfaden, Lederriemen, Matratzen, Holzklötze und was noch alles. Eine einzelne Sandale, ein ehemaliger Hut und ein paar Glasscherben vervollständigen das Bild. In dieser Umgebung haust die Lotte nun seit Jahren mutterseelenallein. Ob sie sich dabei glücklich fühlt? Sie tut so. Und man muss ihr lassen, sie tut mit viel Geschick so ... Ich habe es viele Male beobachtet, wie sie aus einem Kreise gemütlich beieinander sitzender Menschen plötzlich ostentativ verschwand, um nach einer Viertelstunde mit Blumen behangen ostentativ wiederzukehren. Dann war offenbar aus irgendeiner Ursache plötzlich eine religiöse Stimmung über sie gekommen.»

Ein rührendes Denkmal hat Bruno Götz dem armen Mädchen in seinem Ascona-Roman «Das göttliche Gesicht» gesetzt. Er hat ihr einen Altar gebaut und sie in Weihrauchwolken gehüllt.

Die Gruppe der ersten Besitzer des Monte Verità hatte sich also stark vermindert. Von den fünf hoffnungserfüllten Menschen, die sich einst durch den großartigen gemeinsamen Plan so eng verbunden gefühlt hatten, waren nur zwei übriggeblieben.

Während Oedenkoven und Ida Hofmann mit Freuden die Entwicklung ihres Unternehmens feststellten, ging es mit Karl und Jenny Gräser, den einstigen Mitbesitzern, immer mehr bergab. Durch pathetische Redensarten suchten sie vor sich selbst den Niedergang zu verbergen und das Elend zu verherrlichen. Sie verkehrten hauptsächlich mit verstiegenen Geistern, zum Beispiel mit Leuten, die beim ersten Zusammentreffen mit einem Neuankömmling sofort mit den berüchtigten Fragen losplatzten: «Glauben Sie an die Unsterblichkeit der Seele?» und «Wie steht es mit ihrer Reinkarnation?» und «Haben Sie auch Ahnungen?»

Ihrem Grundsatz, geldlos zu leben, blieben Gräsers in der Theorie treu. Aber in Wirklichkeit kam das Gleichgewicht, das sie zwischen Weltanschauung und Lebensführung herstellen wollten, immer wieder ins Schwanken. Nach Verlassen des Monte Verità hatte der große Geldverächter das ganze Barvermögen in einen irdenen Topf getan und den «Mist» in ein Loch im Garten versenkt. Nachdem er die Grube mit Erde zugeschüttet hatte, steckte er in unbewusster, aber weiser Voraussicht der Dinge, die da kommen würden, an dieser Stelle einen Zweig in den Boden. Es dauerte nicht lange, da war er gezwungen, sich des Zeichens zu erinnern und den Topf auszugraben. Nun konnten sie eine Zeitlang wieder in Ruhe ihren Theorien leben. Ein Augenzeuge berichtet, dass selbst der irdene Topf neue Verwendung fand; er diente fortan zur Aufbewahrung von Kartoffeln.

Gräser hatte aber auch den Schmuck seiner Frau vergraben, denn «Gold und Edelsteine gehören dem Erdboden, und ihr Besitz ist frevelhafter Raub an der Natur». Als jedoch gar nichts mehr zum Beißen im Hause war und die berühmte «eigene Kraft» wieder einmal nicht ausreichte, blieb ihm nichts anderes übrig, als auch den Schmuck auszugraben. Jenny musste nach Locarno pilgern und die letzten Zeichen ihres früheren Wohlstandes verschleudern. Gott sei Dank hatte Gräser ein dickes Fell und war großzügig genug, die Niederlagen vor sich selbst nicht als peinlich zu empfinden. Er war schließlich daran gewöhnt. Zum Beispiel hatte er auch Jennys Klavier aus dem Haus geschmissen, weil er solch ein unnatürliches, lächerliches Kunstprodukt nicht im Zimmer haben wollte. Das Instrument stand lange Zeit bei jeder Witterung irgendwo draußen im Garten. Als aber seine Frau, um der wirtschaftlichen Not zu steuern, in Locarno ein Konzert geben wollte, holte er das Klavier wieder herein und hatte nichts mehr gegen das «Möbel» einzuwenden.

Gräser betätigte sich auch als Erfinder. In bewundernswürdiger Inkonsequenz hoffte er, mit seinen Ideen einmal viel Geld zu verdienen. In späteren Zeiten fanden sich beim Inventar des Monte

Verità seltsam geformte Porzellannäpfe, deren Verwendungsmöglichkeiten niemand mit Sicherheit erraten konnte. Es handelte sich anscheinend um einen praktischen Haushaltsartikel, den Karl Gräser erfunden hatte.

Bei Gräser war zeitweise Leopold Wölfling zu Gast. Sie kannten sich von ihrer österreichischen Militärzeit her. Der leicht beeinflussbare Erzherzog Leopold Ferdinand von Toscana, so sein wahrer Name, war von seiner damaligen Gattin Vilma Adamowicz nach Ascona gelockt worden, wo sie ihn der Theosophie und dem Spiritismus auslieferte. Er machte das Treiben kurze Zeit mit, floh dann aber vor Frau und göttlichen Wissenschaften, um nach einigen Irrfahrten beim Kabarett sein Gleichgewicht wiederzufinden.

1904 wurde das ansehnliche Hauptgebäude, das 1924 frisch ausgemalte Restaurant, errichtet. Es bedeutete einen großen Gewinn für das Unternehmen; es war repräsentativ und bildete einen beliebten Sammelpunkt sowohl für die Monte-Veritaner als auch für Fremde und Freunde.

Das flache Dach des «Zentralhauses» war, nach einer genialen Idee Oedenkovens, dazu ausgenutzt worden, für den Winter ein Sonnenbad zu schaffen. Gläserne Wände fingen die warmen Strahlen auf. Später wurden bequeme Glashäuser im Park errichtet, sodass die Konstruktion auf dem Dach abgerissen werden konnte.

Das ganze Grundstück machte einen freundlichen, gepflegten Eindruck. Innerhalb weniger Jahre war aus dem unwirtlichen Gelände ein blühender Park geworden. Wiesen, Reben, Blumen und südliche Gewächse ließen erkennen, dass hier schönheitsfreudige Kräfte mit Liebe und Eifer am Werk gewesen waren. Alle hochstämmigen Bäume, die jetzt noch auf dem Monte Verità stehen, sind damals angepflanzt worden. Zahlreiche Pfade, die im

Allgemeinen gut instand gehalten wurden, durchzogen das ganze Gebiet.

Eine Sorge blieben die schwierigen Zugangswege. Jeder Transport verursachte hohe Unkosten, die nicht immer dem Wert der Objekte entsprachen.

Mit Erstaunen stellten Oedenkovens Angehörige, die eines Tages zu Besuch und Besichtigung eintrafen, die Umwandlung fest. Sie hatten den Monte Verità als öde Wildnis kennen gelernt und mussten zugeben, dass das äußere Bild recht ansehnlich geworden war.

Für die Gedanken, denen das wundervolle Besitztum diente, hatten sie dagegen immer noch kein Verständnis. Im Gegenteil. Gegen die Naturheilmethode wehrte sich ihre Neigung zu schlemmerischem Genießen; und den Versuchen sozialer Reform gegenüber nahmen sie eine misstrauische, geradezu feindselige Haltung ein. Über die «untergeordneten» Arbeiten in Garten und Werkstatt rümpften sie die Nase. Besonders Henri Oedenkovens Schwager war ein «Kapitalist von reinstem Wasser», der hochmütig und stur dieses ganze «Geschäft» ablehnte.

Für die Nacht war der elegante junge Mann mit seiner jungen Frau in einer etwas abseits gelegenen Wohnhütte untergebracht worden. Aber kaum waren sie schlafen gegangen, als die ungewohnten Geräusche der nächtlichen Natur sie schreckten. Sie fürchteten die Rache der «Anarchisten und Bombisten», deren Arbeiten sie am Tage mit beißendem Spott beurteilt hatten. Auch der bereitgelegte Revolver beruhigte sie nicht. Fluchtartig verließen sie die Hütte und landeten mit den Worten: «Nous avons peur de ces gens parce que nous ne partageons pas leurs idees» in Henri Oedenkovens Behausung. Sie waren damit einverstanden, in Decken gewickelt die Nacht auf dem Fußboden zu verbringen. Um ihre Koffer sorgten sie sich nicht, da sie ja die Köchin in der unheimlichen Hütte zurückgelassen hatten.

Einige Zeit nachdem die Verwandten abgezogen waren, machten sich Oedenkoven und Ida Hofmann auf die Reise. Ihr Ziel waren die Bayreuther Festspiele. Unterwegs suchten sie wiederum studienhalber interessante Gesellschaften und Persönlichkeiten auf, darunter Wunderheildoktoren, Verkünder neuer Evangelien und Dr. Johannes Müller, der auf Schloss Mainberg, später auf Schloss Elmau einen sympathisch-zwanglosen Sanatoriumsbetrieb auf geistiger Grundlage ttnterhielt.

In Bad Boll kamen sie zu einem Apostel, der über einen größeren Anhängerkreis verfügte und verkündete, «dass jeder zu seinem Recht kommen wird, der sozial viel wirkt und viel angefeindet wird». Mit Entrüstung vermerkte Ida Hofmann, dass der Heilige sie nicht an der gemeinschaftlichen Tafel aufnehmen wollte, weil sie durch ihr Äußeres Hunderte von Menschen brüskieren würden. Das Essen wurde ihnen auf dem Zimmer serviert.

Auch in Bayreuth erregten sie Aufsehen. Der Sichhingebende – auch an eine Idee – ist immer leicht lächerlich; jedenfalls fühlt sich der Konventionelle ihm immer überlegen. Ida Hofmanns Haartracht stach erheblich ab gegen die damalige Mode, auf deren Befehl die Hüte der Damen geradezu Monumentalbauten aufwiesen. Selbst die Sandalen fielen auf. Und Oedenkoven wurde auf der Straße «Gustav Nagel» tituliert, ein Zeichen für die Popularität des seltsamsten aller Naturmenschen. Als Unterkunftsstätte für die Nacht stellte man ihnen das Lichtluftbad der Stadt zur Verfügung.

Um 1905 war Ascona von unerhörter Lebendigkeit erfüllt. Alle erdenklichen Emanationen des Geistes und der Seele feierten Triumphe. Es gab wohl kaum einen Ort in der Welt, der so mit Spannungen geladen war wie Ascona und sein Monte Verità.

Damals war das Leben am Lago Maggiore noch billig. Der Ort bevölkerte sich daher immer mehr mit armen Teufeln. Die Redensart «Ein anständiger Mensch hat kein Geld» war gang und gäbe und entsprach tatsächlich der allgemeinen Mentalität. Unterstützt wurde diese Einstellung durch die Asconeser Bevölkerung, die, im Gegensatz zur Locarneser, überhaupt keinen Dünkel kannte. Geld war kein Maßstab für Beurteilung und Bewertung eines Menschen.

Aber auf dem Berg machte sich das Fehlen kapitalkräftiger Gäste dennoch bemerkbar. Ida Hofmann klagte:

«Der Besuch von Kranken des ‹Sanatorium Monte Verità› lässt zu wünschen übrig; der Grund dafür liegt in den so verschieden gefärbten Berichten über unser allerdings auf ungewöhnlicher Basis gegründetes Unternehmen. Auch wirkt das Vorurteil bezüglich gewisser Nahrungsmittel (Fleisch, Wein, Tee, Kaffee usw.) hemmend, und so mancher lässt sich durch den Ausschluss von Milch, Butter und Käse in unserer Diät grundlos abschrecken, denn schon nach dem Versuch einiger Tage verschwindet das mitgebrachte gewohnheitsmäßige Verlangen danach, und die Vorzüge einer Kurperiode ohne tierische Nahrungsmittel leuchten den meisten ein. Bessere Überzeugung wird Platz greifen, wenn Resultate unsere Anschauung begründen. Unterdessen treiben wir einen schwunghaften Brotverkauf. Dank den unermüdlichen Versuchen Henris gelingt es uns, vollwertiges Normalbrot ohne Hefe und Salz im Reformkocher herzustellen. Dieses Brot sowie hygienische Kleidungsartikel und nach Wecks Verfahren im eigenen Safte sterilisiertes Obst werden gern gekauft.»

Auch der Mitarbeiterkreis, der immer wieder Enttäuschungen brachte, war nur klein. Er war Gegenstand vieler Experimente, wovon die phantastischsten auf Anregungen der temperamentvollen Hauptleiterin zurückzuführen waren. Sie deutet in ihren Memoiren an, dass eine Zeitlang sogar eine logenähnliche Gliederung versucht wurde:

«Die Notwendigkeit strengerer Aufnahmebedingungen erwächst aus den neuesten Erfahrungen. Parallelen zu der auch bei uns nun eingeführten Organisation der Schüler und Meisterschaften finden sich in der Geschichte der auf erhabene Ziele gegründeten Brüderschaften und Gemeinden des Altertums. Ich erinnere mich nur an jene der Essäer zur Zeit Christi und des Pythagoras; auch ihre Lebensweise bietet viel Ähnliches zum Vergleich.»

Ida Hofmann kennzeichnet die hauptsächlichste Modifikation, die im Zusammenleben der Siedler und Sanatoriumsgäste nach den ersten Jahren eingetreten war, mit folgenden Worten:

«Erfahrung lehrt uns, dass der freigenossenschaftliche Betrieb der Naturheilanstalt Mängel aufweist, bei denen wohl unterkunftslose Existenzen ihre Rechnung finden, die Gründer jedoch ausgenutzt werden. Vielleicht geht es kooperativ. Die zu leistende Arbeit wird von der Leitung je nach Fähigkeit der Mitarbeiter angeordnet. Im Falle eines Ertrages wird der Überschuss, nach Amortisation des von den Gründern angelegten Kapitals, zu gleichen Teilen unter die Mitarbeiter verteilt. Es stehen sich begreiflicherweise die heterogensten Charaktere gegenüber.»

Das kooperative System dominierte eine lange Reihe von Jahren und fand seinen Ausdruck in den vielen Prospekten, die auf dem Monte Verità ausgearbeitet wurden.

Die Prospekte, Propagandabroschüren, Anzeigentexte, Reklameartikel bilden ein Kapitel für sich. Immer wieder tauchte irgendeine kleine oder größere neue Idee auf, die dazu zwang, die eben erst fertiggestellten Drucksachen durch neue zu ersetzen. Oedenkovens Unternehmen ist zum großen Teil ein Opfer solchen Eifers geworden. Selten wurde einem Gedanken Zeit gelassen, auszureifen, selten wurde einem Versuch Zeit gelassen, einen Beweis zu erbringen, selten wurde Verordnungen und Aufrufen Zeit gelassen, sich restlos auszuwirken, und selten wurde ein Erfolg ganz ausgeschöpft. Die Neuerungen überstürzten sich; Arbeiten überholten sich, kaum dass sie beendet waren.

Besonders krass trat der verhängnisvolle Hang zum steten Verbessern bei den Wasser- und Lichtverhältnissen zutage.

Der Wassermangel auf dem Grundstück und die schwierige Beschaffung des unentbehrlichsten Elements machten Oedenkoven große Sorge. Tage- und nächtelang grübelte er über die rationellste Art der Abhilfe nach.

Eine Riesenanlage wurde geschaffen. Tausende von Franken wurden dafür ausgegeben. Das ganze Grundstück wurde mit einem unterirdischen Netz rotgestrichener Blechröhren durchzogen. Überall wo es irgendwie möglich war, sollte der Regen in Rinnen aufgefangen und durch die Röhren in ein Reservoir am äußersten Ende des Grundstückes geleitet werden.

Trinkwasser musste zwar noch immer herbeigeschafft werden, aber für Wäschewaschen, Planschen und Suppekochen stand jetzt, wenigstens zu gewissen Zeiten, reichlich Wasser zur Verfügung.

Kurz nachdem die Arbeiten abgeschlossen waren, kam ein Mann, der anbot, für die auf und an dem Berg gelegenen Besitzungen eine regelrechte Wasserleitung, die gutes Trinkwasser liefern sollte, zu bauen. Er hatte bereits eine andere gleichartige Anlage geschaffen. Das Wasser bezog er von Quellen, die aus den Bergen jenseits der Maggia kamen; ein Teil der Leitungen musste also unter das Flussbett gelegt werden. Als Sicherheit für die Rentabilität verlangte der Mann weiter nichts als die Garantie für eine Mindestabnahme. Die Nutznießer sollten ein Konsortium bilden und sich je nach Größe des Grundstücks zur Zahlung einer Minimaltaxe verpflichten. Wasseruhren sollten den Verbrauch kontrollieren. Da der Monte Verità bei weitem das größte Gelände darstellte, fielen ihm die Hauptlasten zu.

Oedenkoven, der stets die Weiterentwicklung seines Unternehmens im Auge hatte, sah sofort die Vorteile des Angebots ein. Er war sich der Notwendigkeit bewusst, für einen größeren Betrieb Trinkwasser an Ort und Stelle zu haben. Er konnte daher den verlockenden Ausführungen des Quellenbesitzers nicht widerstehen und ging auf alles ein.

Für das Regenwasser-Reservoir hatte er bereits wieder einen neuen Plan. Er ließ über das große Betonbecken, das zum Sonnenbad gehörte, ein Badehaus bauen. Leider war es aus Holz; leider war es das einzige Gebäude, das nicht versichert war; und leider brannte es schon nach kurzer Zeit ab.

Auch die Beleuchtungsanlage verursachte Oedenkoven beträchtliche Kosten. Nachdem die Kerzenbeleuchtung durch Petroleumlampen ersetzt worden war, machten sich unter den Mitarbeitern zwei Richtungen bemerkbar. Die eine trat aus weltanschaulichen, ethisch tief fundierten Gründen für die Beibehaltung der primitiven Beleuchtung ein; die andere wollte sich aus fortschrittlichen und praktischen Gründen den Segen der Technik zunutze machen. Die «Modernen» siegten, da sie die finanziellen und geistigen Leiter auf ihrer Seite hatten. In einer der regelmäßig stattfindenden Mitarbeitersitzungen wurde beschlossen, elektrisches Licht legen zu lassen.

Wieder herrschte Jubel unter den Lieferanten von Locarno und den Arbeitern von Ascona und Umgebung. Der Monte Verità war ein guter Kunde, und es war eine Lust, da oben möglichst lange zu arbeiten.

Wie die Wasserversorgung war auch die Elektrizität Monopol einer Privatperson. Sie lag in den Händen des damaligen Bürgermeisters von Ascona, eines weltmännischen Grandseigneurs und Besitzers einer Möbelfabrik. Da Oedenkoven ein gebildeter, vor allem aber ein offensichtlich vermögender Herr war, nahmen die Unternehmer die tatsächlichen und vermeintlichen Schrullen der Bergbewohner gern in Kauf. Es kam ein freundschaftlicher Vertrag zustande, demgemäß dem Monte Verità in Anbetracht des voraussichtlich großen Bedarfs eine ermäßigte Gebühr für den Stromverbrauch eingeräumt wurde. In allen Gebäuden waren außer den Lichtleitungen Starkstromanschlüsse vorgesehen.

Aus ästhetischen Gründen hatte Oedenkoven eine große Abneigung dagegen, sichtbare Leitungen anbringen zu lassen. Nebenbei gebot ihm auch die Rücksicht auf die Gegner der «kalten und seelenlosen» Neuerung, die hässlichen Drähte den Blicken zu entziehen. Er ordnete an, dass alle Leitungen als Kabel in die Erde gelegt werden sollten.

Als die Anlage einige Zeit in Betrieb war, stellte es sich heraus, dass die Rechnungen für den Elektrizitätsverbrauch eine enorrne Höhe erreichten. Die Zähler liefen Tag und Nacht.

Also waren die Kabel schlecht. Es wurde gebuddelt, nach fehlerhaften Stellen gesucht, repariert und ersetzt. Die Abhilfe war nur gering; das Material taugte offenbar nichts. Schließlich blieb nur der Ausweg, doch noch einen Teil der Leitungen hochzulegen.

Erst im Jahre 1923 wurden die letzten unterirdischen Kabel, die dem Erdboden immer noch Strom abgaben, entfernt.

Auch für das Luftbad wurden größere Beträge zum Fenster hinausgeworfen; die bescheidene erste Anlage, deren Bretterwände Hunderte gekostet hatten, genügte nicht mehr. Tausende wurden für die Einzäunung des neuen großen Luftparks ausgegeben. Duschen und Sitzwannen wurden gebaut.

Es galt nun, etwas von den Unkosten wieder hereinzubekommen oder wenigstens die rapid anwachsenden laufenden Ausgaben zu decken. Eine größere Anzahl von Mitarbeitern und Sanatoriumsgästen musste herangezogen werden. Die Propaganda für ein neues Leben, Befreiung des Menschengeschlechts und Rettung aus aller Not musste verstärkt und in finanziell auswertbare Bahnen gelenkt werden.

Überall dämmerte die Erkenntnis, dass selbst für ein Paradies Geld die große Voraussetzung ist. Etliche Gesinnungsgenossen, die einzeln oder als Ehepaare in der Nähe des Berges wohnten, mussten einsehen, dass es «ohne jahrelangen Zusatz von Kapital nicht möglich ist, seine Bedürfnisse als Kulturmensch vom Ertrag des Bodens allein zu bestreiten. Sie sehen sich genötigt, vorübergehend eine bezahlte Stellung anzunehmen, bis etwa in Aussicht stehende Geldmittel es ihnen ermöglichen, ihre Existenzideale in praktischer Weise zu verwirklichen».

Oedenkoven und Ida Hofmann hätten früher mit ihrem Geld ein geruhsames «ideales Traumleben» führen können. Aber sie waren Kämpfer. Sie hatten nicht nur Ideale, sondern auch Ideen. Sie wollten nicht nur sich selbst, sondern die Menschheit erlösen und ihr zeigen, wie man sich bessere Lebensbedingungen schafft! Außerdem war das Werk nun einmal begonnen, und sie hatten viel zu viel Mut und Glauben, um es preiszugeben. Vor allem aber steckte ihr ganzes Vermögen, mitsamt den erheblichen Zuschüssen der Mama Oedenkoven, in dem Unternehmen. Es gab nur einen Gedanken: vorwärts!

Man begann, ganz systematisch Reklame zu machen. Die praktisch-lebensreformerischen Seiten des Sanatoriums wurden in sachlicher Weise hervorgehoben, im Gegensatz zu früher, wo der Ton noch stark auf Weltanschauung und Gesellschaftsreform gestimmt war. Mit vieler Mühe und als Ergebnis langer Überlegungen kam im Jahre 1905 ein ausführlicher Prospekt zustande.

Aber der groß angelegte und wohlerwogene Plan zu einer neuen Form des Gemeinschaftslebens behielt seine Gültigkeit nur kurze Zeit. Als der Prospekt gedruckt war, wurden einige Exemplare verschickt, dann aber blieb die ganze Auflage in einem Winkel des Büros liegen. Er war schon wieder überholt. Neue Erwägungen waren aufgetaucht und forderten eine anders geartete Propaganda. Die notwendig gewordene rationelle Ausbeutung des Betriebes bedingte die Umstellung auf weniger eigenbrödlerischer Basis. Das Unternehmen durfte nicht mehr den Eindruck eines Siedlungsexperimentes erwecken; der Sanatoriumscharakter musste stärker betont werden. Neue Konzessionen waren nicht zu umgehen, zum Beispiel in der Dienstboten- und Angestelltenfrage, die immer als ein peinliches Moment zwischen Theorie und Praxis hing. Ida Hofmann gibt darüber eine etwas gewundene Erklärung ab: «Die Kategorie der Angestellten wird unvermeidlich, und ich konstatiere eine bewusste Wiederaufnahme gesellschaftlicher Einrichtungen, welche man früher grundlos annahm und nur bewusst stufenmäßig verbessern kann. Wehe denen, welche die verwegene Hand nach Regionen strecken, die erst durch allmähliche Entwicklung erreicht werden können. Wehe denen, welche meinen, dem Kampf des Werdeganges, den wir alle auf verschiedenen mühseligen Pfaden durchmachen müssen, mit kühnem Schritte zu enteilen. Sie werden unerbittlich wieder auf den Punkt ihrer individuellen Entwicklungsstufe zurückgeschleudert, den sie im Übermut oder in der Kurzsichtigkeit ihres Urteils missachteten. Wer der Arbeit scheu aus dem Wege geht und in sophistischer Begründung seinen Unterhalt von der Arbeit anderer beansprucht, wer da nur im Trachten nach Entwicklung seiner ‹Persönlichkeit› aufgeht und sich, zum Zwecke nur der Selbstbefriedigung, der allgemein menschlichen Lebensarbeit entzieht, der muss erst recht wieder in die Welt der Gegensätze hinein, muss um das Recht seines Daseins erst recht mitkämpfen lernen.»

Nach den ersten fünf Jahren standen die Hoffnungen in voller Blüte. Oedenkovens tatkräftige Kameradin schloss ihre Betrachtungen über die ersten Jahre des Unternehmens mit folgenden Feststellungen:

«Und nun zurück auf das Ausgangsgebiet unserer Bestrebungen. Das gesamte Leben auf Monte Verità nimmt einen merklichen Aufschwung. Wir haben einen tüchtigen Gärtner, der hier in der pflichtgetreuen und idealen Ausübung seines schönen Berufes ganz am Platze ist, einen Buchhalter, einen Masseur und einige

Tagelöhner als Angestellte, und das war nötig, denn nur dann liebt der Mensch von ihm zu leistende Arbeit, wenn er sie versteht und ihr wirkliches Interesse entgegenbringt. Ist dies nicht der Fall, so verrichtet er, wie ich dies oft bei unseren Mitarbeitern beobachtet habe, seine Arbeit unlustig und in ungenügender Weise. Zur Erreichung von Vielseitigkeit ist auf dem Monte Verità außerdem reichlich Gelegenheit gegeben, und es bildet sich aus den Betrieben der Brotbäckereien, der Reformküche, der Gärtnerei, der Reformschneiderei, der Obststerilisation jene ideale Reformschule heraus, in welcher Schüler ihre spezielle Eignung unter den günstigsten hygienischen und anderen Verhältnissen werden ausbilden können, um dann selbständig oder mitbeteiligt an dem Unternehmen weiterzuwirken. Unser Streben geht dahin, die tägliche Arbeitszeit im Dienste eines zu betreibenden Unternehmens auf ein Maß zu reduzieren, welches der in anderen Betrieben durch übliche zehn- bis zwölfstündige Arbeitsdauer erschöpften arbeitenden Klasse die Möglichkeit zur individuellen Weiterentwicklung gestattet. Dieses Arbeitssystem kann nur Hand in Hand mit dem die Arbeitszeit verkürzenden maschinellen Betrieb geschaffen werden. Insbesondere durch die Umgestaltung des inneren Hauswesens mittels maschineller Einrichtungen wird einem Teil der sozialen Übelstände in wirksamer Weise abgeholfen, wird außerdem die ‹Dienstbotenfrage› aufs einfachste gelöst und die Bildung der Frau wesentlich gefördert werden. Die gesamten Bedingungen für Beteiligte und Mitarbeiter am Unternehmen des Monte Verità sind festgesetzt, und die unablässig einlaufenden Anfragen beweisen das vorhandene Bedürfnis nach veränderten Lebensbedingungen. Der Besuch unserer Anstalt von heilungsuchenden Kranken, Pensionsgästen und Besuchern wird stabiler; Ärzte bilden darunter einen großen Prozentsatz. Henris angeborene Heilgabe hat die günstigsten Erfolge aufzuweisen. August Bebel widmet uns einen Nachmittag. – Der Monte Verità ist keine Naturheilanstalt im gewöhnlichen Sinne, sondern vielmehr eine Schule für höheres Leben, eine Stätte für Entwicklung und Sammlung erweiterter Erkenntnisse und erweiterten Bewusstseins (diese Stätten werden sich mehren), befruchtet vom Sonnenstrahl des Allwillens, der sich in uns offenbart – vielleicht ein Hort für spätere Zeiten, wenn der Kontrast zwischen Idealismus und Materialismus, zwischen Freund und Feind, zwischen gesundem und krankem Leben, zwischen Lüge und Wahrheit oder Gut und Böse zu groß geworden ist, und der Kampf ums Dasein entweder Untergang oder Rettung erheischt.»

Der Überschwang solcher Worte war charakteristisch für die Art, wie damals in vielen Kreisen gesprochen wurde.

Der Belgier Oedenkoven stand den Ergüssen schwärmerischer Pathetik immer etwas fremd gegenüber; er ließ sie jedoch in der Annahme gelten, es handle sich dabei um einen besonders hochwertigen Ausdruck des deutschen Gemütes.

Wichtig erschien ihm nur der Vegetabilismus. Ihm widmete er seine ganze Kraft, ihm zuliebe ertrug er alle Vorwürfe seiner Angehörigen, ihm brachte er jedes Opfer – ein paar Jahre später sogar das paradoxe Opfer, Fleischessen zu gestatten. Wenn man ihm klarzumachen verstand, dass durch irgendeine Konzession das Unternehmen einen Vorteil gewinnen könnte, so ging er unbedenklich darauf ein. Sein Werk musste florieren, denn das war die Vorbedingung für eine praktische Propagierung der pflanzlichen Ernährung.

Die Anarchisten waren mit der Entwicklung des Monte Verità wenig zufrieden. In seiner 1905 erschienenen Ascona-Schrift hat Mühsam seine Unzufriedenheit mit dem Berg klar ausgedrückt:

«Es wurde der Beschluss zu einer ethisch-sozial-vegetarisch-kommunistischen Siedlung gefasst… Schön gewählt ist dieser-Platz jedenfalls, ob er auch praktisch gewählt war, steht dahin… Die ersten Ansiedler bauten dort eine oder mehrere Holzhütten, und anfangs soll sich ein recht hübsches kommunistisches Leben entwickelt haben, hübsch besonders für alle diejenigen, die mit leerer Tasche sich zu den Kommunisten hinzufanden. Der Dilettantismus eines solchen Beginnens liegt auf der Hand. Kommunistische Siedlungen, die nicht auf der Basis einer revolutionär-sozialistischen Tendenz erwachsen sind, werden stets Fiasko machen müssen, zumal wenn das Band, das die Teilnehmer seelisch aneinander bindet, ein so belangloses ist wie das Prinzip des Vegetabilismus. Natürlich konnte das ideale Zusammenleben nicht von langer Dauer sein. Man musste daran denken, den steigenden Kosten des gemeinsamen Betriebes in gewinnbringenden Anlagen ein Äquivalent zu schaffen, und so entstand das Sanatorium, das sich allmählich mit zwingender Notwendigkeit zu einem rein kapitalistischen Unternehmen entwickelt hat, an dem eigentlich nur noch einige in der Hausordnung gebotene Primitivitäten und der radikal durchgeführte Vegetabilismus an den ethischen Ursprung erinnern. Erstere dürften wohl in absehbarer Zeit den höheren Ansprüchen verwöhnter Kurgäste zum Opfer fallen … Der Vegetarismus wurde zu einer menschheitsbefreienden Idee aufgepustet, und als die Beteiligten aus dieser recht irrelevanten Weltanschauung heraus ihre sozialen Träume nicht verwirklichen konnten, versuchte man es mit der ganz unmöglichen Verquickung eines ethischen Prinzips mit einem kapitalistischen Spekulationsunternehmen. Wie in solchen Fällen immer, musste die Ethik hierbei den kürzeren ziehen; heute kann man über die Rudimente dessen, was werden sollte, über die gutmütige Laune des Besitzers, der ‹Mitarbeiter› in fünfstündiger Arbeitsfrist nötige Handreichungen verrichten lässt, wobei er natürlich ohne regulär bezahlte und ausgebeutete Arbeitskräfte doch nicht auskommt (darin liegt kein Vorwurf gegen Herrn Oedenkoven), und über die Hausordnungsbestimmung, dass sich jeder Kurgast seine Lufthütte selbst in Ordnung halten muss, nur noch lächeln.»

Das Dorf und die «Nackten»

Die Bevölkerung sah dem Treiben auf dem Monte Verità mit dem Interesse des Südländers an Sensation, Phantastik und Theater zu. Die Kultivierung des Berges nötigte ihr zwar Achtung ab, aber begreifen konnten sie nicht, was dort vor sich ging. Selbst wenn sie die Theorien einzusehen vermochte, so wollte ihr doch die Art, wie sich die Ideen dokumentierten, durchaus nicht in den Kopf. Besonders die Nacktkultur, die in Oedenkoven einen tapferen Vorkämpfer gefunden hatte, lehnten sie scheu, aber entschieden ab. Die Prüderie der kirchlichen Tradition steckte ihnen tief im Blut. Anfangs wehrte sie sich sogar gegen die nackten Waden der Männer; weniger weil sie keine nackten Beine gewöhnt war, sondern eher, weil sie Mode und Haartracht, die nicht üblich waren, unanständig fand. Selbstverständlich war die von Außenstehenden viel umstrittene und beanstandete Kleidung der Monte-Veritaner für heutige Begriffe mehr als dezent. Die Bilder aus der Zeit um 1906 stellten die Naturmenschen nicht in den dünnen Fußballhöschen und in den Bikinis dar, die heutzutage auf dem Berg und am Strand getragen werden, sondern in einer festen Leinenhose, die bis über die Knie ging. Eine Photographie von vier Personen beim Tennisspielen (aufgenommen auf der Wiese vor der Casa Elena) zeigte im Vordergrund Ida Hofmann, die im Laufen ihr bis auf die Erde herabhängendes Gewand um ein paar Zentimeter hochrafft.

Arthur A. Grohmann, der sich für alle Vegetarier-Siedlungen um Ascona herum interessierte, beschrieb die Kleidung der Frauen um 1903:

«Die Kleidung der Frauen und Mädchen ist unter sich verschieden, aber durchgehend sehr einfach. Einige kleiden sich nur wenig verschieden von der Außenwelt, besonders wenn sie noch Kleider aus der Zeit vor ihrem Eintritt aufzutragen wünschen, andere erfinden und tragen primitive Gewänder nach eigenem Geschmacke. Eine sehr Jugendliche, die Frieda, die Frau des Sanatorium-Ingenieurs, sah ich einst ein Volksfest in Locarno besuchen in Pumphosen, in denen sie allerliebst und durchaus dezent aussah.

Die Ida erfindet gelegentlich farbenreiche Zusätze und Verzierungen zu ihren Kleidern, die an Einfachheit des Schnittes schon das Möglichste erreichen.»

Im Luftpark, der auch den Gemüsegarten einschloss, arbeiteten die Siedler allerdings vollkommen nackt.

Zuweilen kamen Reibereien zwischen den Dorfburschen und den «Vegetariani» vor. Anlass dazu war fast immer die Spottlust der jungen Leute und nur in ganz seltenen Fällen der Mangel an Takt und Zurückhaltung bei einigen allzu fanatischen Reformern. Als eines Sonntags ein paar Männer mit halb entblößtem Oberkörper vom Berg herunterkamen, wurden sie unter Hohn und Gejohle von der größeren Dorfjugend wieder hinaufgetrieben. Da aber im Allgemeinen die Rücksicht auf die Einwohner nicht verletzt wurde, herrschte bei ihnen leise lächelnde Toleranz und verständnisloses Wohlwollen. Sie betrachteten die Langhaarigen als harmlose Narren.

Ernst genommen und gebührend gewürdigt wurde der Monte Verità von der Geschäftswelt, und das ist bis heute so geblieben. In den Jahren 1905 und 1906, wo für den normalen Bürger noch Mut dazu gehörte, die allgemein belächelten Taten der Lebensreformer öffentlich anzuerkennen, sprach sich schon mancher tüchtige Kaufmann entschieden für die moderne Bewegung aus.

Es fand sich sogar eine italienische Zeitschrift, die einen Berichterstatter nach Ascona schickte und der vegetarischen Kolonie einen langen, reich illustrierten Artikel widmete. Der Aufsatz war sachlich, wohlwollend und anerkennend geschrieben. Die Lebensgeschichte Oedenkovens, die Anfänge des Monte Verità, die Leitgedanken der Siedler und die Aufwärtsentwicklung des Unternehmens fanden eine ausführliche Würdigung. Aus den beigegebenen Abbildungen war ersichtlich, dass es neben dem Zentralgebäude (Restaurant) eine große Anzahl Lufthütten gab, dass die Kleidung der Männer späteren Sportanzügen glich und die Frauen in nonnenhafte Gewänder gehüllt waren. Die Innenaufnahmen zeigten, dass natürliches Material hochgeschätzt wurde. Die Wände der Räume waren kahl; das Holz war nicht angestrichen, sondern sollte allein durch seine Maserung wirken. Nur der Zeichner Fidus, der eine Zeitlang auf dem Monte Verità gewohnt hatte, war mit einigen Bildern in Jugendstilrahmen vertreten.

Auch die Tische trugen ihr schlichtes Holz zur Schau. Ehe der Monte Verità zu Tischtüchern überging, schaffte Oedenkoven für ein paar tausend Franken geschliffene Glasplatten an; das war ein hygienischer Fortschritt, aber die ganz echten Naturmenschen waren doch sehr traurig darüber, dass sie nun das Holz nur noch sehen, nicht aber befühlen durften.

Die erwähnte Zeitschrift, die in Mailand erschien, hatte ein lebhaftes Interesse daran, die Popularität des kuriosen Berges zu erhöhen. Sie hieß «Sul Lago Maggiore» und vertrat die Belange einer großen italienischen Schiffahrtsgesellschaft. Die Società Anonima arbeitete mit einem eingezahlten Aktienkapital von zwei Millionen Lire und beherrschte den ganzen Dampferverkehr auf dem See bis nach Locarno hinauf. Es hatte sich herausgestellt, dass ein riesiger Ausflüglerstrom aus Italien nach Ascona floss. Den Anziehungspunkt bildeten selbstverständlich die Naturmenschen. Diese Konjunktur musste genutzt werden. Sie hatte eine Propagierung Asconas durch eine in Reformdingen ahnungslose, aber im Übrigen desto geschäftstüchtigere Gesellschaft zur Folge.

Der Monte Verità wurde in kurzer Zeit das besuchteste Ausflugsziel der näheren und weiteren Umgebung. Der Schiffahrtsdienst aus Italien musste an Sonn- und Feiertagen Extradampfer einstellen und Extrafahrten einlegen, um den Andrang einigermaßen zu bewältigen.

Die wenigsten Besucher kamen auf den Berg, um die herrlichen Anlagen und das eigenartige Panorama zu genießen. Nicht die Naturschönheiten, nur die Naturmenschen lockten das Publikum. Die guten Bürger waren wie die Kinder. Sie fassten ihre neugierige Pilgerfahrt als etwas Verbotenes auf, fanden einen pikanten Reiz darin, die Kolonie zu besichtigen, einen gierigen Blick in das Luftbad zu werfen und die sonderbaren Langhaarigen anzugaffen. Wer Glück hatte, konnte die Spezies der Nuss- und Obstvertilger sogar beim Essen beobachten.

Es war längere Zeit üblich, dass Sanatoriumsgäste nur Rohkost bekamen. Zur festgesetzten Stunde versammelten sie sich im Zentralgebäude. Im großen Saal war zu beiden Seiten der Tür die Rückwand in viele längliche, durch Klappen verdeckte Fächer eingeteilt. Von der anderen Seite der Wand her wurde in jedes Fach eine Tüte mit Nüssen und etwas Obst gelegt. Jeder Inhaber eines Faches nahm auf diese Weise die ihm zugeteilte Ration – «Portiönchen» war Lotte Hattemers Ausdruck dafür – in Empfang. Durch diese Methode, eine Erfindung Ida Hofmanns, wurde der peinliche Eindruck einer Bedienung vermieden.

Die bescheidenen Gäste setzten sich mit ihren Tütchen an die Tische oder nahmen ihre Mahlzeiten zum Ergötzen der Eintrittzahlenden irgendwo im Freien ein. Um einen einzelnen Rohköstler lagerten sich häufig ganze Gruppen von Familien mit ängstlich blickenden Kindern.

Das Recht zur Besichtigung des Monte Verità kostete nicht weniger als zwei Franken je Person. Oedenkoven war auf die glänzende Idee gekommen, den Monte Verità der Öffentlichkeit freizugeben und durch die Erhebung eines Obulus die schwierige Finanzlage des Unternehmens zu verbessern. Tatsächlich erwies sich diese Neuerung als außerordentlich lukrativ. Die Besucher wurden durch den Eintrittspreis nicht etwa abgeschreckt, sondern nur noch mehr angezogen. Sie fanden die Kolonie jetzt noch tausendmal interessanter als vorher, wo ihnen für die Befriedigung ihrer Sensationslust kein Geld abverlangt worden war.

Manche der Fremden waren zuerst etwas enttäuscht. Den tollen Berichten nach, die bis in die einsamsten oberitalienischen Dörfer gedrungen waren, liefen die Langhaarigen unbekleidet herum, saßen mit Wurzeln zwischen den Zähnen auf den Bäumen oder lugten wie wilde Tiere aus Erdhöhlen heraus. Statt dessen ging hier alles zwar seltsam, aber durchaus sittsam zu.

Es geschah, dass einer der Kolonisten von einem Herrn, der sich in Hemdsärmeln und Hosenträgern sehr frei und fast unanständig vorkam, gefragt wurde: «Wo sind denn hier die Naturmenschen?», worauf prompt die Antwort erfolgte: «Da oben irgendwo auf den Platanen. Aber geben Sie acht, die haben jetzt Hunger, und dann sind sie sehr bissig!» Gewiss hat der falsch aufgefasste Spott manch unsinniges Gerücht verschuldet.

Die Hauptattraktion bildeten natürlich die Luftbäder. Denn da waren wirklich nackte Menschen zu sehen – die sagenhaften, schrecklichen, vom Pfarrer mit der Hölle bedrohten nackten Menschen! Die Besucher machten von ihrem Recht, selbst Luftbäder zu nehmen, keinen Gebrauch. Sie beschränkten sich darauf, durch die schönen Luftparkanlagen zu lustwandeln und ihre sonderbaren Mitmenschen bei Garten- oder Schreinerarbeiten zu beobachten.

Die Kolonisten ließen sich nicht im geringsten stören und lächelten den errötenden Biederleuten mit freundlicher Überlegenheit zu.

Der Eingang zum Monte Verità befand sich bei der «Cooperativa». Das war ein größeres Holzhaus, in dessen unteren Räumen neben einer Werkstatt ein Verkaufsladen eingerichtet war. Der Umsatz des reichhaltigen Lagers brachte bedeutende Summen ein und trug dazu bei, das Unternehmen etliche Jahre über Wasser zu halten.

In der «Cooperativa» gab es das selbstgebackene Brot, eingemachte Früchte, Gebrauchsgegenstände aller Art, darunter die für die Sanatoriumsgäste obligatorischen Reformkleider; ferner einige erlaubte Genussmittel, die sehr begehrt waren, da die Mahlzeiten trotz dem verhältnismäßig hohen Pensionspreis auf Grund der Ernährungstheorien nicht allzu reichlich bemessen waren; schließlich gab es auch noch allerlei Kaufenswertes für die Ausflügler, vor allem Ansichtskarten vom Monte Verità und Bilder von seinen Bewohnern. Die Karten fanden reißenden Absatz, und an manchen Tagen wurden davon Tausende abgesetzt. Besonderer Beliebtheit erfreute sich eine mit bekennerischen Sprüchen verzierte Serie, die die unbekleideten Menschen bei ihrer Beschäftigung im Luftbad darstellte. Auf einer solchen Karte war ein kurzbeiniger nackter Mann zu sehen, der mit einem riesengroßen Spaten Erdarbeiten verrichtete; links von ihm stand: «Die Schande hat uns gekleidet», und rechts von ihm: «Die Ehre wird uns wieder nackt machen.»

Asconas Ruf befestigte sich immer mehr und gewann immer neue Nuancen. Zahlreiche Veröffentlichungen trugen dazu bei, das Interesse für den Ort und die Neugier nach seinen Sensationen zu erhöhen. Außer den begeisterten Berichten der Künstler, Naturfreunde und Lebensreformer gab es skeptische Reportagen über das Utopia Monte Verità und verständnislose Artikel über das Leben und Treiben auf dem Berg.

Oedenkoven suchte nach Möglichkeit gute Verbindungen mit der Presse herzustellen und tat, was er konnte, um sein Wirken weiten Kreisen bekannt zu machen. Sein Sekretär, der Maler A. E. de Beauclair, musste Reklameaufsätze verfassen und in geeigneten Blättern Anzeigen aufgeben. Durch Inserate in Zeitschriften, die sich mit Körperkultur und naturgemäßer Lebensweise befassten, wurden neue Mitarbeiter und Mitarbeiterinnen gesucht.

Es war nicht ganz leicht, die breite Öffentlichkeit über das Ernsthafte der reformerischen Bestrebungen aufzuklären. Die tollen Gerüchte, die über Ascona umgingen, wurden lieber gehört als die Erlöserformeln der Vegetabilier. Die schiefen Auffassungen und irreführenden Geschichten fanden bei verantwortungslosen oder leichtsinnigen Berichterstattern reichliche Nahrung.

Oedenkoven verfolgte aufmerksam alle Veröffentlichungen, die den Monte Verità betrafen, und passte genau auf, ob irgendwo unrichtige Schilderungen auftauchten. De Beauclair hatte den Auftrag, keine falschen Darstellungen unwidersprochen zu lassen und jede Gelegenheit zu benutzen, vorteilhafte Berichte über das Unternehmen zu veranlassen.

Da große Einnahmen immer dringlicher benötigt wurden, um den Betrieb aufrechtzuerhalten, wurde das Gewinn bringende Sanatorium bei allen Publikationen in den Vordergrund geschoben. Das Wort «Kolonie» durfte schon lange nicht mehr gebraucht werden; die fanatischsten Siedler waren über diesen Gesinnungswechsel, der weiter nichts war als die notwendige Anpassung an die Gesetze der Praxis und Rentabilität, aufs höchste empört.

Eines Tages erschien in der deutschen Zeitschrift «Woche» ein Aufsatz, der eine ganze Menge von dem dummen Gerede, das über die unsittlichen Höhlenbewohner im Umlauf war, zusammenfasste. Eine im Grunde gar nicht vorhandene Affäre Wölfling wurde breitgetreten, Irrtümer wurden aufgebauscht, und über die Naturmenschen wurde geurteilt, als wären sie lauter weltfremde und arbeitsscheue Schwächlinge, die man nicht ernst nehmen, sondern nur bedauern könnte. Andere Zeitungen griffen Einzelheiten davon auf. Es entstand eine Pressekampagne, an der sich auch zahlreiche Reformblätter beteiligten.

Oedenkoven strengte eine Klage gegen den Herausgeber der «Woche» an, worauf sich der Verlag entschließen musste, im April 1907 einen Sonderberichterstatter nach Ascona zu entsenden, um an Ort und Stelle die Angelegenheit nachprüfen und die wahren Verhältnisse feststellen zu lassen.

Das Ergebnis der Besichtigung war ein Loblied auf Oedenkovens Werk. Der Journalist Alfred Holzbock veröffentlichte Anfang Mai im «Berliner Lokalanzeiger» den nachstehenden Artikel:

MONTE VERITA

(Von unserem Spezialberichterstatter)

Bellinzona! Der Schnee lagert auf den Bergen, allein die Sonne leuchtet, die Luft weht milde, und ein blauer, reiner Himmel überspannt hier der Erde Herrlichkeiten; die gigantischen Schönheiten der Schweiz weichen allmählich der milden Pracht des Südens. Der Zug geht weiter nach Chiasso, Mailand, hinein in Italiens Gefilde; aber bei Bellinzona, da wohnen hinter den Bergen auch Leute, sie wohnen und thronen auf den Höhen, sie erkennen nur eine Herrscherin, die Natur, und wahrlich: diese Menschen, sie haben sich eines der wundervollsten Reiche, das ihre Herrscherin erstehen ließ, als ihre Heimat erkoren.

Eine Seitenbahn führt von Bellinzona nach Locarno, dem Eingange zum Lago Maggiore, dessen ganze Herrlichkeit da oben bewundert und empfunden werden kann, da oben, wo die ihren Sitz haben, die alles Heil für sich und für die Menschheit von der Natur erwarten. Von Locarno geht's mit einem leichten Einspänner nach Ascona, dann beginnt der Aufstieg zum Monte Verità. Über

Ascona und die Vegetarier ist schon viel geschrieben worden. Irrtümlicherweise wurden alle Vegetarier bei Ascona immer unter einen Hut gepackt. Die zehn oder zwölf einsam für sich hausenden Vegetarier haben aber mit der vegetarischen Heilanstalt Monte Verità nichts zu tun. Denn nur diese Heilanstalt führt diesen Namen, und ihr alleiniger Besitzer Henri Oedenkoven huldigt jedem Fortschritt; deshalb findet man hier alle Bequemlichkeiten der neuesten Zeit.

Die Lage des Sanatoriums selbst ist prachtvoll. Unten der Lago Maggiore in seiner stillen, smaragdnen Pracht, das Tal von Ascona und das malerische Fischerdörfchen gleichen Namens, von den Wassern zerklüftetes Felsgestein, kleine, armselige Hütten an den Abhängen, hin und wieder ein Zeichen südländischer Vegetation, die an den Ufern des Sees sich üppig ausbreitet, und drüben ragen die Gletscher auf in ihrem Silberglanze, der in der Sonne nicht verblichen ist, sondern leuchtend, blendend hervortritt. Die Menschen, die hier oben Rast gemacht haben, sie sind vor der Menschheit geflohen zur Majestät der Natur.

Der Monte Verità besteht als Heilanstalt erst 5 bis 6 Jahre, und es wird jeder die Summe der Arbeit schätzen müssen, die geleistet wurde, um in dieser kurzen Zeit aus dem rauhen Felsgestein diese Oase der Schönheit zu schaffen.

Die Leute von Monte Verità sollen nackt herumlaufen, von Wurzeln sich nähren, in Verwilderung leben und in zerfallenen Hütten hausen. Möglich, dass es in der Umgebung auch solche Käuze gibt. Mögen sie sich ihr Dasein gestalten, wie sie wollen, mögen sie nach ihrer Façon selig werden; aber auf dem Monte Verità, wo man das elektrische Licht ebenso kennt wie die Seife, sind sie nicht zu finden.

Wie schon erwähnt, ist ein Belgier namens Oedenkoven der eigentliche Begründer von Monte Verità. Er ist eine fesselnde Erscheinung: das lange Haar fällt tief in den Rücken, das Antlitz, das ein Christusbart umrahmt, ist bleich, der Blick freundlich, hell und schwärmerisch, die Züge fein und ausdrucksvoll, die Figur schlank und hoch; eine hoheitsvolle Milde ruht auf der ganzen Persönlichkeit, deren Äußeres an den berühmten Christus-Mayer von Oberammergau gemahnt. Er ist der Sohn eines reichen belgischen Fabrikanten, war im Geschäft des Vaters tätig, wurde vom Gelenkrheumatismus befallen, nachher durch die Unmengen Salicyl, die er zur Linderung des Schmerzes nehmen musste, magenkrank und kam so auf den Gedanken, da alle ärztliche Kunst zu versagen schien, eine Naturheilanstalt aufzusuchen. Er ist der festen Ansicht, hierdurch Genesung gefunden zu haben, und aus dieser Erkenntnis heraus reifte in ihm der Entschluss, in Zukunft nur vegetarisch zu leben. Heute ist er der Herr von Monte Verità, auf dem er mit den reichen ihm zu Gebote stehenden Mitteln eine Naturheilanstalt errichtet hat.

Die kleine Welt von Monte Verità liegt abgeschlossen hinter einem dunklen Holzzaune. Sieht man in sie hinein, dann erkennt man, dass aus ihr trotz aller Primitivität die Kultur, ja selbst der kulturelle Komfort nicht verbannt ist. Im Zentralhaus befinden sich ein Konversations- und Lesezimmer, ein Musikzimmer, ein Spielzimmer usw., kurz: alles, was man allerdings in verkleinerter und vereinfachter Weise in einem modernen Sanatorium vorfindet. Um das Hauptgebäude gruppieren sich kleine Häuschen, die nur ein großes Zimmer für ein, höchstens zwei Personen enthalten; das Mobiliar besteht aus eisernen Normalbetten, Stühlen und Waschtischen; ein Vorhang trennt Schlaf- und Arbeitsteil, der einen Sekretär, einen französischen Schüttholzofen, einen Sessel und einen Schiffsstuhl aufweist; in die Wände sind Schränke eingelassen. In diesem Wohnsystem soll die Freiheit des Individuums, das nicht als Herden- oder Hotelmensch gelten soll, zum Ausdruck kommen. Alle Bauten, alle Innenräume sind aus geöltem Holz hergestellt, sauber gehalten, mit elektrischem Licht und breiten Fensteröffnungen versehen; denn Licht und Sonne – viel Sonne suchen die hier in der Natur lebenden Menschen. Luft- und Sonnenbäder, bei denen die Geschlechtsgemeinschaft ausgeschlossen ist, Garten- und Ackerplätze für die Beschäftigung im Freien, ja selbst ein Tennisplatz fehlen nicht.

Die Ansiedler auf Monte Verità, die hier ihr Heim für immer und, wie sie sagen, das wahre Glück gefunden haben, sie sind alle durch des Lebens Schule gegangen, sie haben alle aus Widerwillen an der Menschen Art den Weg zur Einsamkeit, zur Wahrheit gesucht. Oedenkovens Gattin war unter ihrem Mädchennamen Ida Hofmann Klavierlehrerin; das Schicksal hat sie überallhin verschlagen – hier endlich fand sie Ruhe und Frieden. Sie soll eine Künstlerin auf dem Flügel sein; sie hat in Locarno, Ascona und anderen in der Nähe des Monte Verità gelegenen Ortschaften wiederholt öffentlich zu wohltätigen Zwecken gespielt. Oedenkovens rechte Hand ist der Maler de Beauclair. Berliner Kunstfreunde erinnern sich vielleicht noch seines im Moabiter Ausstellungspalast im Jahre 1906 ausgestellten Halbaktbildes, das jetzt vervielfältigt ist, eines jungen, den Bogen spannenden Negers. De Beauclair hatte in Darmstadt eine Malschule für Frauen, er ist eine bis zur Entsagung alles Materiellen ideal veranlagte Künstlernatur, es ekelte ihn, Dilettanten zu drillen, um Geld zu verdienen, das er brauchte, um als Maler das schaffen zu können, was er ersehnte. Fern von den Menschen suchte er die heilige Natur auf, um in ihr zu schaffen, von ihr zu lernen, und auch er ist fest überzeugt, jetzt an der Stätte des Glücks, das ihm vorschwebte, zu verweilen, und er hat ein junges Weib, das dieses Gefühl völlig mit ihm teilt.

Von nah und fern kommen Leidende und auch Neugierige nach Monte Verità, um die nackt herumlaufenden, verwilderten Menschen anzustaunen, und sie finden zivilisierte, in den Umgangsformen liebenswürdige Leute, die sich äußerlich von den übrigen nur durch die Haartracht, durch die Reformkleidung und die Sandalen an den Füßen unterscheiden. Ob und wie diese Menschen hier glücklich werden, das ist schließlich ihre Sache, aber es scheint, dass sie Schule machen; denn ringsherum entstehen die Holzhäuser, deren Insassen unabhängig sind von der Heilanstalt auf Monte Verità und abseits stehen von der Welt da draußen, der sie überdrüssig geworden sind, die sie meiden wollen; zu einem neuen, uns fremden Leben möchten sie sich heranziehen.

Das Schicksal der Ehe des Erzherzogs Leopold Wölfling und seiner Gattin, der geborenen Adamowicz, hat man fälschlich mit dem Sanatorium auf Monte Verità in Verbindung gebracht. Tatsächlich gehört ein Freund dieses Fürsten, der Leutnant Gräser, ebenfalls zu jenen, die aus der Welt geflüchtet sind und sich hier in der Gegend ihr Holzhaus errichtet haben. Erzherzog Leopold und Gräser hatten sich in Galizien, wo beide in Garnison standen, gefunden; sie hatten sich gefunden in ihrem Hass gegen alles Konventionelle und gegen alle Etikette, in ihrer Liebe zur Unabhängigkeit und Ungezwungenheit, und sie gründeten auf galizischem Boden eine Gemeinschaft, die sich «Ohne Zwang» nannte, deren Präsident der Erzherzog war und deren Mitglieder sich mit «du» ansprachen.

Gräser hatte, da er den Abschied als Offizier nahm, um «Naturmensch» zu werden, lebhaft gegen den Widerstand seiner Familie zu kämpfen – heute lebt seine Mutter bei ihm, und sein Bruder hat sich ebenfalls ein Häuschen gebaut. Das Wölfling-Paar suchte den Freund auf, der in der Freiheit der Natur sich sein Heim und sein Glück gezimmert hatte. Der Erzherzog fand Gefallen an der hier herrschenden Zwanglosigkeit und Unbefangenheit, er, der im höfischen Glanz sich nach Einfachheit gesehnt, allen fürstlichen Würden lächelnd entsagt hatte, auch er lebte von Obst und Früchten, auch er bewegte sich in Reformkleidern, auch er wurde Naturmensch. Auf die Dauer wird ihm wohl dies Leben nicht behagt haben, er sagte sich von ihm los; allein seine Gattin wollte nicht mit ihm dieses einsame Stück Erde verlassen, sie wollte das Dasein, das sie hier kennengelernt hatte, weiter fortführen, und dies bildete den Anlass zu dem vielbesprochenen Zwist mit ihrem Gatten.»

Mit Genugtuung stellten die reformerischen Zeitschriften fest, dass der «Lokalanzeiger» durch den objektiven, ja sympathisierenden Ton des Artikels umso mehr überraschte, als das Blatt sonst keineswegs von vegetarischen und naturheilkundigen Neigungen «angekränkelt» war.

Noch vor einigen dutzend Jahren konnte man vielfach auf die Frage, wohin die Reise gehe, nur mit einer gewissen Scheu den Namen Ascona aussprechen. Es gab Leute, die so verschämt davon erzählten, als ob es ein berüchtigtes Nachtlokal wäre.

Sehr bezeichnend ist eine Jugenderinnerung, die Werner von der Schulenburg – ein deutscher Schriftsteller, der eine Anzahl Stufen seines wenig gleichförmigen Lebens in Ascona verbracht hat – in seinem Büchlein «Briefe vom Roccolo» erwähnt:

«Eines Tages fragte mich Großmama bei Tisch, wo ich gewesen sei. Ich nannte ahnungslos den Namen des Dörfchens und erschrak, als Großmama die Gabel auf den Teller legte, die Hände in den Schoß sinken ließ und mich entgeistert anstarrte.

‹Du bist dort –›

Franz, der sonst servierte, als ob er nicht da sei, blieb mit einer Schüssel stehen und sah mich an, als ob ich die Anzeichen der Pest auf der Stirn trüge. Dann fasste er sich, und der Braten schien wieder allein zu laufen. Aber Großmama beharrte in ihrer Haltung.

‹Nein …›, sagte sie nur tonlos, ‹Kind …, armes Kind, du weißt ja nicht …›

Ich muss sie wohl sehr erschrocken angesehen haben, denn sie griff wieder nach der Gabel und fuhr begütigend fort: ‹Du weißt natürlich nicht. Aber sieh, es sind dort schlechte Menschen hingezogen. Sie wohnen auf dem Berg. Sie essen nur Gemüse, sogar nur rohes Gemüse. Sie leben auf den Bäumen.› Und mit verlöschender Stimme fügte sie hinzu: ‹Sie sind nackt.›

Wenn ihnen das rohe Gemüse besser schmeckt als das gekochte, dachte ich, dann soll man sie nur ruhig dabei lassen. Das Leben auf den Bäumen muss recht lustig sein. Und wenn sie nackt laufen – nun, das schien mir freilich bedenklich, denn der Berg war doch weder ein Badeplatz noch ein Hofball.

‹Du versprichst mir, nicht wieder hinzugehen›, sagte Großmama und sah mich mit ihren guten Augen tief an.

‹Ich verspreche es dir, Großmama.›

‹Danke, mein Kind, ich werde dir ein Pony schenken.›»

Der Roccolo, der Turm, von dem diese Erzählung handelt, liegt auf gleicher Höhe wie der Monte Verità und ist durch einen Weg mit ihm verbunden, aber Werner von der Schulenburg und Baron von der Heydt, der spätere Besitzer des Hotels, benutzten diesen Weg nie, da sie miteinander zerstritten waren, nachdem der Schriftsteller das lächelnde Buddha-Antlitz des Barons einmal mit einer Shell-Pumpe verglichen hatte. Heute steht der Roccolo nicht mehr. Ein Deutscher hat ihn allen Protesten zum Trotz abreißen lassen.

Asconas Ruf, der seinen Niederschlag auch in späteren Zeiten immer wieder in der Presse fand und immer noch findet, beruhte nicht nur auf den Phantasiegespinsten lüsterner Spießer und den groben Auswüchsen unkontrollierbarer Kolportagen. Zum Teil lagen ihm Tatsachen zugrunde, die gar nicht den Monte Verità, sondern einzelne selbstständige Ansiedler oder vorübergehende Bewohner Asconas betrafen. Den Rahmen für die wilden Gerüchte gab allerdings meist, und zwar ganz fälschlicherweise, der als absonderlich bekannte Monte Verità ab. Die Ereignisse selbst gingen häufig von Menschen aus, die nicht nur mit dem Monte Verità nichts zu tun hatten, sondern sogar in direktem und offenem Gegensatz zu ihm standen.

Neben der Hauptströmung für naturgemäße Lebensweise und ideale Lebensauffassung liefen in Ascona andere Strömungen einher, die sich untereinander heftig befehdeten und die intime Freundschaft mit himmlischen Gewalten streitig machten, aber in ihrer Gesamtheit ein Bollwerk gegen Materialismus, oberflächliche Zivilisationserscheinungen und die damalige Gesellschaftsordnung bildeten. Auf der einen Seite stand die Welt, wie sie ist, mit allen ihren Mängeln, Reizen, Verfallsanzeichen; auf der anderen Seite keine andere, bessere Welt, aber der Wille zum Neuen. Außerdem gab es noch eine andere Konstellation. Eine «diabolische Dynamik» stand dem gesamten betonten Idealismus feindlich gegenüber – ohne die konventionelle Welt weniger zu verachten, als die gottverbundenen Weltverbesserer es taten.

Verschiedene Persönlichkeiten vertraten Lebensansichten, die der vegetabilen Weltanschauung diametral entgegengesetzt waren. Oft übten diese Leute harte Kritik an der Naturheilmethode, besonders an der damit zusammenhängenden Abstinenz. Es hatten sich zwei Lager gebildet: Die Idealisten bewohnten den Berg, die Materialisten hausten zum größten Teil im Dorf. Die Spaltung dauerte in ihrer betonten Form über zehn Jahre.

Die einfachsten Gegner des Monte Verità waren die alten Freunde der märchenhaften Unberührtheit, die die tessinische Landschaft früher auszeichnete. Sie verfluchten den Fremdenstrom und die Durchsetzung Asconas mit salbungsvollen Naturaposteln. Die Abneigung gegen Askesen spielte dabei eine besondere Rolle.

Ein Schriftsteller und bedeutender Spezialkenner aller Tessiner Weine, Johannes Vincent Venner, konnte es nicht verwinden, dass sein altes, mitteralterliches, unentdecktes, lange verstecktes Ascona jetzt ein neues Gesicht bekommen hatte. Persönlich betroffen fühlte er sich durch die Ausrodung der verwilderten Reben an den Hängen des Monte Verità. In seinen «Wanderbildern» heißt es:

«Ascona bedeutet für Locarno etwa dasselbe, was Fiesole für Florenz ist. Die Hauptstadt der Toscana gesehen, ohne Fiesole einen Besuch abgestattet zu haben, ist ebenso undenkbar, wie in Locarno gewesen zu sein, ohne das entzückende Fischerdorf in seiner unvergleichlichen Lage mit seiner alten und neuen Berühmtheit, seinen verrauchten Osterien und geheimnisvollen Höfen und Gärten bewundert zu haben. Der sich lang hinziehende, breite, von stattlichen alten Häusern und Palazzi eingefasste, von prächtigen Platanen beschattete Kai, dann die alte Trattoria Quattrini, wo man die Platten der italienischen Küche, nach dem Urteil manches weitgereisten Gourmands, am besten zubereitet, und wo man an schönen Sommerabenden unter der wildverwachsenen und verschlungenen Glyzinienlaube herrlich sitzt, und schließlich der Monte Verità mit seinen Aposteln, Vegetariern und Exoten – das sind die Merkwürdigkeiten von Ascona, die man erlebt haben muss.

Monte Verità … seltsam haben die Menschen ihn verändert, meinen grünen Hügel. Einst kannte ich ihn als Monte Monescia. Ein schmaler steiniger Pfad führte durch Reben zu ihm empor. Wie hängende Gärten waren die Rebterrassen übereinander gebaut. Wo der Rebberg endete, trat man in Kastanienwald, und ganz oben war ein Heidegrund mit gelben Ginster- und hellgrünen Wacholderbüschen und mit kleinen, schlanken, silberweißen Birkenstämmchen. Manchen heißen Sommertag bin ich saumselig da oben gewesen; nirgends schien es mir friedlicher und einsamer. – Dann kamen Propheten mit Rauschebärten und langen Haaren, die gaben ihm den Namen Monte Verità … Berg der Wahrheit. Du kamst, mein grüner Hügel, durch sie in Ruf und zuletzt in Verruf. Den neuen Propheten genügte der Rausch der Worte; sie predigten nicht allein Wasser, sie tranken es auch und rodeten die Reben aus. Auf die Rebterrassen bauten sie ihre Häuser und legten sie ihre Saatbeete an, und aus dem Kastanienwald zimmerten sie ihre Freilufthütten und Sonnenbäder.

Vor dieser Wahrheit wichen wir, du, mein grüner Hügel Monescia, und ich immer weiter zurück. In der alten, halbverfallenen Mühle, am Höhenweg nach Ronco, war unsere letzte Zuflucht. Lustig rauschte der Mühlenbach an unserem wettergrauen Gemäuer vorüber, dem Verbano zu, der blau zu uns emporschimmerte. Die immer näher klingenden Axthiebe der neuen Propheten vertrieben uns bald auch von hier … Die Lehren dieser Propheten wurden rasch alt und zahnlos; andere Propheten kamen. Was schief an Geist, suchte hier eine Freistatt. Wer nennt sie alle, die Edelanarchisten, Hungerapostel, Neoethiker, Neumystiker, Sexualasketen, die Laller und Stammler, Männlein und Weiblein, die ihre Gebrechen zur Verklärung erhoben, die aus ihrer Not eine Tugend und ein Evangelium und aus meinem grünen Hügel ein Narrenhaus gemacht haben.

Weich liegst du in meiner Sehnsucht eingebettet, mein grüner Hügel Monescia. Zuweilen, in guter Stunde, holt der alte Quattrini aus der hintersten Ecke seiner Cantina wohl noch eine Flasche deines sagenumwobenen Nostranos, die wir gemeinsam dir zur Feier und in seliger Erinnerung austrinken.»

Hermann Hesse, der ebenfalls einen guten Tropfen in der Mehrzahl liebte, zog eine andere Konsequenz als Venner. Er vertraute sich 1906 dem Sanatorium Monte Verità an; in Verbindung mit der naturgemäßen Lebensweise unterwarf er sich einer Alkoholentziehungskur, durch die er seine zerrüttete Gesundheit wiederherstellte.

Ein besonderer Feind der Reformer war der geniale psychoanalytische Arzt und Privatdozent Dr. Otto Groß. Er vertrat mit einer kleinen Gruppe von hochgebildeten Freunden das Prinzip des Sichauslebens und wollte die Bergbewohner, die von sich und anderen strengste Selbstdisziplin forderten, ad absurdum führen. Auf wissenschaftlichem Gebiet begründete er, angeregt durch eigene Erfahrungen, eine Vaterkomplextheorie; er fühlte sich berufen, das wirre Knäuel der menschlichen Hemmungen aus der Welt zu schaffen. In seinem Bestreben, Zwang jeder Art zu eliminieren, geriet er in anarchistisches Fahrwasser.

Die ideal gesinnten, von allen möglichen Hemmungen beherrschten Monte-Veritaner waren dem klar blickenden Analytiker zuwider. Trotzdem waren Berührungspunkte vorhanden. Auf ihre Weise hatten Groß und auch die begeisterte, ständig wachsende Schar seiner Anhänger genug von der so genannten guten Gesellschaft. Sie durchschauten die großen Worte und leeren Gesten und hatten keine Lust, die langweilige Komödie mitzuspielen. Im Gegenteil, sie hatten das Bedürfnis, sich in ostentativen, eklatanten Gegensatz zu allen herkömmlichen Gesetzen zu stellen. Sie erstrebten Eindeutigkeit, wenn auch auf Kosten der Ästhetik. Sie wollten frei und ungebunden sein und fingen damit an, rein äußerlich jeden Zwang zu leugnen. Die Jünger fassten einseitig auf, was ihr Meister aus einer komplizierten inneren Not heraus predigte. So entstand manches Unheil aus den krassen Versuchen, sich zu erlösen; statt den Bedrängnissen zu entgehen, verwickelten sich die Experimentler in immer neue Fesseln.

Die Großsche Ethik kannte den Begriff Sünde nicht. «Ausleben!» hieß die heilige Formel, an die das Gebot blinder Erfüllung geknüpft war. Es ist klar, dass diese Parole, die der schmerzliche Schrei eines Wegsuchers war, zündend auf die Masse der unglücklichen, in Verdrängungen erstickten Mitläufer wirken musste.

In den geflüsterten Erzählungen der Asconesen spukten noch lange haarsträubende Darstellungen von den Orgien, die die unheimlichen Großianer begingen, um sich ihre Hemmungslosigkeit zu beweisen. Eine Zeitlang zogen sie sich in ein gemietetes Stallgebäude zurück und verpönten in denkbar weitestem Maße jegliche Hemmungsäußerung. Es herrschten in dem primitiven Milieu unbeschreibliche Zustände, die viel gemeinsam hatten mit den Unarten kleiner und kleinster Kinder und mit den Auswüchsen gewisser studentischer «Schweineabende».

Das wüste Treiben konnte natürlich nicht lange dauern. Es wurde den selbstquälerischen Menschen bald selbst zum Ekel. – Nachdem sie die Opposition gegen die Unfreiheit ausgetobt hatten, wären sie wieder fähig gewesen, ein Zentrum hoher Lebenskultur zu werden. Statt dessen aber ergaben sie sich einer neuen Macht, die sie über den verhassten Alltag erheben sollte: den Rauschgiften.

Edeldichtkunst um den Monte Verità

Die geradezu wütende Abkehr von allem Getue und Geschwafel, von allen Verlogenheiten und Verbogenheiten war bei den Großianern die überschäumende Reaktion gegen die Welt, die sich in der näheren Umwelt besonders aufreizend dokumentierte. Auf dem Monte Verità blühten, neben den vielen anerkennenswerten Leistungen, immer noch und unausrottbar himmlisch oder höllisch einfältige Poesie-Ergüsse und seraphinische Manieren. Dem Extrem der Hemmungslosigkeit im einen Lager stand auf dem Berg ein Extrem von Schamhaftigkeit, Askese, Schüchternheit, Transzendenz, Mystizismus, Pharisäertum, Phrasenhaftigkeit, überschwänglicher Pathetik und sanfter Heuchelei gegenüber. Unter Berufung auf nahe Beziehungen zu Gott und Kosmos machten sich Seelen breit, die mit Schnörkeln des sterbenden Jugendstils durchsetzt waren.

Ein äußerst charakteristisches Produkt der damals grassierenden Edeldichtkunst wurde in Locarno gedruckt. Es hieß «Monte Verità» und war ein «Schauspiel in 3 Akten, aus dem Naturleben zu Ascona, von Heinrich Kropp (meiner Johanna gewidmet)». Alle Gespräche in dieser hohen Dichtung waren auf folgenden Ton gestimmt:

REINHOLD WACKER: Im Flügelschlag des Menschengeistes, in seinem Ringen um die Gefilde hoher Ahnen, erfüllt sich das Gesetz der Lichtentfaltung. (Zu Alex v. F. gewendet) Der Geist des Bösen spricht aus deiner feingeübten, hohngeschliffenen Brutalität.

Alex v. Fährkluff (hitzig): Ist das die Lebensart in deinem kampfverträumten Blütenreich des Friedens?

Reinhold Wacker: In deiner Welt des Truges und des Scheins verbirgt man seinen Reißzahn unter einer heuchlerischen Honigzunge und seine eitlen Lust- und Herrschertriebe hinter einem Maskenspiel von Sitte und Gesetz!

Irma Baudenkrug: Um Gottes willen, Reinhold, – treibe den Scherz nicht auf die Spitze des Zornes!

Reinhold Wacker: Den Austrag einer blutigen Entscheidung verweigere ich, weil ihn im letzten Grunde die Schwäche diktiert, die sich der Überwindungskraft der Liebe zur Vergebung schämt.

Alex v. Fährkluff (höhnisch): Moralgetue eines Weichlings! – Milchkraft einer Lammgesinnung! – Das ist ja Mord am schicksalskühnen Mannesmut! Erbärmlich nenn' ich dich!

Reinhold Wacker: Erbarmen wird dir not sein, ehe du es ahnst, und deine Stunde schlägt, wo ich mich an dir rächen kann durch – Güte!

Alex v. Fährkluff (bleich vor Zorn, so dass die Folgen schwerer Ausschweifungen auf seinem Gesicht noch stärker hervortreten): Verwünscht sei deine Güte!

Das war im ersten Akt. Am Schluss des Stückes kommt Alex auf den Monte Verità – «er trägt auf seinen Zügen den Stempel einer zerstörenden Ausschlagskrankheit und bleibt, Reinhold Wacker erkennend, wie angewurzelt, beinahe mit versteinertem Gesichtsausdruck, ruckartig stehen». Vorher hat sich Reinhold Wacker auf folgende Weise verlobt:

Reinhold Wacker: Wie stellen Sie sich zu der Ehe im höheren Sinne, die dem Ziele eines Plato näherkommt?

Konstanze Freidank: Ich habe versucht, meine Gedanken darüber in eine poetische Form zu kleiden:

Hohe Zeugung

Am Altar der Schöpfungswahrheit
Wollen wir die Knie beugen,
Dass der Geist in Sonnenklarheit
Stähle sich zum hohen Zeugen,
Dass uns Lebenskraft durchdringe,
Die als heil'ger Liebeswille
Kühn die schwüle Lust bezwinge,
Stark die Saat zur Tat erfülle. –
Lebensboden so im treuen
Einssein seh' ich uns bestellen,
Seh' das Dasein sich erneuen,
Ihm dies holde Bild entquellen:
Aus den Strahlen unsrer Blicke
Und des Herzens Blütenbanden
Zeugen wir zum Friedensglücke
Einen Pfad von Fruchtgirlanden. –

REINHOLD WACKER (begeistert): Das ist der Weg zum Wahrheitsbild im Tempelbau des vollen Menschentums! (In verhaltener Glücksfreude) Sind Sie bereit, Konstanze, in dieser Weise vereint mit mir (er zieht sie an seine Brust) um Herz und Hände den Strahlenring durchklärter Liebeskraft zu schlingen, um in seinem Zeichen den Segensspruch der Gottesstimme in uns selber zu erringen?

Auch der Dichter Erich Mühsam ist durch ein misratenes Werk mit dem Monte Verità verbunden. Er verfasste ein Theaterstück, das auf dem Berge spielte und eine erstaunliche Fülle von Naivität und Unreife barg. Es handelt sich um Betrüger, die ein Fass Petroleum auf dem Monte Verità vergraben, um das Vorhandensein einer Ölquelle vorzutäuschen und sich dadurch unrechtmäßig zu bereichern. Die triefenden Schwatzreden, in denen die edlen Naturmenschen schwelgten, ließen nichts von der knappen Sachlichkeit des späteren Sacco-und-Vanzetti-Dramas ahnen. Natürlich werden die Betrüger entlarvt, und das Recht geht siegreich und strahlend aus dem dunklen Konflikt hervor.

Mühsam war eine viel zu starke Persönlichkeit, um Otto Groß Gefolgschaft zu leisten oder sich überhaupt irgendwelchen Kreisen anzuschließen. Er gehörte aber in die Kategorie der «Materialisten», die das Entsetzen der ideal veranlagten oder konventionell eingestellten Asconesen bildeten. Nachdem er sein monteveritanisches Theaterstück geschrieben hatte, entwickelte er sich immer mehr zum entschiedenen Gegner der Bergbewohner und des kompromisslerischen Sanatoriumsbetriebs. Er war ein wichtiges Stück Ascona, und viele fürchteten die Schärfe seines Geistes. Ida Hofmann geht in ihren Memoiren vorsichtig, aber nicht freundlich über ihn hinweg. Sie zählt ihn zu den Leuten, die sich um Dr. Friedeberg gruppierten:

«Unter andern Johannes Nohl, mit schönem Kopf feiner Leidensmiene, und Schriftsteller Mühsam, zwei im Großstadtleben heruntergekommene Figuren, erfüllt von gepriesenem Gedankenleben und verkehrter Lebenslust. Lotte Hattemer und Elly Lenz, eine weitere Ansiedlerin, haben diesem Freundespaar die Pforten ihres Heims geöffnet, um ihnen in althergebrachter Weiblichkeit die praktischen Daseinswege zu erleichtern. Sie leben bald kommunistisch, bald voneinander getrennt und schwärmen für Individualismus und Nietzsche.»

Anfangs stand Mühsam dem Monte Verità mit sehr großer Sympathie gegenüber; das Experiment interessierte ihn lebhaft. Dann aber schlug er sich ganz auf Karl Gräsers Seite. Emil Szittya sagt aus:

«Wenn auch die Kolonie zugrunde gehen musste, weil das Ideal, das die Begründer aufstellten, verworren und unzulänglich war, so hat Ascona doch einen ziemlichen Ruhm erreicht. Es gibt nur wenig Künstler, Anarchisten, Theosophen und Vegetarier, die von der Existenz Asconas nichts wussten. Unter den Ersten, die dort ankamen, war Erich Mühsam, der sofort eine Flugschrift und eine vegetarische Hymne schrieb. Erich Mühsam war es, der die größte Propaganda für den neuen Staat (Oedenkovens) machte, und es kamen Menschen aus allen Weltteilen, die alle ein neues Leben leben wollten.»

Nach der Enttäuschung über die Neuordnung, der das ursprüngliche Projekt zum Opfer gefallen war, wertete Mühsam den Monte Verità als hygienische Anstalt. In diesem Sinne schreibt er:

«Geschmeckt hat mir persönlich die Rohkost, die dem Hungrigen dort vorgesetzt wird, stets vorzüglich. Auch fand ich immer unter den Kurgästen der Anstalt vortreffliche und interessante Menschen. Der Besitzer des Sanatoriums, Herr Oedenkoven, ist ein ästhetisch fein empfindender Mann, und die von seiner Gattin geleiteten musikalischen Abende, denen ich beiwohnte, waren genussreich und verständnisvoll arrangiert.»

Etwas weniger liebenswürdig war sein alkoholfreies Trinklied, das ihm «in einer verbrecherischen Stunde entfuhr»:

Der Gesang der Vegetarier
(Melodie: Immer langsam voran)

Wir essen Salat, ja wir essen Salat,
Und essen Gemüse früh und spat.
Auch Früchte gehören zu unsrer Diät.
Was sonst noch wächst, wird alles verschmäht.
Wir essen Salat, ja wir essen Salat,
Und essen Gemüse früh und spat.

Wir sonnen den Leib, ja wir sonnen den Leib,
Das ist unser einziger Zeitvertreib.
Doch manchmal spaddeln wir auch im Teich,
Das kräftigt den Körper und wäscht ihn zugleich.
Wir sonnen den Leib, und wir baden den Leib,
Das ist unser einziger Zeitvertreib.

Wir hassen das Fleisch, ja wir hassen das Fleisch,
Und die Milch und die Eier und lieben keusch.
Die Leichenfresser sind dumm und roh,
Das Schweinevieh – das ist ebenso.
Wir hassen das Fleisch, ja wir hassen das Fleisch,
Und die Milch und die Eier und lieben keusch.

Wir trinken keinen Sprit, nein wir trinken keinen Sprit,
Denn der wirkt verderblich auf das Gemüt.
Gemüse und Früchte sind flüssig genug,
Drum trinken wir nichts und sind doch sehr klug.
Wir trinken keinen Sprit, nein wir trinken keinen Sprit,
Denn der wirkt verderblich auf das Gemüt.

Wir rauchen nicht Tabak, nein wir rauchen nicht Tabak,
Das tut nur das scheußliche Sündenpack.
Wir setzen uns lieber auf das Gesäß
Und leben gesund und naturgemäß.
Wir rauchen nicht Tabak, nein wir rauchen nicht Tabak,
Das tut nur das scheußliche Sündenpack.

Wir essen Salat, ja wir essen Salat,
Und essen Gemüse früh und spat.
Und schimpft ihr den Vegetarier einen Tropf,
So schmeißen wir euch eine Walnuss an den Kopf.
Wir essen Salat, ja wir essen Salat,
Und essen Gemüse früh und spat.

Mit Mühsam war Johannes Nohl – einer der echtesten Bohemiens unseres Jahrhunderts und, nach Szittya, der bedeutendste Psychoanalytiker – in Ascona hängen geblieben. Die beiden Freunde hatten die Absicht, gemeinsam ein Grundstück in dem unbürgerlichen Ort zu erwerben; es fehlten nur noch die fünfzehnhundert Mark für den Hausbau. Dann wollten sie ein gesundes Gegengewicht, eine freche Front gegen die erdenfernen Existenzen und Anschauungen bilden. Aber es wurde nichts aus der Bodenständigkeit.

Nohl und Mühsam waren einige der wenigen Fremden, die sich mit den Tessinern eng befreundeten und bei ihnen rückhaltloses Vertrauen genossen. Sie lebten mit der einheimischen Bevölkerung, als ob sie von jeher dazu gehört hätten, und fühlten sich bei den einfachen, unbelasteten und toleranten Menschen ordentlich wohl. Sie stellten mit Genugtuung fest: «Solange du nicht meine Kreise störst, tue, was dir beliebt – das ist die Lebensauffassung dieses Volkes.»

Mühsam erzählt, dass im Jahre 1905 zu den 1000 Einwohnern 50 bis 100 Deutsche kamen, «wobei wohl zu unterscheiden ist zwischen solchen, die im Sanatorium Monte Verità bei Sonnenbädern, Früchten und Salat Heilung von wirklichen oder eingebildeten Krankheiten suchen, und solchen, die ansässig geworden sind und bei der Bevölkerung, gleichviel ob sie sich von Pflanzenkost oder ‹Leichenfraß› nähren, mit dem Sammelnamen ‹vegetariani› bezeichnet werden». Mühsam und Nohl rechneten es sich zur Ehre an, von den Bauern nicht als «vegetariani» angesehen zu werden.

Zu den beiden gesellte sich bald ein baltischer Baron namens Rechenberg, der ebenfalls am liebsten bei den Tessinern verkehrte. Die drei waren als Alkoholfreunde geschworene Feinde des Monte Verità.

Über den tollen Rechenberg, der mit dem sanften Rechenberg, seinem Bruder, nach Ascona verschlagen wurde, gibt es eine ganze Literatur, die nicht wenig dazu beigetragen hat, Asconas Ruf in weite Kreise zu tragen. In Szittyas «Kuriositätenkabinett» werden die ungleichen Brüder recht anschaulich geschildert:

«In Ascona lebte ganz zurückgezogen ein russischer Baron Rechenberg. Er war ebenfalls Theosoph, nur mit dem Unterschied, dass er nicht Steiner, sondern Franz Hartmann für den Mohammed der Theosophie hielt. Der gute Baron hatte einen ziemlichen Hang zur Askese und behauptete, die Geister hätten ihm das Gehen verboten, und jeder wirklich religiöse Mensch müsse seinen Körper verfaulen lassen. Der Körper sei die Quelle der Sünde. Rechenberg schwärmte auch für den heiligen Lactantus; unter dessen Einfluss sagte er mir sehr oft: ‹Wissen Sie, dass Frauentöten eine heilige Tat ist? Weil man dadurch die Quelle des Physischen tötet!› Da in Ascona die Frauen die Hauptrolle spielten, nahm man den asketischen Baron nicht nur sehr ernst, sondern hielt ihn für verrückt und versuchte, ihn mit allerlei Schabernack aus dem heiligen Ascona fortzuekeln. Man konnte eine so ungemütliche Konkurrenz nicht gebrauchen. Besonders Frau Dr. Paulus konnte ihn nicht verdauen.»

Frau Dr. Paulus war eine 92-jährige Dame, die sich für die Reinkarnation von Giordano Bruno hielt und die intimste Freundin der berühmten Theosophin Annie Besant war. Szittya fährt fort:

«Die Asconeser Heiligen hatten unheimliche Plage mit den Rechenbergs. Den Bruder des Barons nannte man den leibhaftigen Satan, der nur deshalb auf die heilige Ebene von Ascona gekommen sei, um die aufrichtigen Kinder Gottes in Versuchung zu führen. Ich kann nichts dafür, aber ich fand, dass dieser Baron Rechenberg sehr sympathisch ist. Er war ein leidenschaftlicher Säufer, aber er war ein seelenguter Kerl. Die Heiligkeitssehnsüchtler mieden ihn …»

Mühsam schrieb über seinen Zechkumpan:

«Ein riesiger Kerl, der ein verwegenes Leben als Matrose in aller Welt und als Goldwäscher im Ural hinter sich hatte, bei irgendwelchen Abenteuern sein Gehör vollständig eingebüßt hatte und gegen die abstinenten Vegetarier besonders dadurch erheblich abstach, dass er zu jeder Mahlzeit ungeheure Fleischmassen vertilgte und ständig besoffen war.»

Und an anderer Stelle:

«Wie ein wandelnder Protest gegen die alkoholenthaltsame Tugendboldigkeit der Vegetarier spukt die Gestalt eines Mannes durch Ascona, der meist ein wenig wankend mit unermüdlicher Geschäftigkeit von Kneipe zu Kneipe trabt … In tiefster Seele mit dem eigenen Lebenswandel zufrieden, dankerfüllt gegen ihr Schicksal, weil es sie an den Klippen solcher Verworfenheit gnädig vorbeigesteuert hat, schlagen die lammfrommen Vegetarier die wasserblauen Augen zum Firmament auf und strafen den Knecht des Alkohols mit Blicken abgründigster Verachtung. Es gibt ja auch nichts Erhebenderes, als die eigenen Vorzüge an den Schwächen eines Mitmenschen zu messen. Rechenberg seinerseits, der zu den bestgearteten Charakteren gehört, die ich je angetroffen habe, ist gegen die Vegetarier von einem unbegrenzten Hass beseelt. Der Grund ist nicht etwa die alberne Verächtlichkeit, mit der er von ihnen betrachtet wird, oder seine Intoleranz gegen das Temperenzlertum. Die Ursache seiner ingrimmigen Gesinnung ist vielmehr eine unendlich rührende. Er kann es den Vegetariern nicht verzeihen, dass sie seinem Bruder, von dem er ungeheure Stücke hält, ihre Ideen aufoktroyiert haben. Als er von mir erfuhr, dass ich diese Broschüre schreiben wolle, bat er mich, ich solle den Vegetariern ‹feste auf die Kapuze hauen›, aber seinem Bruder möchte ich nicht zu nahe treten: ‹Das ist ein guter Mensch.› – ‹Von mir können Sie schreiben, dass ich ein altes versoffenes Luder bin!›»

Viele Leute schworen darauf, dass der wüste Baron vom Teufel besessen sei. Die meisten hielten ihn, ebenso wie seinen Bruder, zum mindesten für total verdreht. «Hier!» sagten sie und tippten sich auf die Stirn. Aber das war in Ascona nichts Besonderes; das glaubte dort fast jeder vom andern.

«Hier ist ja selbst das Wetter verrückt», sagte Franziska Reventlow in einem Brief aus Ascona. Und vor einer Reise schrieb sie:

«Und dann fort – und dann wird es mir sicher vorkommen, als ob ich aus dem Narrenhaus entkommen wäre.»

Im «Göttlichen Gesicht» von Bruno Götz meint Rechenberg: «Es gefällt mir hier zu gut. Es leben hier so viele Verrückte.» Erich Mühsam kommt übrigens in diesem Götzschen Roman höllisch schlecht weg; er heißt dort «Schwierig» und ist geradezu mit Hass gezeichnet. Rechenberg dagegen ist die prächtigste und sympathischste Gestalt der reichlich merkwürdigen Geschichte.

Eng verkettet mit Ascona, Mühsam und Rechenberg war das Schicksal der Gräfin Franziska zu Reventlow. Sie lebte acht Jahre in Ascona und Locarno, und ihre Persönlichkeit hat sich tief in das Gedächtnis der alten Asconesen eingeprägt. Ihr Grab ist auf dem Friedhof von Locarno.

Ihr großes Asconeser Erlebnis legte sie in dem tragikomischen Roman «Der Geldkomplex» nieder. Emil Szittya berichtet den Fall am kürzesten:

«... wie der Rechenberg mit der deutschen Literatur in Verbindung kam. Er hatte Anrecht auf eine Erbschaft, die er aber nur unter der Bedingung antreten konnte, dass er verheiratet sei und ein Kind habe. Dieses Geld reizte unseren Alkoholisten jahrelang. Es gab in der ganzen Umgebung Asconas keine einzige Osteria, wo er auf diese Erbschaft noch keine Schulden hatte. Darauf kreditierte man ihm in seiner Pension. Alle haben wir große Renten versprochen bekommen. Wir beratschlagten jahrelang, wie wir Rechenberg eine Familie beschaffen könnten, bis es sich endlich Erich Mühsam zur Pflicht machte, ihm eine Frau mit einem Kinde zu verschaffen. Das Opfer war die Schriftstellerin Gräfin Reventlow. Sie brauchte Geld und heiratete darum den Baron Rechenberg. Aber, wie es schon in derartigen Kinostücken Sitte ist …»

Jedenfalls war der Endeffekt, dass eine Locarneser Bank fallierte und alles Geld verloren war.

Unter den gesammelten Briefen der Gräfin sind viele aus Ascona datiert. Einige Äußerungen daraus:

«Ascona ungeheuer ruhig und sehr sympathisch, eigene Wohnung, Weinberggegend, maßloser Regen und wundervolle Luft. Ich habe hier viel, viel vor …» – «Der Mann ist ein sehr merkwürdiger Typ, sieht aus wie ein Seeräuber, hat sich früher als Matrose und Goldwäscher herumgetrieben und sitzt seit Jahren hier und trinkt. Dabei aber nicht unsympathisch, ein guter Kerl und trotz des rauhen Äußeren durchaus Gentleman … Übrigens scheint die ganze Familie zu spinnen, ein Bruder ist Vegetarianer, Theosoph usw., und die Schwester ist fromm und trägt eine blaue Brille … Du lieber Gott, wenn Sie mich hier an der Seite dieses Gatten wandeln sähen! Aber ich war wenigstens beruhigt, dass er kein Vegetarier mit langen Locken war, davon gibt es hier böse Exemplare. Überhaupt, man geniert sich etwas, in Ascona zu sein.» – «Sie sollten hierher kommen, es ist ein Paradies, ich bin eigentlich recht froh, dass das Schicksal mich hierher verschlagen hat.»

Okkulte Spezialitäten

Karl Gräser führte ab und zu den einen oder den andern der «Materialisten» in das gastfreie Haus einer Frau Steindamm. Dort verkehrte die geistige Elite jeglicher Färbung, und besonders die der Mystik ergebenen Monte-Veritaner holten sich in diesem Kreis Bestätigungen ihrer okkulten Spezialitäten.

Frau Steindamm hatte eine Tochter, die den reichen Asconeser Theosophen Leo Novak, einen ehemaligen österreichischen Leutnant, geheiratet hatte. Szittya berichtet:

«Novak war jahrelang ein verschwenderischer Mäzen Dr. Rudolf Steiners. Nicht nur, dass er alle Steinerschen Werke in Luxusausgabe in Pergament eingebunden besaß, sondern überall, wo Steiner Vorlesungen hielt, war auch Novak. In seinem Privatleben war der Herr Theosoph nicht so verschwenderisch. Er ließ junge Künstler bei sich für 80 Centimes Tagelohn Erdarbeiten verrichten und erklärte dazu, dass der wirklich geistige Mensch seine physischen Bedürfnisse auf das Minimalste herabsetzen müsse. Er selbst war Rohköstler und lebte nur von Obst und Milch. Das Brotessen hielt er für eine hebräisch sündige Tat. Er errichtete in Ascona einen theosophischen Bildungszirkel, wo Jahre hindurch über irgendein Steinersches Werk debattiert wurde, um die darin befindliche Mystik zu ergründen. Als mit 40 Jahren die physischen Bedürfnisse in Novak erwachten, heiratete er die Tochter von Frau Steindamm. Sie eröffneten in Ascona eine Pension. Also alles endete doch mit Geschäft.»

Frau Steindamm bemühte sich redlich, aber erfolglos, ungläubige Sünder für ihre Anschauungen zu gewinnen. Die verlorenen Schäflein selbst betrachteten ihre Besuche bei Steindamms als «köstliche, amüsante Stunden». Im «Kuriositätenkabinett» wird eine spiritistische Sitzung geschildert, bei der ein Medium Frau Steindamm mitteilte, sie sei die Reinkarnation von Mozart:

«Manchmal spielten die bösen Geister ihr auch einen Streich. Einmal erschien bei einer Séance ein teuflischer Geist und sagte, sie sei die Reinkarnation eines satanischen mittelalterlichen Arztes, der sich selbst benutzt hätte, und daraus sei ihr Kind entstanden. Ihr um 25 Jahre älterer Mann war auf dieser Sitzung so eifersüchtig geworden, dass er sich von ihr scheiden lassen wollte; aber zum Glück wechselte man das Medium. Frau Steindamm betete ein Vaterunser und sagte schluchzend zu dem teuflischen Geist: ‹Im Namen des Vaters, des Sohnes und des Heiligen Geistes, weiche!›, und darauf hörte man leise Sphärenmusik, Mozart erschien und sagte: ‹Meine Tochter, das sind nur Versuchungen, die an jeden reinen Menschen herantreten. Du bist meine Reinkarnation.› Das beruhigte dann auch Herrn Steindamm … Bei Frau Steindamm verkehrte immer eine ganz drollige Gesellschaft. Menschen, die fast alle eine gelbe, lederne Haut hatten, als ob sie Gelbsucht hätten. Ein Herr Schütze behauptete, dass er in jedem x-beliebigen Augenblick auf eine andere Ebene spazieren könne, wo er sich für die Menschheit von den Adepten Befehle hole. Dieser Herr, der mit Ekstasenworten vorgab, schon Gespräche mit Zarathustra, Laotse, Sokrates, Christus gehabt zu haben, wurde später, als ihn die Theosophie langweilte, Häuseragent, dann Redakteur eines Provinzblattes; er geißelte oft die Verrückten von Ascona und setzte ihre Skandalgeschichten den sensationslustigen Lesern zum Nachmittagskaffee vor.»

Überfluss und Geldkalamität

Dieser Hermann Schütze zeigte schon in seiner theosophischen Zeit Proben einer recht nüchternen Geschäftstüchtigkeit. Er machte sich die bekannte Experimentierlust Oedenkovens zunutze und erreichte durch seine Überredungskunst, dass ihm die «Cooperativa» verpachtet wurde. Er rechnete Oedenkoven, der sich wieder einmal in großen Geldschwierigkeiten befand, die Vorteile des Pachtsystems und die damit verbundene Vereinfachung der Geschäftsführung vor. Oedenkoven ging im Interesse seines Unternehmens auf den Vorschlag ein und überließ Herrn Schütze das Verkaufshaus.

Der Pächter füllte die Bestände auf mit allem, was die Gäste und Besucher des Monte Verità reizen konnte. Er erweiterte das Lager in Lebensmitteln und Postkarten und forcierte den Verkauf von Reformkleidungsstücken und anderen Artikeln, die besonders guten Gewinn abwarfen.

Als im Laufe der Zeit der Monte Verità für die Ausflügler an Reiz verlor und auch sonst die Einnahmen immer knapper wurden, veranlasste Schütze, dass der Eintrittspreis auf 50 Centimes ermäßigt wurde. Da aber selbst dieser Versuch, die Spaziergänger heranzulocken, scheiterte, gab der Pächter kurzerhand das Geschäft auf und kaufte sich unweit des Sanatoriums ein schönes Grundstück. Schütze wollte auf diesem Besitztum, an dessen Eingang die geheimnisvolle, jahrhundertealte Nische mit der Madonna Nera stand, ein Männerkloster gründen. Seinen Plan, der eine

Weile die Gemüter in Ascona in Aufregung versetzte, entwickelte er in einem eigenen Blatt; es hieß «Hastinapura, Zeitschrift zur Verbreitung einer höheren Weltanschauung».

Infolge der Verpachtung der Cooperativa beschäftigte sich Oedenkoven wieder intensiver mit der Organisationsfrage. Immer aufs Neue musste er feststellen, dass das Unternehmen, trotz zeitweiligem Hochbetrieb, im Großen und Ganzen doch nicht in sich gefestigt dastand. Die elterlichen Zuschüsse, die immer wieder Rettung brachten, und die baren Gewinne, die zu Zeiten ausgezeichneter Frequenz in die Kasse flossen, wurden jedesmal im Nu vom Betrieb verschluckt und konnten nicht darüber hinwegtäuschen, dass einerseits der Berg nur durch Rentabilität zu halten war, andererseits die Rentabilität von Jahr zu Jahr problematischer wurde.

Der Abschluss mit Schütze brachte Oedenkoven auf den Gedanken, das Prinzip der Dezentralisation weiter zu erproben. Er verpachtete auch das Restaurant, indem er einem Herrn Kogge gegen eine Pauschalsumme den gesamten Ein- und Verkauf der Lebensmittel und Gebrauchsartikel überließ. Diese Vereinbarung zerschlug sich allerdings sehr bald. Oedenkoven hatte gerade zu der Zeit besonders tüchtige Mitarbeiterinnen, die die Wirtschaftsangelegenheiten selbst in der Hand behalten wollten.

So ging es hin und her, zwischen Überfluss und Geldkalamität, zwischen Ordnung und Unordnung, zwischen Erfolg und Rückschlägen, zwischen hochgemuter und niedergeschlagener Stimmung.

Es wurde Oedenkoven vielfach vorgeworfen, dass sich hinter seiner scheinbaren Geschäftsuntüchtigkeit ein Übermaß von Geschäftstüchtigkeit verbarg und dass er nicht nur seine Gäste, sondern auch seine Mitarbeiter ausgenutzt habe. Dieser Vorwurf ist gewiss unbegründet. Es war ihm unmöglich übelzunehmen, dass er mit allen Mitteln versuchte, kein Geld zu verlieren. Er hat sich stets Mühe gegeben, nach Recht und Gewissen zu handeln. Seine Mitarbeiter, die er meist durch Zeitungsannoncen gewann, machten es ihm nicht immer leicht. Wohl sahen im Allgemeinen die Vorbesprechungen und Verträge rosiger aus als nachher die Wirklichkeit, aber seine Abmachungen hielt Oedenkoven immer strikt ein. Er garantierte häufig seinen Mitarbeitern neben freiem Aufenthalt monatlich 15 Franken Mindestgewinnanteil, der allerdings niemals überschritten wurde. Gewöhnlich setzte er dabei zu. So mancher Mitarbeiter glaubte jedoch, darüber hinausgehende persönliche Vorteile aus den menschenrechtlichen Grundsätzen des Monte Verità ziehen zu dürfen. Dadurch entstanden oft Missstimmung, Differenzen oder offener Krach.

Es kam vor, dass Mitarbeiter aus allzu primitiven, falsch verstandenen kommunistischen Gefühlen heraus beim Verlassen des Unternehmens einfach mitnahmen, was sie gerade nötig hatten. Ein junger Mann entführte sogar eine Matratze. Das übliche dazugehörige Lattenuntergestell, das die Spötter Christusbett nannten, musste er zurücklassen; es war aus schwerem Holz und daher nicht gut transportabel. Am nächsten Tag erhielt Oedenkoven eine Postkarte, auf der die Rechtfertigung prangte: «Ich brauche sie!»

Mit derart eingestellten Elementen, die ihm nur die Arbeit erschwerten, wollte Oedenkoven nichts mehr zu tun haben. Er ließ wiederum neue Prospekte und Broschüren drucken, mit denen er ordentlich zahlende Pensionäre suchte. Der Vegetabilismus spielte in den Propagandaschriften und wissenschaftlich aufgezogenen Artikeln immer noch eine große Rolle, aber die große Hauptsache war doch, auf jeden Fall das Unternehmen lebensfähig zu erhalten. Mit einiger Resignation entfernte sich Oedenkoven Schritt für Schritt von seinen ursprünglichen sozialethischen Ideen und der Intoleranz in bezug auf naturgemäße Lebensweise. Die Reformbekleidung war für das Sanatorium nicht mehr obligatorisch, und der Zwang zum Vegetabilismus hörte auf, wenn gut zahlende Pensionäre andersgerichtete Wünsche hatten.

Der neue Prospekt war mit viel Fleiß und Mühe zusammengestellt worden und brachte nochmals einen kräftigen Aufschwung für das Unternehmen. Aber die liebevoll und streng betonten Grundsätze ließen sich nicht durchführen. Eine Konzession zog die andere nach sich, wodurch dem Unternehmen ein Teil seiner einstigen Originalität geraubt wurde. Die Praxis siegte über die allzu hohen Ideale und fegte alle unfruchtbaren Theorien hinweg. Ein ausschlaggebendes Ereignis trug wesentlich dazu bei: Dem Monte Verità wurde ein regelrechtes Hotel angegliedert. Dazu kam Oedenkoven, ohne dass er selbst recht wusste, wie. Eine temperamentvolle, noch ziemlich jugendliche Deutschrussin, Maria Adler, war Mitarbeiterin geworden und unterstützte Oedenkoven mit heiligem Eifer in seinen Arbeiten. Aber der Aufstieg des Unternehmens ging für ihre Begriffe nicht schnell genug vonstatten. Sie sah die vielen Schwierigkeiten nicht und drängte auf intensivere Bewirtschaftung. Oedenkoven war dankbar für ihre Energie und Geschäftstüchtigkeit, musste aber bremsen, als sie allzu eigenmächtig vorgehen wollte. Er dachte nicht daran, sich das Heft aus der Hand nehmen zu lassen. Um aber ihren Drang nach Selbstständigkeit abzuleiten, erlaubte er ihr, sich eine eigene kleine Holzhütte zu bauen, und schenkte ihr dazu ein Fleckchen Erde. Sie suchte sich einen wundervollen Platz aus und errichtete an einer Ecke des kleinen Grundstücks ein nettes Chalet, das so genannte Russenhaus. Sie war klug genug, ihren Besitz sofort notariell eintragen zu lassen. Es dauerte nicht lange, da war sie mit ihrem großmütigen Freund verfeindet. Natürlich war sie der Meinung, dass ihr himmelschreiendes Unrecht zugefügt worden sei. Sie musste aus dem Betrieb ausscheiden und zog sich in ihre gemütliche Hütte zurück.

Nun sann sie auf Rache. Und da kam sie auf die Idee, Oedenkoven empindlich zu ärgern und die Kreise des Monte Verità permanent zu stören. Außerdem wollte sie Oedenkoven zeigen, wie man ein Unternehmen rentabel aufzieht. Sie wollte ihm eine Konkurrenz vor die Nase setzen und sein Sanatorium unmöglich machen.

Die Hauptanziehungskraft und ein notwendiger Bestandteil des Monte Verità waren die eingezäunten Luftbäder. Maria Adlers Absicht ging dahin, auf ihrem Grundstück, so beschränkt im Raum es auch war, ein Hotel bauen zu lassen. Und zwar sollte es – sonst hätte der Platz nicht gereicht – ein Hochbau werden. Mindestens sechs Stockwerke. Und oben sollte ein flaches Dach sein. Von dort aus, das war ihr teuflischer Plan, sollte man bequem in die Luftbäder blicken können; das Nacktbaden in der Sonne, das auf dem Monte Verità so wichtig genommen wurde, sollte auf diese Weise unterbunden werden.

Die boshafte Russin ließ sich von einem Locarneser Architekten Baupläne anfertigen. Das Erdgeschoß brauchte nur einen großen Raum zu haben; alles Weitere sollte in die Höhe gebaut werden. Einen Namen hatte sie auch schon für ihren babylonischen Turm: «Hotel Semiramis.»

Da die Grundmauern für ein sechsstöckiges Gebäude außerordentlich stabil sein mussten, ergab sich ein ganz unannehmbarer Kostenvoranschlag. Selbst ein anderer Entwurf, der außer dem Erdgeschoß nur drei Stockwerke vorsah, war noch reichlich teuer. Maria Adler überlegte, dass sich der Preis wohl noch senken ließe; man brauchte ja nicht so furchtbar solide zu bauen. Schlimmer war jedoch, dass es zweifelhaft wurde, ob man bei drei Etagen noch in die Luftbäder hineinsehen konnte.

Gemeinsam mit dem Architekten fand sie einen geistreichen Ausweg. An den beiden, dem Monte Verità zu gelegenen Ecken des flachen Daches setzte man einfach je ein Aussichtstürmchen hin. Das war die Lösung! Der Bau begann.

Als Oedenkoven sah, was da in unmittelbarer Nähe seines Grundstücks heranwuchs, überlief es ihn heiß und kalt. Er verwünschte seine Schenkung, aber er konnte nichts mehr verhindern.

Eines Tages war das Gebäude vollendet. Maria Adler stieg die schmalen Treppen hinauf, kletterte durch die Falltür auf das flache Dach und begab sich in eins der Türmchen. Triumphierend stellte sie fest, dass ein beträchtlicher Teil der Luftbäder ausgezeichnet zu übersehen war.

Die Mitarbeiter und Gäste des Sanatoriums fühlten sich gezwungen, verborgene oder durch Gestrüpp verdeckte Stellen des Luftparks aufzusuchen. Nervosität herrschte auf dem Monte Verità; die meisten Gäste dort hatten nicht die Gleichgültigkeit gegen fremde Blicke wie die ersten Naturmenschen. Maria Adler hatte das Hotel Semiramis eröffnet, und die ersten Gäste zogen ein.

Der Besuch des Hotels war spärlich, obwohl die Wirtin ihr Möglichstes tat, Gäste heranzuziehen. Es gab sogar Fleisch bei ihr, obwohl sie selbst überzeugte Vegetarierin war.

Auf dem kleinen Platz vor dem Hotel ließ sie einen winzigen runden Pavillon und ein geschmackloses Nymphenbecken bauen; aus der Mitte des Beckens kam bei besonderen Gelegenheiten eine etwas dünn geratene Wasserkunst. Abends veranstaltete Frau Adler intime Feste, die durch allerlei Lockmittel einen besonderen Reiz erhielten und im Allgemeinen nur für ihre Gäste bestimmt waren. Sie ließ die Wasserstrahlen bengalisch beleuchten und veranlasste Tänzerinnen, die sich gerade in Ascona aufhielten, in dem magischen Licht mehr oder weniger entschleierte Schleiertänze vorzuführen.

Die Hauptattraktion für die weiblichen Gäste war der hübsche neunzehnjährige Sohn der Frau Adler; die Mutter war von jeher nicht sehr wählerisch in ihren Mitteln und kalkulierte mit kühler Berechnung den Sohn als Aktivum in ihre Pläne ein. Dennoch verspekulierte sie sich. Sie hatte große Schulden, das Hotel warf keinen Nutzen ab, die Hypothekenzinsen wurden nicht gestundet.

Maria Adler ging pleite. Knapp anderthalb Jahre hatte die Episode gedauert.

Oedenkoven eilte nach Paris zu seiner Mutter, um sich Geld geben zu lassen. Obwohl er gar kein Interesse an dem stillosen, engbrüstigen Kasten hatte, war es keine Frage, dass er das Hotel erwerben müsse. Er übernahm es mitsamt Inventar für 36 000 Franken.

Als erstes ließ er die beiden Türme abreißen und die Böschung hinunterwerfen. Dann machte er aus der Not eine Tugend, erstellte von der zweiten Etage aus einen direkten Zugang zum Park des Monte Verità und gliederte das Hotel in seinen Sanatoriumsbetrieb ein.

Von nun an verstärkte er seine Bemühungen, das Unternehmen rationell auszugestalten und allen Geschmacksrichtungen und Ansprüchen der Gäste Rechnung zu tragen.

Ida Hofmann sah diese Wendung nach dem rein Kaufmännischen hin mit Unbehagen. Als Oedenkoven ihr aber versicherte, dass er nicht nur für seine Person, sondern im Grunde auch für das ganze Unternehmen innerlich seinen Überzeugungen treu geblieben sei, jedoch aus Klugheit und finanzieller Not dem Zwang der Verhältnisse nachgeben müsse, gab sie sich zufrieden und arbeitete tapfer weiter mit.

Sie ließ jedoch von ihrem Traum von einer Wiedergeburt des Menschengeschlechts nicht ab. Sie verfasste zu ihrer eigenen Rechtfertigung eine Anzahl Broschüren. Darin dokumentierte sie ihre Weltanschauung mit einem wirklich sehr anerkennenswerten Elan. Es handelte sich um ernährungstheoretische, hygienisch-medizinische und gesellschaftskritische Schriften.

In der Reihe «Blätter zur Verbreitung vegetarischer Lebensweise», im Selbstverlag herausgegeben, erschienen eine Anzahl Hefte, in denen die verschiedenartigsten Probleme des menschlichen Lebens angeschnitten wurden. Mit sicherem Instinkt für die Zukunft und aus einem hochherzigen Gerechtigkeitsgefühl heraus behandelte Ida Hofmann Fragen der Ethik, der Gesinnung, der Frauenbewegung, der Nahrungs- und Kleiderreform, der Kriegsdienstverweigerung und Friedensbewegung, der Vereinfachung des Haushalts und anderer noch immer aktueller Gebiete.

Wie aus dem Büchlein «Vegetabilismus! Vegetarismus!» deutlich hervorgeht, betrachtete die Verfasserin den Vegetarismus nicht nur als Ernährungsform, sondern geradezu als eine Religion.

«Diese Blättter sollen fliegen wie vom Sturm bewegt, von demselben Sturme, der edle wagemutige Frauen jüngst in Berlin zum Kampfe für Freiheit und Recht zusammengeführt hat; er soll faule Traditionen über Frauensitte und über das ‹Ewig Weibliche› vernichten, Vorurteile entwurzeln und in alle Winde fegen, damit die Frau als gleichwertige, wenngleich verschieden geartete Ergänzung zum Manne, ihres Wertes voll bewusst, erkenne, dass ihr kein Können mangelt, wenn starkes, vorurteilsloses Wollen sie beherrscht. Fliegen sollen diese Blätter in die Reihen jener Mitschwestern, welche, unfrei als Mensch und Weib, im Banne gleichsam auf Eid übernommener Alltagspflichten, die Zeit zum Denken oder den Mut zum Handeln nicht finden, oder in die Reihen jener, welche da wachend träumen, von Idealen, die es nicht gibt, welche die graue Wirklichkeit scheuen, weil ihnen der Mut fehlt, sie rosiger zu gestalten, welche da schmachtend des Retters harren, der ihnen für die zur Selbstverständlichkeit herabgesunkene Hingabe ihres vollen Wesens sanft die Wege ebnet, auf denen sie, zur gesicherten Existenz einer ‹Frau, Mutter, Gattin, Hausfrau› emporgehoben, vor der Gesellschaft Geltung und Achtung erringen.

Nicht gequält, leidend und tatenlos müsst Ihr Frauen Euer Leben fristen. Vegetarisch, das heißt vom Wohlgefühl der gesamten Lebensverhältnisse zu Tatenlust beseelt, sollt Ihr schaffen.»

Die für die Gedankenwelt der Monte-Veritaner charakteristische Broschüre enthielt neben praktischen Ratschlägen für Frauenbeschäftigung und Angaben über Verdienstmöglichkeiten mancherlei interessante Gedanken; sie erschienen allerdings dadurch, dass sie so unbedingt und so fanatisch eng in Beziehung zum Vegetarismus gebracht wurden, reichlich merkwürdig.

«In ein neues Licht tritt auch die von Tolstoi so treffend gekennzeichnete Barbarei des Krieges – eine Barbarei, die nur einem tiefen Rassenniveau entsprechen kann, nicht aber dem eines Weltbürgers. Vegetarische Lebensführung wirkt besser als Gesellschaften der Friedensfreunde und als Friedenskongresse, denn sie bringt das Einzelwesen auf eine sittlich so hohe Stufe, dass ihm der blutige Kampf zwischen Mensch und Mensch unmöglich wird. Woher aber sollen sich Heeresmassen bilden, wenn der Einzelne aus innerster Überzeugung heraus den Kriegsdienst verweigert?

Eine große Sehnsucht zieht durch die letzten literarischen Schöpfungen der Frauen – die Sehnsucht nach dem ‹neuen› Manne, nach dessen Herauswachsen aus der Selbstachtung und aus der Forderung der Frau an den Mann, auch ihr sittliche Reine entgegenzubringen ...

Aber auch das Weib von heute und morgen ist neu nur in seiner Loslösung vom Manne, in der freien Betätigung seines Liebesrechtes; auch das Weib muss durch das Läuterungsfeuer des Vegetarismus hindurchgehen, damit es naturgewollte edle Triebe und Liebe von ‹Leidenschaft› sondern lerne.»

Das Buch schließt mit einer an alle Mädchen und Frauen gerichteten Aufforderung zur freien Ehe:

«Es verbrenne das Faule, das Tote im Menschen und in dessen Wirkungskreis! – Im Lichte der Flamme, die aus dem Scheiterhaufen bricht, erblicken wir dann neues Leben und neue Gestalten – Brünhilde – die den Siegfried weckt!

Ich habe versucht, das Wesen oder vielmehr das Unwesen der heutigen Lebensführung im Gegensatz zu den Vorzügen der vegetarischen Lebensweise zu schildern. Wem bisher das Verständnis für ‹Vegetarismus› abging, dem hoffe ich es zugänglich gemacht und ihn zur Befreiung aus unklaren oder drückenden Verhältnissen angeregt zu haben.

Nun gilt es, aus dem reichen Quell so vieler Möglichkeiten, die ich oft nur andeutungsweise berühren konnte, zu schöpfen – nun, Ihr Mädchen und Frauen, fordere ich Euch auf, noch einen Schritt weiter mit mir in das schöne Reich realisierbarer Vorstellungen zu wandern. Versuchet Euch eine Gewissensehe in körperlicher und ethischer Bedeutung vorzustellen, eine auf edelste Zuneigung, auf freie Entschließung, auf freies Geben gegründete Vereinigung zwischen Mann und Weib, Bande, die keine Fesseln, und Bande, die um so fester sind, als keine äußeren Rücksichten sie knüpften, als freier Wunsch sie gebar und freier Wunsch sie wieder lösen kann. Stellet Euch ein unter solchen Vorbedingungen, und Vorbedingungen naturgemäßer Lebensweise, zum Leben erwachtes, für alle Einflüsse so empfängliches Geschöpf vor. Muss es nicht des Lebens schönster Zweck sein, der Menschheit, und sei es nur einem kleinsten Kreise in ihr, ein solches Lebewesen zu schenken? Welche Fülle von Lebenskraft, von Lebensfreude fühlt Ihr selbst und gebt Ihr ihm mit auf den Weg! – Welch breite Straße von beglückenden Möglichkeiten in des Lebens Aufbau habt Ihr ihm gewiesen! Wie selbstverständlich wird dann die heute so häufige Entfremdung und Lieblosigkeit zwischen Eltern und Kindern verschwinden, wie selbstverständlich werden dann Liebe und Dankbarkeit vom Kinde zu seinem Schöpfer aufblühen, wenn gutes Beispiel zur Nachahmung aneifert, wenn persönliche Freiheit der Eltern auch die persönliche Freiheit des Kindes zu wahren weiß.

Ihr Erzeuger und Erzieher von Menschengeschlechtern, die Ihr berufen seid, ob Mann oder Frau, im engen oder weiteren

Kreise durch gutes Beispiel auf jüngere Generationen zu wirken und dadurch fortzeugend Gutes zu gebären, denket an die unausbleiblichen Folgen aller schlechten Taten oder Gewohnheiten, denket an das soziale Elend, das Ihr alle lindern möchtet, an die Krankheiten, die Ihr erzeuget und vererbet, denket an Eure Kinder. Dieser Gedanke birgt wohl die mächtigste Triebfeder zu gutem menschlichen Wirken. Werdet und schaffet ‹Menschen› im wahren Sinne des Wortes – Menschen höherer Lebensart und Gesinnung. Und wie ein Glied einer Kette sich an das andere fügt, solche Wirkung nur solche Ursache hat, so schaffet Ihr Harmonie im Ganzen, wenn Ihr Harmonie im Einzelnen schafft.»

Das Paar Oedenkoven-Hofmann hatte inzwischen seine Wohnung, das spätere Bambushaus den Gästen überlassen. Nach eigenen Plänen hatte Oedenkoven an einer besonders bevorzugten Stelle des Grundstücks einen großzügigen Bau, der seinem Wohnideal entsprach, errichtet, die spätere Casa Anatta. Hier wohnte später Baron von der Heydt eine Zeitlang; dann wurde sie an eine schwedische Versicherungsgesellschaft vermietet. (Seit 1981 beherbergt die Casa Anatta eine Ausstellung zur Geschichte des Monte Verità.) Das eigenartige Haus hatte große, luftige Räume mit abgerundeten Wandecken; die breiten Türen und Fenster waren zum Schieben; es gab eine elektrische Küche, eine große Terrasse mit Aussicht auf den See, bequeme Möbel, Zentralheizung und ein flaches Dach.

Der zu Beginn der Dreißigerjahre erschienene Bildband «Befreites Wohnen» von Sigfried Giedion enthielt zwei neuere Abbildungen dieses Privathauses; dazu war vermerkt: «Das Dach als Wohnfunktion. Haus in Ascona, Anfang des 20. Jahrhunderts. Oedenkoven, Gründer einer Kolonie für naturgemäße Lebensweise, kam in diesem doppelwandigen Holzhause bereits zu einer Lösung, wie wir sie heute fordern: Ausnutzung des Daches!»

Auch die Casa Rossa, damals Casa Bianca, ist nach eigenen Angaben Oedenkovens gebaut. Die Sachlichkeit der Architektur war nicht ganz leicht gegen seine im Jugendstil schwelgenden Freunde und Baumeister durchzusetzen. Besonders beim Bau des Restaurants siegte in Einzelheiten noch der Stil des Tages. Die geschwungenen Tür- und Fensterlinien waren auf den Einfluss der Architekten zurückzuführen. Erst der spätere Besitzer erfüllte die Absichten Oedenkovens, indem er die schrägen Ausschnitte durch gerade Rahmen ersetzen ließ. Die Zentralheizung wurde Oedenkoven von seinen Gesinnungsgenossen zum schweren Vorwurf gemacht und als nicht naturgemäß und in hohem Maße ungesund gebrandmarkt. Oedenkoven störte solche Kritik nicht. Er schätzte die Vorzüge der in Ascona noch völlig unbekannten Neuerung und fand es ausschlaggebend, dass diese Heizweise ihm gestattete, jederzeit bei ausgeglichener Temperatur nackt im Hause umherzugehen.

Das schöne Privathaus wurde bald ein geschätzter Mittelpunkt der ständigen und durchreisenden Asconeser Gesellschaft. Ida Hofmann hatte ihren prächtigen Flügel aufgestellt und zog alle Welt durch ihre musikalischen Darbietungen an. Oedenkoven nutzte die Hauskonzerte gern reklamemäßig aus. Besonders wenn prominente Gäste kamen, arrangierte er Feste, die den Ruf des Sanatoriums dahin ergänzten, dass der Monte Verità eine Pflegestätte gediegener Musik und überhaupt jeglicher Kunst sei. Die Asconesen waren, soweit die pekuniäre Lage es ihnen gestattete, dankbare und regelmäßige Besucher der kleinen Musikfeste. Von den fremden Künstlern, die Gastkonzerte auf dem Monte Verità gaben, erschien am häufigsten die Pianistin Elly Ney.

Während Ida Hofmann die Organisation des gesellschaftlichen Lebens auf dem Monte Verità oblag, suchte Oedenkoven immer wieder neue Wege, um das Unternehmen auf eine gesunde Basis zu stellen. Er hatte lange Beratungen mit der bekannten

Ärztin Fischer-Dückelmann, die als Mitarbeiterin und Freundin die Sorgen der Besitzer teilte. Sie kamen überein, Frau Fischer-Dückelmann die wirtschaftliche Leitung des Sanatoriums zu übertragen.

In erster Linie galt es, die wachsende Unzufriedenheit der Gäste zu beseitigen. Es hatten sich Klagen angehäuft über die Bevormundung der Sanatoriumsbesucher und die unzulängliche Verpflegung. Die ausschliessliche Rohkost, das Essen aus der Tüte und die Oedenkovenschen Verordnungen waren schon lange nicht mehr nach dem Geschmack des zahlungskräftigen Publikums. Frau Fischer-Dückelmann räumte mit allen unbeliebten Einrichtungen auf. Vor allem ließ sie richtiges Restaurationsessen kochen. Es wurde an normal gedeckten Tischen serviert, sodass die anspruchsvollen Gäste es nicht mehr nötig hatten, dem bisherigen Brauch entsprechend die gesunde, aber uninteressante Schmalkost einsam in ihrem Zimmer zu verzehren. Die Reformkleidung wurde kaum noch getragen.

Aber bald zeigte sich, dass auch die Tätigkeit der energischen Ärztin nicht den gewünschten Aufschwung brachte. Enttäuscht verließ sie den Monte Verità.

Der Berg hatte viel von seinen früheren Eigenarten, die bislang den inneren Stützpunkt des Unternehmens bildeten, eingebüßt. Die direkte Folge war, dass das Interesse der großen Masse erlosch. Der Betrieb lief immer schlechter, die Einnahmen gingen mehr und mehr zurück. Es kamen nur noch wenige neugierige Passanten, die die berüchtigten Naturmenschen suchten.

Oedenkoven experimentierte weiter. Mit geradezu verzweifelter Hartnäckigkeit klammerte er sich an jede Möglichkeit, die am Horizont auftauchte. Er verschloss sich keinem Vorschlag, der die Sanierung des Sanatoriums bezweckte. Später geschah es, dass er sogar äußerst zweifelhaften Elementen, die ihm oft die phantastischsten Auswege aus der prekären Lage schilderten, willig Gehör und Glauben schenkte.

Im Jahre 1913 gehörte zu den Besuchern des Monte Verità ein bekannter Fastenkünstler, um den sich ein großer Kreis von Heilbedürftigen aus aller Welt geschart hatte – Arnold Ehret. Durch zahlreiche Bücher und Schriften hatte er sich einen Namen erworben. Oedenkoven spekulierte auf die weitverzweigte Popularität dieses bedeutenden Menschen und hoffte, durch eine engere Verbindung mit ihm sein Unternehmen zu retten. Da auch Ehret einen Vorteil in dem Zusammengehen sah und seinerseits Oedenkoven mit Darstellungen einer rosigen Zukunft bearbeitete, war eine Interessengemeinschaft bald geschlossen.

Der Fastenkünstler bevölkerte den Monte Verità mit seinen Anhängern. Erneut tummelten sich die seltsamsten Gestalten auf dem Berg. Aber viel schaute für die Kasse des Unternehmens dabei nicht heraus. Die Bedingungen, die Ehret ausgemacht hatte, waren für Oedenkoven so ungünstig, dass die Abmachungen schon nach kurzer Zeit aufgehoben werden mussten.

Ansicht von Ascona in den 1910er-Jahren

Zeitgenössische Ansicht des Monte Verità

Das Gesellschaftshaus auf dem Monte Verità

von links, u. a. Clara Liedke, Ida Hofmann, die Mutter des Tänzers Rudolf von Laban, Isabelle Adderly, Henri Oedenkoven, Renée von Laban

Die Tanzgruppe von Rudolf von Laban (ganz links), mit Suzanne Perrotet

Hermann Hesse (Mitte) 1905 als «Kurgast» auf dem Monte Verità

«Licht-Luft Chalet» auf dem Monte Verità

rechts aussen: Erich Mühsam

Der Arzt, Anarchist und sozialistische Reichstagsabgeordnete Dr. Raphael Friedeberg (Mitte) mit Max Nettlau

Die Schriftstellerin Franziska zu Reventlow mit ihrem Sohn Rolf

Hugo Ball und Emmy Ball-Hennings (um 1920)

Die Dichterin Else Lasker-Schüler

Marianne von Werefkin (Selbstbildnis 1909/10)

Baronin Antonietta de St. Léger liess die botanischen Anlagen auf den Brissago-Inseln, die sie 1927 an Max Emden verkaufen musste, anlegen.

… «und bei Max im Emden-Haus, ziehen sie die Hemden aus» …

Baron Eduard von der Heydt, seit 1927 Eigentümer des Monte Verità, vor dem Hotel

Das durch Eduard von der Heydt nach Plänen des Architekten Emil Fahrenkamp erbaute Hotel auf dem Monte Verità

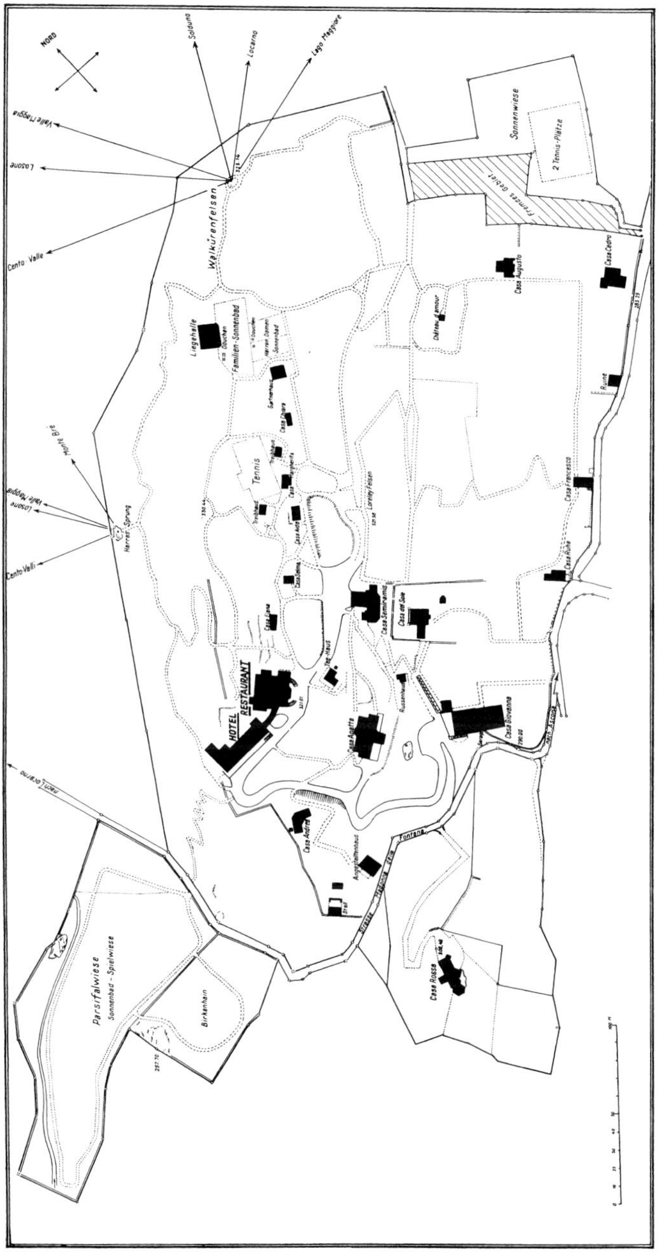

Plan der Anlagen nach dem Erwerb des Monte Verità durch Baron von der Heydt (1927)

Hotelvorfahrt und Garten (nach 1927)

Das Tanztheater «San Materno», welches Paul Bacharach für seine Tochter, die Ausdruckstänzerin Charlotte Bara nach Plänen des Architekten Carl Weidemeyer erbauen liess und in welchem u. a. auch Else Lasker-Schüler ihre Texte vortrug.

Die Tänzerin Charlotte Bara

Charlotte Bara und Paul Bacharach im Café Verbano in Ascona

Der Schriftsteller Emil Ludwig (links) und Karl Vester in Ascona

Ascona – Zeichnung von Hans Thomamichel
(«erkennbar» sind u. a. Karl Vester, Dr. Raphael Friedeberg (?) und Marianne von Werefkin)

«Die Inselmädchen von Ascona» (bzw. Brissago, aus der Autobiographie Vogel-Phönix von Ursula von Wiese)

Künstlerkolonie oder Zufluchtsort für Strafgefangene?

Der Berg hatte, seit er zu seinem eigentümlichen, bewegten Leben erweckt worden war, die verschiedenartigsten Menschen nach Ascona gezogen. Ascona war durch sie ein Begriff geworden, der nicht einfach verschwinden konnte. Die Frage, wie sich die weitere Entwicklung gestalten würde, und wie das einmal hervorgerufene Fluidum in der Zukunft praktisch auszuwerten wäre, beschäftigte die Gemüter lebhaft.

Erich Mühsam gab in seiner Ascona-Broschüre eine interessante Formulierung seines Standpunktes. Er schrieb 1905:

«Über die Beziehungen der Ansiedler untereinander und zu der eingesessenen Bevölkerung bin ich hinweggegangen. Die kleinstädtische Überwachung, das Netz der erotischen Verknüpfungen, die Eifersüchteleien und kleinlichen Gehässigkeiten sind hier im wesentlichen nicht anders als überall... Und trotzdem hat es mir gelohnt, das Bild Asconas unter Zukunfts-Gesichtspunkten zu entrollen. Nicht, weil ich in der vegetabilischen Lebenshaltung, wenn sie die Massen übernähmen, etwas Kulturförderndes erblicken könnte; auch nicht, weil ich die gewiss erfreuliche Erscheinung, dass die meisten der hier bestehenden Ehen ohne Staats- und Pfaffenhilfe zustande gekommen sind, für einen überwältigenden Beweis der Weltentwicklung hielte ... Es hat mir vielmehr deshalb gelohnt, weil ich in der augenblicklichen Konstellation von Landschaft, Ureinwohnern und Zugezogenen Möglichkeiten zu sehen glaube, wie sich unter Umständen Asconas Zukunft noch entwickeln kann. Ich will einmal absehen von der schon geäußerten Befürchtung, das asconische Gelände könnte Spekulationswüterischen zum Opfer fallen, oder Asconas seelische Qualitäten könnten an sommerfrischelnden Kurgästen zum Teufel gehen, so bleiben doch noch verschiedene andere Aussichten, die nach dem Grade ihrer Wünschenswürdigkeit zu untersuchen sind. Ich glaubte einmal, Ascona sei der geeignetste Ort, um hier eine kommunistische Siedlungsgesellschaft in großem Maßstabe zu versuchen. Aber so wünschenswert das Experiment auch wäre, einmal mit einer genügenden Anzahl Menschen in primitiver Gemeinschaft, unter Ausschaltung aller kapitalistischen Hilfsmittel, ein Zusammenleben auf eigene Faust zu bewirken, wie es Karl Gräser für sich allein ja beinahe schon erreicht hat … so ist doch Ascona nicht der rechte Fleck dazu … Nun läge es nahe, bei der stark individualistischen Luft, die hier weht, an eine Künstlerkolonie à la Worpswede zu denken. In der Tat ist diese Idee auch schon entstanden, und es liegt nicht außer dem Bereich der Möglichkeit, dass sie zur Wirklichkeit wird … Ich kann mich aber der Befürchtung nicht erwehren, es möchte hier eine Künstlereinkapselung vor sich gehen, die sich wie der Münchner Stefan George-Kreis mit großer Wahrscheinlichkeit zu einer Geniebrutanstalt auswachsen würde … Mir scheint Ascona zu einem weit erstrebenswerteren, wenn auch neuen und vielleicht recht absonderlichen Experiment der geeignete Ort zu sein. Die Menge außergewöhnlicher Erscheinungen, die schon jetzt hier ihren Wohnsitz haben, in Verbindung mit dem duldsamen, freiheitlichen Charakter der eingesessenen Bevölkerung und den relativ geringfügigen Belästigungen der Bewohner durch die staatlichen Gewalten im Kanton Tessin, prädestinieren Ascona zu einer Sammlungsstätte solcher Menschen, die infolge ihrer individuell gearteten Veranlagung ungeeignet sind, jemals nützliche Mitglieder der kapitalistischen menschlichen Gesellschaft zu werden. Ich wiederhole eine von den verschiedensten

Schriftstellern tausendfach geäußerte Erfahrung, wenn ich ausspreche, dass die besten Elemente aller Nationen in Gefängnissen und Zuchthäusern verkommen. Ich weiß aus eigener Anschauung, dass in den Herbergen der deutschen Landstraßen und in den Berliner Verbrecher-Kaschemmen Persönlichkeiten anzutreffen sind, die von den Stützen der Gesellschaft mit Abscheu gemieden werden, die aber ein Herz im Leibe tragen, das dem, der ihnen menschlich nahetritt, das eigene höher schlagen macht ... Daher – mögen alle deutschen Betschwestern in keuschem Entsetzen die Augen verdrehen – wünsche ich in tiefster Seele, Ascona möchte ein Zufluchtsort werden für entlassene oder entwichene Strafgefangene, für verfolgte Heimatlose, für alle diejenigen, die als Opfer der bestehenden Zustände gehetzt, gemartert, steuerlos treiben, und die doch die Sehnsucht noch nicht eingebüßt haben, unter Menschen, die sie als Mitmenschen achten, menschenwürdig zu leben ... Wenn ich nach Jahren wieder einmal nach Ascona komme und finde es bewohnt von Menschen, die durch Zuchthäuser geschleift, zerschunden von den Schikanen der Besitzenden und ihren Exekutionsorganen, dem Staat, der Polizei und der Justiz, endlich doch hier eine Heimat und eine Ahnung von Glück erlangt haben, dann will ich mich von ganzem Herzen freuen.»

Der Bürgermeister von Ascona erbleichte, als er das las. Im Geiste sah er schon den lieblichen, ehrsamen, aufblühenden Ort überflutet von einer Horde wilder Schurken, die raubend, plündernd, Schrecken verbreitend die Gegend in eine verrufene Wüste verwandelten. Die Lebensreformer und armen Schlucker waren ihm schon verdächtig genug gewesen. Nun sah er die Gefahr vor Augen, dass die harmlosen Sonderlinge mit den mühsam herbeigerufenen Räuberbanden gemeinsame Sache machen würden. Er fürchtete die Konsequenzen des Ausspruches von Bernard Shaw: «Der Weltverbesserer, dem die Welt nicht gut genug ist, kämpft

Schulter an Schulter mit dem Verbrecher, der nicht gut genug für die Welt ist.»

Das Gemeindeoberhaupt beschloss, sich energisch zu weigern, die praktische Anwendung dieser Sentenz in Ascona zu dulden. Er hatte schon einmal Unannehmlichkeiten wegen eines berühmten Anarchisten gehabt. Damals regten sich die vorgesetzten Behörden über den Aufentbalt des Fürsten Peter Krapotkin in Ascona auf. Emil Szittya berichtete:

«Das zweitemal sah ich diesen seltsamen Heiligen in Ascona. Er war sehr müde und kam zur Erholung in die Schweiz. Die Polizei wollte ihn auch aus diesem Land ausweisen; da erhoben bekannte Schweizer Gelehrte für den Anarchisten das Wort und wiesen darauf hin, dass Krapotkin nichts mit dem terroristischen Anarchismus zu tun habe, sondern ein Wissenschaftler von höchstem Ansehen sei. Als ich Krapotkin nach dieser unangenehmen Affäre sah, sagte er mit resignierter Stimme: ‹Wäre ich parasitischer Aristokrat geblieben, so würden sich lakaienhaft alle Länder vor mir öffnen; da ich aber aufrichtig und ernst für diese Menschheit arbeite, bin ich an allen Stätten der Welt ein unliebsamer Gast. Die Menschen, die Angst vor mir haben, haben nie meine Schriften gelesen und wissen nicht, dass ich in meinem Buch ‹Die gegenseitige Hilfe› den Anarchismus wissenschaftlich bedingt nachweise, und dass ich ein Gegner von jedem Gewaltmittel bin, weil der Anarchismus nicht durch Gewalt, sondern nur durch geistige Entwicklung und Liebe entstehen kann.›»

Durch diesen berühmten Außenseiter der Gesellschaft war zwar ebenso wenig Not und Verderben über Ascona gekommen wie durch die übrigen, weniger bedeutenden Edelanarchisten, die sich in der Gegend aufhielten. Aber wer konnte wissen, was das für Geister waren, die Erich Mühsam rief? Der gute Bürgermeister wusste sich nicht anders zu helfen: er kaufte die ganze Auflage des kleinen Werkes auf und ließ sie einstampfen. Durch diese entschlossene, heldenhafte Tat rettete er den Ruf Asconas.

Als Ida Hofmann ihre Neigungen zur Mystik verstärkte und sich an die Kreise, die dem Okkultismus und vor allem der Theosophie huldigten, enger anschloss, trat zwischen ihr und dem nüchtern veranlagten Oedenkoven eine leichte Entfremdung ein. Aber Oedenkoven entging der weltanschaulich belasteten Atmosphäre nicht. Die junge Liebetreu, mit der er sich anfreundete, war fanatische Adventistin. Oedenkoven versprach ihr ein eigenes Häuschen. Unweit der Casa Bianca, die er als Ruhesitz für seine Mutter hatte errichten lassen, wurde im Frühjahr 1914 ein turmartiger Bau aus großen Felssteinen begonnen. Der Krieg verhinderte jedoch die Fertigstellung, und der Freitod des jungen Mädchens bildete den traurigen Abschluss der Freundschaft. Der «Liebetreu-Turm», der einen wundervollen Ausblick auf den See gewährte, wurde erst vierzehn Jahre später ausgebaut; um ihn herum ist ein hübsches Haus entstanden, in dem der Asconeser Maler, Ernst Frick, seinem Schaffen gelebt hat.

Zur Karnevalszeit hatte Oedenkoven auf einem Kostümfest, das auf dem Monte Verità veranstaltet worden war, eine Engländerin kennen gelernt, für die er ein ungewöhnliches Interesse empfand. Sie erwiderte seine Zuneigung, und er beschloss, sich mit ihr zu verbinden. Da sie aber wohl seine Anschauungen über naturgemäßes Leben teilte, nicht aber die Grundsätze der freien Liebe billigte, war er gezwungen, eine bürgerliche Ehe zu schließen und sie standesamtlich sanktionieren zu lassen. Die Trauung vollzog sich in aller Stille. Isabella Oedenkoven warf die Mühsamschen Theorien von der Kinderlosigkeit der Vegetarier über den Haufen und schenkte ihrem Gatten zwei Knaben und ein Mädchen. Ida Hofmann war hochherzig genug, den neuen Zustand zu bejahen und sich dem Ehepaar in aufrichtiger Freundschaft anzuschließen.

Der Monte Verità war jetzt in den Händen eines Belgiers, einer Deutschen und einer Engländerin. In Ascona und auf dem Berg hatte der Nationalismus nie eine Rolle gespielt.

Hier lebte zum Beispiel ein alter baltischer Baron, Peter von Wrangel, einstmals General in der Armee des Zaren; er war Besitzer eines großartigen Grundstücks am Nordabhang des Monte Verità. Er verfasste erst Lustspiele, Kurzgeschichten und seine Memoiren, wandte sich dann aber ganz dem Pazifismus zu und schrieb eine Anzahl Broschüren über die Weltbefriedung. Als der Krieg, den er mehrfach prophezeit hatte, wirklich ausbrach, war niemand verblüffter und erschrockener als er.

August 1914

August 1914. Kaum jemand erfasste richtig, was eigentlich geschah. Man hatte in Ascona, mehr als anderswo in der Welt, wie in einem Traum dahingelebt. Nun schlug die Wirklichkeit in die Idylle ein und versuchte dem Ereignis Geltung zu verschaffen. Aber was sie hervorrief, war Aufregung, Empörung, Sensation, Kopfschütteln, vereinzelt wohl auch eine unklare Begeisterung, nicht jedoch nüchternes Begreifen. Im dumpfen Gefühl der Pflicht reisten einige Leute in ihre Heimat. Viele blieben. Das Leben draußen ging sie nichts an. Erst recht nicht, wenn es sich so unsinnig gebärdete. Jetzt trat besonders klar zutage, welch hartnäckiger Individualismus und welche Egozentrik in Ascona gezüchtet worden waren.

Die Schweiz zeigte ihre kaufmännischen Talente. Jeder Ausländer wurde mit einer Sondersteuer belegt. Mancher hungerte, um diese Steuer bezahlen zu können. Mancher erlag auch dem Druck und fuhr nachträglich ab, um sich seinem Vaterland zur Verfügung zu stellen. Die Konsuln entfalteten emsige Tätigkeit. Sie bearbeiteten jeden einzeln, der sich dem Kriegsdienst entzog, mit Ausdauer.

Es waren hauptsächlich die schon länger ansässigen Fremden, die sich weiter in Ascona aufhielten. Die zeitweiligen Besucher verzogen sich allmählich; die durchreisenden Gäste blieben aus. Auf dem Monte Verità wurde es stiller und stiller.

In den Jahren 1914 und 1915 herrschte Flaute, und Oedenkoven konnte sich nur noch dank der finanziellen Hilfe seiner Mutter halten. Ende 1916 belebte sich der Betrieb wieder etwas.

1917 erlebte Ascona eine Renaissance. Das unfruchtbare Warten hatte aufgehört. Entweder glaubte man, der Krieg müsse jetzt in aller Kürze zu Ende sein, oder man war der Ansicht, der Krieg würde ewig fortdauern. Jedenfalls blühte das Asconeser Leben wieder auf, und der Monte Verità wurde aufs Neue der interessante Sammelpunkt für die verschiedenartigsten Geister. Unter den zahlreichen Fremden, die wieder den Tessin aufsuchten, befanden sich vor allem Künstler und Schriftsteller. Besonders groß war der Zustrom aus Zürich. Dort hatte sich eines der merkwürdigsten Milieus gebildet, die es während des Krieges gab – eine intellektuelle Internationale, der viele namhafte Persönlichkeiten angehörten.

Zum größten Teil waren diese Kreise von starken kriegsgegnerischen Tendenzen erfüllt. Ein Hort und Sammelpunkt der pazifistischen Bewegung war nach wie vor das Heim des Barons Wrangel; es fanden dort regelrechte Kongresse statt. Die Baronin sah in ihrem Mann einen der größten Vorkämpfer für Recht und Menschlichkeit innerhalb der Völkerfamilien. Nach seinem Tode ehrte sie sein Andenken, indem sie alles, was mit ihm in Berührung gekommen war, auf das liebevollste hegte und pflegte. Das ging so weit, dass sie die drei Dutzend weißen wollenen Militärhandschuhe, die er einstmals getragen hatte, immer wieder hervornahm und ausbesserte; jedes Mottenloch wurde gewissenhaft gestopft, und alle halbe Jahre wurde der ganze Handschuhberg frisch gewaschen.

Das Areal des Monte Verità war im Laufe der Zeit durch gelegentliche Zukäufe auf beinahe 60 000 Quadratmeter angewachsen. Eine Locarneser Bank sowie zwei Privatleute hatten sich bereitgefunden, Hypotheken auf das Grundstück zu geben.

Bisher hatte Oedenkoven, wenn die Konjunktur eine günstige Wendung nahm, stets mit neuer Kraft und Hoffnung an der Entwicklung des Berges gearbeitet und seine ursprünglichen Ideen propagiert. So kam es immer wieder zu Perioden, wo der Vegetabilismus auf dem Monte Verità besonders ernst genommen wurde. Aber es gab auch immer wieder Rückschläge, die bezweifeln ließen, ob das einstige Ideal je verwirklicht werden könnte.

Erst im Jahre 1917 begrub Oedenkoven endgültig seine Illusionen. Er sah ein, dass sein Experiment, die Zelle eines neuen Staates zu schaffen und das praktische Beispiel für eine neue Gesellschaftsordnung zu geben, misslungen war. Er versuchte nicht mehr, auf seine Gäste einzuwirken, und konzentrierte sich nur noch auf die Erhaltung seines liebgewonnenen Besitzes. Es war nicht seine Art, sich von der Resignation auffressen zu lassen. Er war erfüllt von positiven Lebensgeistern und widmete nun, ohne seine Theorien an sich preiszugeben, alle seine Gedanken der rein finanziellen Ausbeutung des Monte Verità.

Clara Linke leitete die Wirtschaft. Auch sie hatte sich damit abgefunden, dass die meisten Gäste keine Lust hatten, sich mit Sozialismus zu befassen oder dem Fleischgenuss zu entsagen.

Wenn auch der neue Aufschwung dem Monte Verità viele Besucher brachte, so war es doch unmöglich, den Etat auszubalancieren. Das Grundstück war zu groß, die Unterhaltskosten waren zu hoch. Der Fanatismus, mit dem der Besitzer jetzt um jeden Preis Rentabilität erzielen wollte, ging ganz absonderliche Wege. Oedenkoven fehlte der weite Blick, der Überblick. Früher hatte er nicht einsehen können, dass der gewaltige Fortschritt, den er so inbrünstig bejahte und sich hatte zunutze machen wollen, nicht aus einer Idylle entstehen konnte. Jetzt sah er nicht ein, dass mit gewaltsamen Spekulationen kein Besitz zu retten war und dass mit zweifelhaften Elementen, ihren dunklen Machinationen und einer irregeleiteten Menge im Höchstfall momentaner Erfolg, nie aber eine solide Grundlage geschaffen werden konnte.

Ida Hofmann stellte ihm eines Tages einen Herrn vor, den sie in ihrem spiritistischen Bekanntenkreis kennen gelernt hatte. Er war aus England gekommen, hieß Theodor Reuß, war angeblich mit Rudolf Steiner eng befreundet und bezeichnete sich als Großmeister mehrerer Londoner Freimaurerlogen. Oedenkoven begegnete zwar allen Anhängern religiöser Strömungen mit tiefem Misstrauen, war aber Opportunist genug, um jede Anschauung zu dulden, die seinem Unternehmen Vorteil brachte. Schon die vage Aussicht auf Förderung vermochte ihn zu blenden.

Reuß fand in Ascona eine Gesellschaft vor, die offenbar bereit war, blindlings auf jede mystische Bauernfängerei hereinzufallen. Er erkannte die Möglichkeiten, die sich hier sowohl seinen materiellen Aspirationen als auch seinem zynischen Spieltrieb boten, und beschloss, aus seinem Asconeser Aufenthalt möglichst viel Geld und Vergnügen herauszuschlagen. Er suchte also erst einmal Kontakt mit dem Mächtigsten; das war Oedenkoven. Er wusste, wo den Gründer des Monte Verità der Reformschuh drückte, und rückte gleich zu Beginn einer Unterredung mit dem Anerbieten heraus, dem Unternehmen unbeschränkte Geldmittel zuzuführen. Er war schlau genug, sich nicht zu dekuvrieren, sondern sich als fanatischen Anhänger seiner eigenen kosmischen Lehren hinzustellen. Mit der suggestiven Beredsamkeit, die ihn auszeichnete, entwickelte er seine phantastischen Pläne.

Oedenkoven, dem nur der Fortbestand seines Werkes am Herzen lag, stiegen die verführerischen Vorschläge zu Kopf. Er verdrängte seinen Skeptizismus und ging ernsthaft auf das Reußsche Projekt ein.

Theodor Reuß gründete auf dem Monte Verità mit Oedenkovens Zustimmung den O.T.O., den Ordens-Tempel des Ostens.

Zu diesem Zeitpunkt stellte sich ein vermögender Privatmann ein, der sich erbot, den gesamten Besitz für 200 000 Franken zu kaufen. Die einzige Bedingung war, dass der Wasserlieferant, der inzwischen eine zweite, stärkere Leitung hatte legen lassen, die Garantie für ständige Versorgung eines Teiches übernähme. Ein Teich war die Marotte des Reflektanten. In Anbetracht eines immerhin möglichen abnorm trockenen Sommers zögerte der vorsichtige Quellenpächter, eine bindende Verpflichtung einzugehen. Dadurch erleichterte er Oedenkoven, der von der neuen Hoffnung ganz erfüllt war, den Entschluss, das Angebot abzulehnen. Noch kurze Zeit vorher, als die Lage trostlos war, wäre er zu einer Veräußerung bereit gewesen. Nun aber vertraute er Theodor Reuß und den magischen Einflüssen des geheimnisvollen Ordens.

Was eigentlich O. T. O. war, wusste kein Mensch genau. Auch über Ziel und Zweck wurde nichts bekannt. Es lag jedoch im System, daß man sich ohne weiteres damit abfand. Die raffinierte Einrichtung einer Loge bestand ja vor allem darin, dass das Wissen ganz allmählich errungen werden musste und an die höheren Grade gebunden war. Wer erst einmal eintrat, durfte also gar nicht verlangen, dass ihm Erklärungen abgegeben würden. Mit der Zeit wurden denjenigen, die Reuß für geeignet hielt, gewisse Erläuterungen zuteil. Der Großmeister erwählte sich auf diese Weise zuverlässige Spießgesellen. Bei Erreichung des sechsten Grades gab es einige ziemlich deutliche Offenbarungen. Beim zwölften Grad wurden fähigen Mitgliedern bereits recht heikle Erkenntnisse vermittelt. Die Anzahl der Grade war anscheinend überhaupt nicht festgelegt. Man sprach von 15 oder 38 oder sogar 94 Graden. Wer den letzten Grad innehatte, war, ebenso wie der letzte Sinn der Loge, ein tiefes Mysterium. Reuß stellte sich selbst nur als besonders weit vorgeschrittenen Adepten hin und agierte als Abgesandter höherer Mächte, die in London oder im Himmel wohnten.

Ende Juni 1917 fand ein vierzehntägiger Kongress auf dem Monte Verità statt, bei dem durch eine geschickte Gedankenvolte Vegetarier und Freimaurer auf gemeinsamer Basis zusammengezogen wurden. Die Kombination bezweckte, einerseits die Mitgliederschaft des Ordens zu erweitern, andererseits den Monte Verità wieder flottzumachen. Mary Wigman und Rudolf von Laban waren mit ihren Schülern Glanzpunkte der nächtlichen Feste. Aus reiner Freude am Abenteuerlichen und mit unbekümmerter Ausgelassenheit beteiligten sie sich an Aufführungen und Fackeltänzen im Freien und schließlich auch an den dunklen Zeremonien der Loge.

Reuß verstand es, die Mitgliedschaft zum O. T. O. begehrenswert zu machen – durch Anreiz der Neugier, Verheißung von religiösen Rauschzuständen, Sanktionierung kleinerer oder größerer Sünden, durch die Aussicht auf ungeahnte, erotisch gefärbte Erlebnisse und nicht zuletzt durch Andeutungen von heiligwüsten Handlungen, von religiös entfesselten Satansdiensten.

Die Erotik spielte vielleicht keine so hervorragende Rolle, wie die Gerüchte später behaupteten; sie wurde vor allem als Lockmittel benutzt. Alle Verdrängungen, alle unerfüllten Sehnsüchte hofften auf Erlösung. Und die Phantasie steigerte die Möglichkeiten bis zu den höchsten Exzessen. Alle Mittel wurden benutzt. Es gab seltsame Abzeichen, lange Bänder, schwarze Kutten, feierliche Aufnahmeakte, sonderbare Klopfzeichen, Aufträge und Missionen. Die Aufnahme in den O.T.O. fand mit verbundenen Augen statt. Unklare Weihehandlungen, süßlich duftende Dämpfe, teilweise Entkleidungen, aufpeitschende Musik schufen eine Schwüle, die den Teilnehmern bald den Rest der Besinnung raubte. Sie gerieten in einen Taumel, durch den alles weitere Geschehen, das, bei Licht besehen, einfältig und schamlos angemutet hätte, sublimiert wurde. So verständigte man sich zum Beispiel durch Klopfzeichen nach komplizierten Rhythmen, die durch einen zotigen Vers festgelegt waren; einer begann mit dem bekannten Götzzitat und lautete dann: «Wenn's Tag ist, dann brauchst du auch kein Licht.»

Um der Loge ein hohes Ansehen zu geben und sie nach außen hin, besonders bei Vermögenden, vertrauenswürdig erscheinen zu lassen, suchte Reuß nach einer repräsentativen Persönlichkeit, die den Vorsitz übernehmen sollte. Eine Gräfin entging ihm, jedoch gab er sich auch mit einer ältlichen Baronin, die eine führende Rolle in theosophischen Kreisen spielte, zufrieden. Sie ließ sich bereitwillig, geschmeichelt und ahnungslos mit dem Ehrenmantel einer Großmeisterin schmücken.

Der Erfolg blieb nicht aus. Ein Kaufmann aus Zürich spendete große Summen, die die Aktionsfähigkeit des Ordens außerordentlich hoben. Als weitere Gelder hinzukamen, wurde das Unternehmen großzügig ausgebaut. Zuverlässige Mitglieder wurden auf Reisen geschickt. Es wurde ein Netz gesponnen, in das die Opfer eingefangen werden sollten. Reuß' Taktik ist sehr gut im Roman «Das göttliche Gesicht» von Bruno Götz geschildert. Dort predigt der Großmeister:

«Vergessen Sie nicht, dass der Baron nicht zu uns gehört, dass wir keine innere Gemeinschaft mit ihm haben, dass wir ihn aber, im Sinne unserer höheren und geläuterten Sittlichkeit, ohne Gewissensbisse zur Erreichung unserer großen Ziele benutzen dürfen. Seien Sie freundlich zu ihm, dass seine Seele sich Ihnen nicht verschließe ...»

Seele bedeutete Portemonnaie. Denn der Baron, um den es sich handelte, war ein beachtenswerter Erbe.

Über ein Jahr trieb Reuß sein Unwesen auf dem Monte Verità. In den Männern war schon länger ein instinktives Misstrauen gegen den dubiosen Heiligen erwacht. Reuß war ein Frauenfresser. Er hatte eine gewisse unheimliche Schönheit, kannte sich in allen Verführungskünsten aus, und das Böse in ihm erhöhte nur noch seinen Reiz. Die Frauen waren ihm verfallen und drängten danach, ihm anzugehören. Wie Schulmädchen trafen sie sich nachts heimlich mit ihm im Park.

Schließlich wurde es Oedenkoven doch zu bunt. Als auch seine Frau dem «Gottgesandten» eine demütige und fanatische Verehrung entgegenbrachte und der ganze Monte Verità nur noch ein einziges Narrenhaus zu sein schien, machte er kurzerhand Schluss. Er schmiss den Hochstapler mitsamt seiner Gimpelloge hinaus.

Nun griff auf einmal eine allgemeine Ernüchterung Platz, und es begann ein großes Schämen unter den Beteiligten. Sie waren das Opfer schmutziger Geldgier oder niedriger Gelüste geworden und kamen überein, die ganze unrühmliche Episode mit Stillschweigen zu begraben. Die Mitwelt aber beruhigte sich nicht so schnell. Gerade weil das Geschehene in geheimnisvolles Dunkel gehüllt blieb, war dem Flüstern, Raten und Raunen ein unbegrenzter Spielraum gelassen. Der Ruf des Monte Verità hatte durch die Affäre Reuß erheblich gelitten. Zu den tollen Märchen von den nackten Höhlenbewohnern kamen nun noch die verrücktesten Erzählungen über mitternächtliche Orgien innerhalb des O.T.O. Weitere Ereignisse – die junge Freundin eines bekannten Magnetopathen erschoss sich auf dem Monte Verità – trugen dazu bei, die Gemüter in Aufregung zu versetzen. Jahrzehntelang munkelte man ständig in Zeitungen und Gesprächen von den Geheimnissen des Monte Verità. Immer wieder wurden Geschichten, bekannte und unbekannte, ausgegraben und aufgetischt. In einem Ascona-Artikel der «Neuen Zürcher Zeitung» war noch zu Beginn der Dreißigerjahre die folgende Anspielung auf die Freimaurerzeit zu finden:

«Von beinahe allen Kulturerzeugnissen hatte sich der ehemalige österreichische Offizier zu trennen vermocht, aber sein Konversationslexikon gab er nicht her. Auf Monte Verità besaßen die Naturmenschen Mut genug, solche Widersprüche mit einem Lächeln abzutun. Wer bei Karl Gräser nicht fand, was er suchte, ging einige Häuser weiter zu den Theosophen, die in allen Reinkarnationen Bescheid wussten und am Abend mit Gewehren auf Fledermausvampyre schossen. Okkultisten, Spiritisten, Edelanarchisten, Mystiker, Maler und Tänzerinnen beherbergte der Wahrheitsberg zu jener Zeit eine Menge. Mehr oder weniger aufrichtige Vegetarier waren sie alle. Zwischen russischen Fürsten, österreichischen Großherzögen, deutschen Adligen, Ärzten und Naturheilkundigen, fahrendem Volk und Abenteurern mit dunkler Vergangenheit wurden keine Unterschiede gemacht. Der Bewohner und Gast des Monte Verità hatte als solcher Anspruch auf seine Eigenheit. Später, als der Niedergang bereits unaufhaltbar war, hatte sich auf Monte Verità ein moderner Cagliostro eingenistet, der für Geld und gute Worte freimaurerische Würden bis zum 94. Grad verlieh. Der Götterdämmerung folgte der Zusammenbruch.»

Der Auszug der Gründer

Ascona, an und für sich schon ein «Enfant terrible» der Schweiz, war etwas stark in Unordnung geraten. Oedenkoven hatte an dem allzu bunten Treiben keine rechte Freude mehr. Wohin er sah, kam ihm alles läppisch und unfruchtbar vor. Wenn auch immer wieder tüchtige Maler, Tänzer und Schriftsteller auf dem Monte Verità auftauchten und das Leben dort beeinflussten, so war doch die Gesamtatmosphäre in ein Stadium getreten, das er als peinlich und ungesund empfand. Er freute sich noch, als Clotilde und Alexander von Sacharoff als Gäste erschienen und den frischen Geist ihrer Tanzkunst mitbrachten; er unterhielt sich angeregt mit dem Dichter Reinhard Göring, der mit Vorliebe in Napoleonspose im Park spazieren ging; er betrachtete gern lächelnd die interessanten Konstruktionen der modernen Maler – aber er hörte vor allen Dingen die aufgeblasenen und nichtigen Reden, die allerwärts mit so bedeutungsvollem Pathos geschwungen wurden.

Viele armselige Kreaturen suchten sich durch irgendwelche Überheblichkeiten Geltung vor sich und anderen zu verschaffen. Den Sport, sich als Wiederverkörperung berühmter Leute zu gebärden, trieben sie mit leidenschaftlichem Ernst. Sie waren einmal Alexander der Große, Laotse, Nero, Goethe, berühmte Hetären, berüchtigte Verbrecher, Könige und Weise gewesen. So täuschten sich die vom Leben Enttäuschten in lächerlicher Weise über ihre hohle und trostlose Existenz hinweg. Ein einziger Asconese, Karl Vester, brachte die Ironie auf, sich zu erniedrigen und eine demütige Reinkarnation zu wählen. Er behauptete, ein simpler Galeerenruderer auf dem Lago Maggiore gewesen zu sein.

Die Kartenlegerinnen, die in Ascona von jeher eine besondere Rolle gespielt haben, wurden überlaufen. Hochgebildete, wissenschaftlich interessierte Damen und Herren suchten alle paar Wochen eine der primitiven Pythien auf und lechzten nach einem Wort von zukünftigem Glück. Selbstverständlich war auch der Gespensterglaube sehr verbreitet. Es wimmelte angeblich von Geistern in und um Ascona. Es muss jedoch festgestellt werden, dass die Erscheinungen aus dem Jenseits niemals Unheil angerichtet, sondern höchstens die nächtlichen Besucher berüchtigter Spukstätten mit Schaudern und mehr oder weniger angenehmen Gruselgefühlen erfüllt haben.

Sogar die Nachfolger und Nachahmer der Naturmenschen, die ab und zu auftauchen, um das alte, bereits untergegangene Ascona zu suchen, versetzen keine harmlosen Gemüter mehr in Schrecken; sie lassen sich kaum noch blicken. Auch die Zeit der Epigonen ist vorbei. Im «Roccolo» von Werner von der Schulenburg ist noch von ihnen die Rede:

«Das Häuschen lag seitwärts; das Licht war gelöscht. Leise huschte jemand die Treppe hinauf zum Grundstück. Ich blieb zunächst einmal ruhig sitzen; die Bevölkerung ist ehrlich, aber es geht mancherlei Naturvolk durch die Gegend, zugewandertes, das Arbeit scheut und sich dafür ein eigenes Ethos zurechtgezimmert hat. Die letzten der ‹nackten Menschen›, die früher eine geschlossene Gemeinschaft bildeten, haben sich angesiedelt und sind tüchtige, freundliche Arbeiter. Aber die neuen Apostel treiben praktischen Kommunismus derart, dass sie den andern die Arbeit überlassen und den Gewinn möglichst für sich beanspruchen. Oder, wie einer dieser Zunft einmal erklärte: ‹Gott hat alles für alle wachsen lassen›, und auf den Einwand, dass aber doch die Feldfrüchte durch Arbeit erzielt wären, erwiderte: ‹wer arbeiten kann, hat ja schon daran Freude. Mir macht die Arbeit keine Freude; ich nehme die Früchte so›.»

Oedenkoven hatte diese letzten Vertreter einer untauglichen Lebensauffassung genügend kennen gelernt; er durchschaute sie längst. So lieb ihm die wahren, arbeitsfreudigen Mitarbeiter vom Schlage Vesters gewesen waren, so entschieden lehnte er die verschrobenen oder verlogenen Außenseiter ab, die sich nur der Natur zuwandten, weil sie unfähig oder zu bequem waren, sich mit dem täglichen Leben auseinander zu setzen. Diese Sorte Leute hatten das Werk, das er hatte schaffen wollen, in höchstem Maße diskreditiert. Er war auf viele von ihnen hereingefallen. Jetzt war ihm die ganze egoistische, metaphysisch durchsetzte vegetarische Philosophie verleidet. Ihm schwebte ein neues, reineres Werk vor, eine vegetabilische Siedlung mit einfachen, sachlichen, praktischen Grundsätzen. Und er streckte seine Fühler nach Südspanien aus, wo die klimatischen und landwirtschaftlichen Bedingungen ihm für seine Zwecke besonders günstig erschienen.

Er zog sich ganz in sein Privathaus zurück. Er saß am Schreibtisch, machte Pläne, arbeitete Projekte aus und suchte neue Verbindungen. Die geschäftliche Weiterführung des Monte Verità überließ er seiner Frau und Ida Hofmann; die wirtschaftliche Leitung blieb in den Händen der treuen Clara Linke.

Clara Linke suchte auf eigene Faust nach neuen Möglichkeiten. Sie konzentrierte ihre Findigkeit und Energie auf die Einrichtung eines Kinderheimes. Ein gewisser Anfangserfolg krönte ihre Mühe. Selbst Behörden interessierten sich für die Verschickung erholungsbedürftiger Kinder nach dem Monte Verità.

Das ganze Restaurant wurde für den neuen Zweck hergerichtet und mit kleinen Betten besetzt. Der Speisesaal für die erwachsenen Gäste wurde ins Hotel verlegt. Kindergärtnerinnen und Pflegerinnen wurden eingestellt. Der Betrieb lief ganz flott.

Allerdings war, obwohl ziemlich gute Pensionspreise für die Kinder bezahlt wurden, an nennenswerte Verdienste nicht zu denken. Die großen laufenden Unkosten konnten eine Zeitlang gedeckt werden; aber die Neuanschaffungen wurden nur mit Mühe und Not bezahlt, und von einer Verzinsung des Grundstücks aus den Einnahmen konnte nach wie vor nicht die Rede sein.

Bald gab es Reklamationen und Warnungen. Die Pflegerinnen hatten sich in Bern über das Essen beschwert. Es wurde ein Vertrauensmann eingesetzt, der den Auftrag hatte, die Betriebsführung zu kontrollieren und über das Wohlergehen der Kinder zu wachen. Aber die Klagen hörten nicht auf.

Oedenkoven hatte kein Interesse mehr an seinem Grundstück. Bereitwillig verkaufte er seinem Freund, dem Bildhauer Kruse, ein Stück Bauland. Vorher hatte er schon Ida Hofmann die Casa Bianca überschrieben. Sein Besitz umfasste noch 56 000 Quadratmeter. Er war jetzt fest entschlossen, dem Tessin den Rücken zu kehren und nach Südspanien zu ziehen.

Im Dezember 1919 besuchte ihn ein eleganter, beweglicher älterer Herr Scheuermann. Es fand eine vielstündige ernste Unterredung statt, deren Ergebnis war, dass sich Oedenkoven im Prinzip bereit erklärte, den Monte Verità sofort zu verlassen und Scheuermann als Pächter einzusetzen. Es konnte im Augenblick wohl kaum eine bessere Lösung geben als die Verpachtung des gesamten Besitztums an einen unternehmungslustigen und als zuverlässig bekannten Geschäftsmann.

Als die Abmachung festgelegt werden sollte, hatte Scheuermann keinen leichten Stand. Er war in der ungünstigeren Lage, da er die Rolle des Anbietenden spielen musste und offensichtlich großes Interesse an dem Zustandekommen des Geschäftes hatte. Sein Kontrahent war hartnäckig auf den eigenen Vorteil bedacht und durchaus nicht gewillt, sich mit einer unbedeutenden Pachtsumme zufrieden zu geben. Man verhandelte lange Zeit hin und her, bis schließlich eine Einigung erzielt und der Vertrag mit sofortiger Wirkung abgeschlossen wurde.

Oedenkoven verließ Ascona im Januar 1920. Seine Frau Isabella und Ida Hofmann begleiteten ihn. Er hatte inzwischen ein Grundstück in Spanien erworben und beabsichtigte, dort eine neue Siedlung ins Leben zu rufen. Seine Asconeser Erfahrungen und eine Reihe neu erworbener praktischer Erkenntnisse wollte er sich dabei zunutze machen.

Oedenkoven hatte Glück: Noch ehe er in Spanien recht zur Arbeit gekommen war, konnte er das billig erworbene Gelände mit erheblichem Gewinn verkaufen; die Regierung benötigte es für den Bau einer Bahn. Nun war Oedenkoven in der Lage, einen schon seit längerer Zeit gehegten Lieblingswunsch in die Wirklichkeit umzusetzen. Er siedelte nach Brasilien über, erwarb dort ein großes Gebiet, das durch Klima und Pflanzenwelt für eine vegetabilische Versuchsstation besonders geeignet war, und gründete mit wenigen, aber aufgeweckten und arbeitsfreudigen Mitarbeitern eine neue vegetarische Kolonie.

Ida Hofmann hatte vor ihrer Abreise die Casa Bianca an einen Herrn Wedekind verkauft. Er machte eine Casa Rossa daraus und teilte sich in den Besitz mit einem Konsul Brockmann. Die tapfere Mitbegründerin des Monte Verità arbeitete auch in Brasilien an dem neuen Unternehmen mit. Dann trennte sie sich zeitweilig von dem Ehepaar Oedenkoven. Im Jahre 1926 ist sie in Sao Paulo gestorben. Ihr Name ist ebenso wie die Namen der übrigen Besitzer unlösbar mit der Geschichte des Monte Verità verknüpft.

Rummelplatz ohne Weltanschauung

Scheuermann packte die Sache ohne hehre Grundsätze, ohne Sentimentalität und ohne jegliche Weltanschauung an. Er kannte keine Bedenken und wusste genau, womit ein großes Publikum anzulocken war. Nicht mit Idealen, sondern mit Tanz, Musik und Tingeltangel.

Der Monte Verità wurde eine bessere «Unterhaltungsstätte», nur mit der Eigenart, zu Ascona zu gehören und als besondere Attraktion ein Luftbad zu haben.

Das Restaurant blieb Kinderheim. Wenn man es richtig verstand, war daraus ein schöner und sicherer Verdienst zu ziehen. Scheuermann verstand es richtig. Das Essen wurde noch schlechter als zuvor. Leider ließ auch die Sauberkeit nach, und die Ordnung lockerte sich bedenklich. Aber die Reklamationen hörten auf. Keine Schwester erschien mehr bei dem Vertrauensmann, um sich zu beschweren. Alle waren plötzlich zufrieden. Jegliche Kritik ruhte. Die Kinder wurden nicht gefragt.

Später erzählte der Pächter selbst, wie das Wunder zustande kam. Es war ganz einfach: Er hatte sich mit den Schwestern angefreundet und sie durch kleine Geschenke für sich gewonnen.

Das schöne Oedenkovensche Privathaus wurde Restaurant.

Die saalartigen Räume waren wie geschaffen zu Tanz und Vergnügen. Ein monstruöses elektrisches Orchestrion, das mehrere tausend Franken kostete, wurde auf Ratenzahlung angeschafft. Und dann gab es Hochbetrieb!

Musik und Tanz lockten die Bevölkerung aus dem Dorf auf den Monte Verità. Es gab kaum tanzfreudigere Burschen als die jungen Tessiner. Da die Frauen und Mädchen sehr fromm und zurückgezogen lebten und nur in ganz seltenen Ausnahmefällen Vergnügungsstätten besuchten, war es von jeher Sitte, dass die jungen Männer unter sich zusammen tanzten. Sie brachten es dabei zu erstaunlicher Kunstfertigkeit, die häufig an Akrobatik grenzte. Sobald sie in gehobene Stimmung gerieten, begleiteten sie den Tanz mit ihren fröhlichen Gesängen. Erich Mühsam, der das Tessiner Volk sehr gut kennen gelernt hatte, schrieb:

«Eine gesunde, durch keine Gesetzesparagraphen gebändigte Sinnlichkeit steckt den Tessinern im Blut. Die jungen Arbeiter tanzen hier miteinander und küssen sich, ohne dass irgend jemand das geringste Böse darin sieht – trotz dieser Sittenverderbnis blüht hier ein temperamentvolles, starkes und schönes Geschlecht heran.»

Dass der Männertanz im Allgemeinen nur aus Mangel an Partnerinnen entstand, zeigte sich deutlich, als der Monte Verità wieder in Blüte geriet. Die Damen, die als Gäste nach Ascona kamen, waren weniger zurückhaltend als die Tessinerinnen und ließen sich bereitwilligst von den jungen Einheimischen engagieren. Es wurde geradezu ein Sport daraus, abends mit den meist hübschen und graziösen, immer fröhlichen und zuvorkommenden männlichen Dorfbewohnern zu tanzen und ein bisschen zu flirten.

Auf dem Monte Verità fehlte es nicht an Tänzerinnen.

Neben den ansässigen Fremden waren unter den Hotelgästen immer einige vergnügungslustige Damen, und auch die Schwestern des Kinderheimes dachten nicht daran, sich auszuschließen. Es kamen viele Besucher aus der deutschen Schweiz, die sich gerne an den Belustigungen beteiligten.

In dieser Zeit war der Monte Verità eng mit dem Dorf verbunden. Die Scheu der einfachen Tessiner vor höherer Theosophie und doktrinärem Vegetabilismus war verschwunden. Gemeinsame

Feste wurden veranstaltet. Auf dem Berg war ein richtiges Volksetablissement entstanden.

Viele Künstler und frühere Freunde des Monte Verità hielten sich fern. Die Maler Artur Segal und Alexej Jawlensky, die damals in der Casa Angolo hausten und die Radaumusik des Orchestrions bis zu sich herübertönen hörten, ließen sich nicht verlocken. Sie zogen es vor, mit ihren Bekannten bis tief in die Nacht hinein Gespräche zu führen; oder sie gingen ins Dorf hinunter, suchten eine enge Seitenstraße auf und tranken mit ihren Freunden in einer gemütlichen Spelunke, bis der Morgen graute. Der Wirt ließ es sich nicht nehmen, seinen Gästen stundenlang Ziehharmonika vorzuspielen oder unanständige italienische Lieder zur Gitarre vorzutragen.

Wohl ging es hoch her auf dem Monte Verità. Aber die Tessiner waren bescheidene Gäste und hatten weit mehr Freude am Lustigsein als am Essen und Trinken. Scheuermann kam nicht auf seine Kosten.

Vielleicht hätte er dennoch durchhalten können, wenn er die Geschäftstüchtigkeit, die ihn am Anfang beseelt hatte, beibehalten hätte. Aber er war ein großer Bonvivant und Damenfreund. Das fröhliche Leben auf dem Monte Verità hatte ihn angesteckt; wie alle andern jagte er hinter Glück und Liebe her. So kam es, dass er, statt den Betrieb zu überwachen und sich um seine Gäste zu kümmern, mit kleinen Abenteuern seine Zeit vertrödelte. Die Gläubiger pflegten ihn nicht mehr im Büro, sondern nur noch im Luftbad zu suchen.

Zu allem Mißgeschick kam eines Nachmittags plötzlich eine Kommission aus Bern, um das Kinderheim zu inspizieren. Sie fand die Schwestern im Tanzsaal mit Zigaretten zwischen den Lippen vor. Die Kinder waren sich selbst überlassen und machten einen recht vernachlässigten Eindruck. Die Folge war, dass das Heim sofort aufgelöst wurde.

Scheuermann erneuerte seinen Vertrag mit Oedenkoven nicht. Er war froh, nach Ablauf des einen Pachtjahres mit einigermaßen heiler Haut davonzukommen.

Um das Unternehmen in Gang zu halten, wurde ein neuer Pächter gesucht. Aber es fand sich niemand, der ein Risiko übernehmen wollte.

Schließlich erklärte sich ein Holländer, dem es nicht darauf ankam, auch einmal Hotelier zu spielen, bereit, versuchsweise auf dem Monte Verità einzuziehen.

Herr Schmitz war ein liebenswürdiger, fideler Herr, der schon eine bewegte Vergangenheit hinter sich hatte. Er machte einen eigentümlichen individuellen Hotelbetrieb auf. Wer viel Geld hatte, musste viel zahlen, wer wenig Geld hatte, brauchte nur wenig zu zahlen, und wer gar nicht zahlte, zahlte ebensoviel wie Herr Schmitz seinen Lieferanten, nämlich nichts.

Schmitz betrieb eine derartige Misswirtschaft auf dem Monte Verità, dass Oedenkovens Rechtsvertreter ihn zum Verlassen des Grundstücks auffordern musste. Schmitz erklärte die Probezeit für abgelaufen, packte seine Sachen, zog nach Ascona hinunter, wanderte bald darauf aus und wurde Geschirrwäscher in einem großen New Yorker Hotel.

Oedenkoven bat seinen treuen Freund und ehemaligen Mitarbeiter Karl Vester, alle Schlüssel zu übernehmen und den Monte Verità, so gut es eben gehen mochte, zu verwalten. Vester erklärte sich bereit, das Grundstück nach Möglichkeit zu überwachen und Oedenkoven bei allen vorkommenden Gelegenheiten zu vertreten. Ein Rechtsanwalt aus Lugano erhielt den Auftrag, den Monte Verità mitsamt Gebäuden und Inventar im Ganzen zu verkaufen.

Der verlassene Berg

Nun war der Berg der Wahrheit öde und verlassen. Der Ruf nach Wahrheit war verstummt. Nur die Natur ruhte nicht. Die üppige, fast tropische Pflanzenwelt, dichtes Unkraut und wirre Schlinggewächse wucherten aus dem riesigen Grundstück hervor.

Hütten wurden morsch, verloren die Ziegel und neigten sich langsam zur Seite. Der Regen fraß sich durch die Dächer der Gebäude. Selbst das Privathaus, das Hotel und das Restaurant hielten nicht stand. Die Bretter der Luftbadumzäunung lockerten sich, faulten und wanderten schließlich nach und nach in die Kamine der Tessiner. Es gab keinen Unterschied mehr zwischen Wegen, Wiesen und Gartenland.

Für die Anhänger der naturgemäßen Lebensweise, für die grollenden Weltverbesserer, für die Künstler aller Gattungen, für die begeisterungsfähigen Vergnügungsreisenden, für die jungen Tessiner und für die vielen, die so gern den Hügel hinaufgepilgert waren, um dort einen Fiasco Chianti oder den Nachmittagskaffee zu trinken, für sie alle gab es nun nur noch ein halbes Ascona – denn es gab keinen Monte Verità mehr.

Dichter schrieben über Ascona mit der melancholischen Liebe, die man bei Nekrologen aufwendet. Oder sie suchten durch kleine Scherze über ihre Wehmut hinwegzukommen. Schulenburg verfasste einen langen Artikel, in dem es hieß:

«Es gibt Orte in der Welt, die in unserem Gefühl architektonisch feststehen; Orte, die man sich ohne ihre Architektur nicht denken kann. Kann man sich vorstellen, dass auf den Felsen von Athen einmal die Akropolis nicht gestanden hat, dass Pompeji ein kahler Fleck war, dass die Pyramiden sich nicht an den Ufern des Nils erhoben? Hier in Ascona müsste man sich sein Gehirn zerquälen, um sich vorstellen zu können, dass irgendwo breite Hotels ständen mit Terrassen, kahlen und nützlich möblierten Zimmern, diplomatischen Oberkellnern und Liftboys. Man liebt die Farbe der Dächer, die unsagbar historisch wirken, weil ihre Buntfarbigkeit erzählt von hunderttausend Sonnen, die über sie hinweggestrichen sind, und von ganz zarten Regenschauern, die diese Sonnenhitze kühlten. Man liebt diese Berge, die Individuen werden, die alle merkwürdige Physiognomien haben; die aussehen wie Brüste der Venus von Melos, wie Leintücher, wie Elefantenfüße oder wie ein süßer Kirschblütenzauber von Japan. Man liebt im voraus die Sensationen, die sich bieten werden, wenn man irgendeinen der zerrissenen Felswege hinaufgeht, wenn man durch ein einsames Tal wandert oder sich auf einen bunten Felsen setzt. Man liebt diese Sicherheit, mit der alles das eintreten muss; Ascona kann nicht enttäuschen. Tausende haben es vor uns geliebt, lustige Narren, Geisterbeschwörer, Naturmenschen, Anthroposophen, Pessi-, Opti- und andere Misten; Männer mit nackten Knien und Gemüsefanatismus, Frauen in Lodenkleidern mit Männerfanatismus; alle geladen mit der Hoffnung auf Katastrophen über dem goldbeglänzten Lago Maggiore. – Eine Akropolis ihres Geistes hatten sie sich gebaut: den Monte Verità, den sie zum Monte Varieté machten. Unter ihrer Herrschaft roch es mitternächtlich an verlassenen Kapellen nach Weihrauch; vor geheimnisvollen Waldkirchen musste man ein Pentagramm schlagen, und man musste meditieren im Schatten einer Palme, die senkrecht über der ewigen Bläue lag. Edelkommunisten wollten den Boden gemeinsam bearbeiten, bis sie feststellten, dass das Terrain, das sie erworben hatten, aus einer zwei Finger breiten Erdschicht bestand, unter der dann der Fels sich bis zum Erdmittelpunkt fortsetzte.

So mußte alles das, was werden wollte, bald wieder zerstieben. Aber Atmosphäre blieb; seltsam, heiß, geheimnisvoll und aufreizend. Zunächst kamen die Maler. Sie malten das Land am Lago Maggiore auf Raubbau ab. Unendlich viel Leinwand ging für die Hemdenindustrie unwiderruflich verloren. Immerhin wird manches ein Eckstein in der Entwicklungsgeschichte unserer Zeit bleiben. Dichter kamen und schrieben Werke, an deren epochemachenden Erfolg nur die Bestien von Verlegern zweifelten. So lasen denn die Dichter ihre Werke ihren Freunden vor, und auch durch diese Tatsache kam in das Dörfchen und auf den Monte Verità irgend etwas von einem neuen Gemeinschaftsgeist, der sich irgendwo verwurzelte und blieb.

Dann zerfiel der Monte Verità. Es war zauberhaft schön. Von gebrochenen Weinhölzern hingen die Reben in schweren Trauben herab; Bambus wucherte um zerbröckelte Zementwannen des Luftbades; der Holzzaun des Herrenbades wurde im milden Winter von feuerbedürftigen Eingeborenen verheizt. Und die üppige Natur machte den Berg zum Schauplatz eines Märchens.»

Karl Vester, der von eigenen Arbeiten stark in Anspruch genommen war, übte die Aufsicht über das preisgegebene Gebiet so gewissenhaft aus, wie es unter den gegebenen Umständen möglich war. Eine dauernde und lückenlose Kontrolle war an und für sich ausgeschlossen; das Grundstück war viel zu groß und unübersichtlich. Es ließ sich nicht verhindern, dass sich das Inventar im Laufe der Zeit verminderte. Wer gerade unbedingt irgend etwas nötig hatte, begab sich auf den Monte Verità und holte sich die Kleinigkeit. Das sollte kein Diebstahl sein. Es war zwar keine juristische, aber eine naturgemäße Konsequenz. Was so lange herrenlos war und zum Teil verdarb, verkam und verfiel, das wurde schließlich Freigut und als solches behandelt. Niemandem fiel es ein, unmäßig zu räubern und sich großartig zu bereichern. Man nahm nur, was man brauchte. Allerdings musste zuweilen auf die verschlossenen Fenster oder Türen ein leichter Druck ausgeübt werden. Honni soit qui mal y pense.

Vester unterrichtete Oedenkoven von allen Vorkommnissen. Wegen der kaum wahrnehmbaren, aber stetigen allmählichen Abnahme der beweglichen Habe wurde es ratsam, den Berg bewohnt erscheinen zu lassen; das Privateigentum musste irgendwie dokumentiert werden.

Vester vermietete also jetzt an vereinzelte Interessenten zu ganz niedrigen Sätzen Chalets oder Zimmer im Hotel. Die Mieter suchten sich Betten, Decken und Geschirr aus den Beständen aus und fühlten sich wie der Herrgott in Frankreich.

Durchziehende Wandervögel wurden gegen geringes Entgelt auf Matratzen oder Strohlagern im Privathaus untergebracht. Der Schweizer Maler Paul Camenisch hatte sein Atelier im Hotel aufgeschlagen und die Wände mit phantastischen bunten Architekturzeichnungen tapeziert. Eine rosige, rundliche Dame hatte eine Lufthütte für einige Franken im Monat gemietet und damit gleichzeitig das Recht erworben, Pensionäre zu beköstigen. Es war eine überaus tüchtige Frau; sie veranlasste Bekannte und Verwandte, die Ferien in Ascona zu verbringen, und kochte in primitiver Weise primitive Speisen auf einem offenen Feuer im Freien vor dem Hause. Im Restaurant hauste wie eine Spukgestalt ein gehirnkranker Maler. Er herrschte in den Sälen wie ein König, schuf gewaltige Meisterwerke, die er an die Wände spannte, und redete endlos mit sich selbst. Gingen dem armen Teufel die Leinwandfetzen aus, so klebte er Papierbogen oder Zeitungen zusammen und bedeckte sie mit seinen teils süßlichkitschigen Figuren, teils unbegreiflichen Kleckserereien. Außerdem nahmen einige Landstreicher und Obdachlose die Unterkunftsmöglichkeiten des gastfreundlichen Berges heimlich in Anspruch.

Die zweite Gründung

In Deutschland hatten Krieg, Niederlage und Nachkriegszeit an den Nerven der Menschen gefressen. Das Fieber hatte seinen Höhepunkt erreicht; es tobte die Inflation.

In Berlin, dem Zentrum der Not, saßen Mitte August sieben deutschlandmüde Menschen beisammen. Sie rebellierten gegen die Misere, gegen die Hast, gegen den Zynismus der Dollarjagd, gegen das Absterben der Seele. Sie wollten sich von der harten Gegenwart nicht unterkriegen lassen. Es schien ihnen, als kämpfte ihre Sehnsucht für eine bessere Zukunft.

Wie einst im Herbst 1900 vier Männer und drei Frauen in der Wohnung von Ida Hofmanns Eltern Rat hielten, so waren auch jetzt wieder vier Männer und drei Frauen versammelt, die einig waren in der Empörung gegen tausendfältige Ketten.

Der Inhaber der Wohnung war der Verlagsbuchhändler Werner Ackermann. Seine Geschäfte empfand er als Hindernis und Belastung. Er war an drei Buchhandelsfirmen beteiligt und konnte bei Ausscheiden mit einem gewissen Betrag rechnen. Die Spekulationen, zu denen die Inflation zwang, hatten keinen Reiz mehr für ihn. Seine Frau war bereit, jedes Los mit ihm zu teilen.

Der Maler Hugo Wilkens und seine Frau waren von ähnlichen Gefühlen beseelt. Als die wirtschaftliche Lage immer ungünstiger wurde, hatte er seine Freiheit aufgeben müssen und eine Stellung als Graphiker im künstlerischen Büro des Scherl-Verlags angenommen. Da er sich aber dort auf die Dauer nicht wohl fühlte, wechselte er zu Ullstein. Aber auch bei Ullstein kam sich der Künstler vor wie ein Vogel im Käfig. Er wollte fort.

Auch das Ehepaar Bethke, Kunstgewerbler, hatte die ewige Unsicherheit satt. Das Verdienen – er arbeitete in einem Büro als Maschinenzeichner – wurde immer problematischer. Der siebente war der Schriftsteller Eugen Georg. Sein soeben vollendetes Epos «Die Götter der Tolteken» sollte im Verlag Morawe & Scheffelt, dessen Mitinhaber Ackermann war, herauskommen. Die Vorschüsse flossen spärlich. Georg war Spiritist, sehr gescheit, sehr gelehrt. Seine Bibliothek drohte sein Ich zu verdrängen. Er war ohne Selbstvertrauen und bat die übrigen flehentlich, ihn mitzunehmen, wenn sie wirklich losziehen sollten. Was er einzusetzen habe? Seine Bibliothek und Geist! Hatten sie nicht alle schon selbst zu viel davon? Und wer kauft teure Bücher? Georg beteuerte, er sei bereit, auch mit Armen und Beinen zu arbeiten – ganz egal, was. Die Verhältnisse waren auf einmal so ungünstig geworden, dass in allen nur noch die Absicht Raum hatte: Hinaus aus Berlin hinaus aus diesem Leben – hinaus um jeden Preis! Aber das wichtige «Wie» ging in Phantastereien und Witzen unter. Die kleine Gruppe löste sich auf, ohne eine Entscheidung getroffen zu haben.

Ackermann fasste den Entschluss, loszufahren. Aufs Geratewohl. Nach Oberitalien. Irgendwohin, wo es Sonne und Frieden gab. In einer idyllischen Einsamkeit wollte er ein Häuschen erwerben. Irgendwie würde und müsste es gehen. Vielleicht ließ sich aus den Erträgnissen eines Gartens ganz bescheiden leben. Oder vielleicht bot sich dort unten im Süden sonst etwas – irgendeine Gelegenheit, von der man hier nichts ahnte.

Diese Entschlossenheit entzündete in Wilkens Begeisterung und den Willen, sich anzuschließen. Auch die beiden Frauen atmeten auf. Wilkens hielt es für ratsamer, sich eine Heimstätte in der neutralen Schweiz zu suchen. Das Tessin schien das geeignete Land zu sein. Die Landkarte wurde studiert.

Es wurde beschlossen, dass die Männer so bald wie möglich losfahren sollten, um den neuen Wohnsitz ausfindig zu machen.

Ackermann erinnerte sich, dass einer seiner Freunde, der Historiker Dr. Weilemann, ein ausgezeichneter Tessinkenner war. Er ging zu ihm und ließ sich über den Südschweizer Kanton genau informieren. Am ehesten schien das Gebiet am Luganer See in Betracht zu kommen.

Es dauerte fast acht Tage, bis die Pässe und die Ausreiseerlaubnis des Finanzamtes besorgt waren.

Auf einmal gab es nichts Wichtigeres mehr als diese Reise. Ackermann konnte nicht abwarten, bis sein Teilhaber, der für ein paar Wochen abwesend war, zurückkam. Er vertraute den Verlag der Obhut des Personals an, ließ alle Arbeit im Stich und machte einen dicken Strich unter seine Berliner Buchhändlerzeit.

Wilkens hatte von Ullstein einen dringenden Urlaub «in Erbschaftsangelegenheiten» erbeten und erhalten.

Am 1. September 1923 fuhren die beiden los.

Als der Zug in Halle an der Saale einlief, erblickte Ackermann auf dem Bahnsteig eine Bekannte, die mit einigen schnellen Worten eingeweiht wurde. «Aber ihr gehört doch nach Ascona!» rief sie – und schon setzte sich der Zug wieder in Bewegung. Es war Margarethe Fellerer gewesen, eine Photographin, die noch das alte Ascona gut gekannt hatte.

In Zürich machten die beiden Männer Station. Sie übernachteten bei einer befreundeten Professorenfamilie von Frau Ackermann.

Am nächsten Tag lernten sie eine Freundin der Familie kennen, eine muntere Professorenwitwe, Ungarin von Geburt, genannt «die Illus». Die unabhängige, temperamentvolle Dame war ohne langes Besinnen bereit, als Führerin und Dolmetscherin mit ins Tessin hinunterzufahren.

Wieder tauchte der Name Ascona auf: «Ascona, das ist das Richtige für euch!» meinte die Illus und schwärmte von dem eigenartigen Künstlernest. Sie schlug vor, auf jeden Fall zunächst einmal Ascona als Reiseziel zu wählen. Schon jetzt begann sich in den beiden Freunden die Überzeugung festzusetzen, dass Ascona der schönste Ort der Welt sei.

Die drei Touristen kamen am Frühabend in Locarno an und pilgerten, da sie die wunderbar milde Luft genießen wollten, zu Fuß nach Ascona.

Die Illus war nicht nur eine wertvolle Führerin, sondern auch eine fröhliche Begleiterin, die ein wohltuendes Verständnis für die naiven Freudenausbrüche ihrer begeisterten Kameraden zeigte. Aber die Frage der Unterkunft musste gelöst werden.

Deutschland 1923 – Tessin im Herbst: es gab wohl keinen größeren Kontrast! Die Wohnungssucher erholten sich von ihren täglichen Strapazen unter dem tausendjährigen Glyzinienbaum bei «Quattrini», wo es eine rustikale Minestra und ein köstliches Fritto misto gab, oder sie saßen auf der Terrasse des «Elvezia», tranken Asti Spumante und konnten sich vom Anblick des schimmernden Lago Maggiore kaum losreißen. Es gab keinen schöneren Gedanken für sie, als hier zu Hause zu sein.

Aber voller Schrecken vernahmen sie die Preise der in Frage kommenden Grundstücke. Was da gefordert wurde, war in deutschem Geld gar nicht auszurechnen. Auf Anzahlung wollte sich kein Mensch einlassen. So wurde zum Beispiel für die vegetarische Pension «Villa Helios», spätere Casa Cedro, die zeitweise Direktorwohnung auf dem Monte Verità war, rund 100000 Schweizer Franken verlangt. Entgeistert starrten die Papiermarkbesitzer den Pensionsinhaber, der gleichzeitig Zahnarzt war, an. Sie hatten sich einen ehemaligen Naturmenschen anders, weniger geschäftsmäßig, vorgestellt. Man hatte ihnen nämlich erzählt, Dr. Schneider habe früher in einem Wohnzelt gehaust und sich fast nur von Beeren ernährt; nebenbei habe er Zähne gezogen und Bilder von angeblichen Asconeser Höhlenmenschen verkauft. Allerdings soll er sich dann wieder ganz zur Zivilisation hin entwickelt haben; als Übergang galt, dass er Strümpfe zu seinen Sandalen trug. Jetzt war er ehrbarer Pensionsinhaber und Vorsitzender der anthroposophischen Gesellschaft. Als er merkte, dass der Preis den Zuzügern reichlich phantastisch vorkam, beeilte er sich, auf 90 000 Franken hinunterzugehen und einen weiteren Nachlass in Aussicht zu stellen. Es nutzte ihm nichts. Im allgemeinen hörten sich die beiden Käufer die Forderungen mit Fassung und Gleichmut an. Sie brachten es fertig, Zehntausende von Franken als Bagatelle zu behandeln, obwohl jeder von ihnen kaum 10 000 Franken anlegen wollte. Schließlich musste ja auch noch ein kleiner Rest für den Lebensunterhalt in der ersten Zeit übrigbleiben.

Werner Ackermann und Hugo Wilkens konnten sich von Ascona nicht losreißen. Sie hatten nichts gefunden, was sich für ihre Zwecke geeignet hätte. Vier Tage waren sie nun schon da; es wäre Zeit gewesen, weiterzuwandern. Statt dessen saßen sie unentschlossen vor dem Cafe Central beim obligaten Vermouth. Der Maler de Beauclair leistete ihnen Gesellschaft und hatte immer wieder neue Häuser in petto, die «vielleicht zu verkaufen sein würden».

Da kam der Maler Ernst Frick des Weges. Er bot sich an, die beiden Fremden zu Leo Novak, dem ehemaligen österreichischen Leutnant, zu führen. Sie stiegen den Berg hinan und besichtigten das hübsche Grundstück. Der übliche Preis: etwa 70 000 Franken. Die Casa Gerber sollte 60 000 Franken kosten. Aber solche Beträge kamen gar nicht in Frage. Andererseits fand ein Grundstück in Ronco, das nur 16 000 Franken kosten sollte, keinen Beifall.

Auf dem Rückweg gingen sie über den verlassenen Monte Verità, und Frick erzählte mit ein paar Worten, was für eine Bewandtnis es mit diesem Berg hat.

«Zwanzig Jahre lang hat Oedenkoven versucht, Natur und Technik, Natur und Geld, Natur und Menschendasein in Einklang zu bringen. Er hat mit viel Liebe an diesem Grundstück gearbeitet», bemerkte der Asconese. Seinen neuen Bekannten klopfte das Herz. Sie sahen das Privathaus, das Restaurant, das Hotel, die kleinen Hütten, den Wald, die Wiesen – sie blickten über den See nach Italien, spürten den Wind von den Bergen – fühlten die Sonne brennen –.

«Warum – warum kauft es denn niemand?»

«Was sollte man damit anfangen?»

«Ist es – sehr teuer?»

«Absolut nicht. Ungefähr hunderttausend Franken, habe ich gehört. Sprechen Sie doch einmal mit Vester.»

«Hunderttausend ...»

«Ach, es liegen so viele Hypotheken auf dem Grundstück – vielleicht lässt sich da etwas machen. Versuchen Sie es doch!» «Ja natürlich. Wer ist Vester?»

«Ein Freund von Oedenkoven. Er verwaltet den Monte Verità. Lassen Sie sich alles zeigen. Vester tut es gern.»

Ein wenig erschraken die beiden Stadtmenschen, als sie vor Karl Vester standen. Der übriggebliebene Naturmensch trug noch lange Haare, kurze Hosen, Sandalen, hatte ein ausgemergeltes, aber freundliches Gesicht und eine gute, selbstsichere Art zu sprechen. Er war offenbar ein Mensch, der ganz in sich selbst ruhte, ohne jedoch mit dem praktischen Leben in Konflikt zu geraten. Jedenfalls hatte er sich in Ascona halten können, wohingegen nahezu alle seine ehemaligen Gesinnungsgenossen längst davongezogen waren. Er lebte von Gartenbau, Häuservermittlung und gelegentlicher Handwerksarbeit. Sein einziges Handicap war ein Ziegenbock, der einen unerträglichen Gestank verbreitete.

Vester zeigte den Besuchern das gesamte Grundstück und das verwahrloste, aber immer noch reichhaltige Inventar. Die beiden

Männer waren rettungslos verliebt in den Monte Verità. Der Berg nahm Besitz von ihnen, lange ehe sie Besitz von dem Berg genommen hatten.

Der Advokat, der die Liegenschaft für Oedenkoven verkaufen sollte, wohnte in Lugano.

In Lugano gingen sie, ohne den Rucksack abzulegen, zum Büro des Rechtsanwalts. Professor Bertoni, ein würdiger Staatsrat vom Schlage Aristide Briands, empfing sie mit ausgesuchter, etwas routinierter Freundlichkeit. Aber achselzuckend beteuerte er, dass er selbst nichts wisse, denn mit dem Verkauf des Monte Verità befasse sich nur sein Kompagnon und Kollege Dr. Van Aken. Immerhin rückte er im Verlauf der Unterredung mit einigen Anhaltspunkten heraus. Es schwebten noch Verhandlungen mit einer Gesellschaft, die ein Optionsrecht habe. Das Grundstück sei hypothekarisch ziemlich stark belastet. Es sei nicht ausgeschlossen, dass Oedenkoven einen gewissen Betrag auf einige Zeit stehenlassen würde. Eine Bank in Locarno würde vielleicht geneigt sein, ihre Hypothek zu erhöhen. Das waren hoffnungsvolle Worte.

Es entspann sich dann eine lebhafte Diskussion, bei der sich der alte Professor Bertoni als begeisterungsfähiger Idealist entpuppte. Ob Van Aken morgen zu sprechen sein würde, konnte er leider nicht sagen.

Auch am nächsten Tag war Oedenkovens Vertreter nicht da. Die beiden Deutschen ließen sich vertrösten. Dann war er wieder nicht da. Und immer wieder nicht. Es war zum Verzweifeln. Die Illus konnte nicht länger bleiben; sie hatte ein Rendezvous in Österreich.

Ein Tag nach dem andern verstrich. Die Ungewissheit zermürbte die Wartenden. Ihr Glücksgefühl ging unter in Angst um «ihren» Berg, in wachsender Nervosität, in Misstrauen gegen die Advokaten. Der Optionsvertrag mit dem anderen Interessenten peinigte sie, und nachts lag der Monte Verità wie ein Alb auf ihnen.

Sie konnten kaum noch einen vernünftigen Gedanken fassen; immer und immerzu wälzten sie den Berg.

Empört über die dauernde Verschleppung drohten sie Bertoni mit sofortiger Abreise. Auf einmal war wenigstens ein Van Aken père da, der, vollkommen orientiert, sich bereit erklärte, die Verhandlung für seinen Sohn zu führen.

Es kam ein Vorvertrag zustande, der in Kraft treten sollte, wenn die Frist des andern Bewerbers abgelaufen sein würde. Der Kaufpreis war auf 105 000 Franken festgesetzt. Die Locarneser Bank erklärte sich telephonisch einverstanden, die Hypotheken stehen zu lassen und unter gewissen Bedingungen noch zu erhöhen.

Von hoffnungsvollen und mutlosen Stimmungen hin und her gezerrt, traten die Freunde die Rückreise an. In Zürich berieten sie gemeinsam mit dem gastfreien Professor, welche Schritte weiter zu unternehmen seien. Es ergab sich, dass der gewandte und repräsentative Staatsbeamte beauftragt wurde, als Bevollmächtigter den ganzen Kauf in Ordnung zu bringen. Als Entschädigung für seine Bemühungen beanspruchte er ein Vermögen – 10 000 Franken. Es blieb nichts anderes übrig, als ihm die Summe zu bewilligen.

Der Professor fuhr nach Lugano. Ackermann und Wilkens eilten nach Berlin. Über vierzehn Tage waren sie fort gewesen.

Zwei unerquickliche Wochen folgten. Es erwies sich als unmöglich, Geld für den Kauf des Berges aufzutreiben. Die Berichte des Bevollmächtigten waren alles andere als rosig. Die Widerstände häuften sich. Die Hypothekenregelung machte große Schwierigkeiten. Wenn auch der Professor unglaublich geschickt war, so schien er doch die Tessiner Advokaten zu unterschätzen.

Obwohl die zuerst aufgetretenen Bewerber kaum ernsthafte Absichten hatten, war der Optionsvertrag das größte Hindernis für einen sofortigen Abschluss. Allerdings war Van Aken nur bei einem Kaufbetrag bis zu 105 000 Franken an die Abmachung gebunden. Der Zürcher Professor, der natürlich keine größere Summe bewilligen wollte und konnte, machte nun den schlauen Vorschlag, das Objekt mit 110 000 Franken anzusetzen, wovon ihm aber 5000 Franken als Provision zugebilligt werden sollten. Wenn er dann von seinen Auftraggebern auch noch 5000 Franken bekam, so hatte er die ausbedungenen 10 000 Franken eingeheimst, ohne daß der Monte Verità mehr gekostet hätte als die vorgesehenen 105 000 Franken zuzüglich 10 000 Franken Vermittlungsgebühr. Diese Lösung wurde akzeptiert. Nun fehlte noch das Einverständnis der verschiedenen Hypothekeninhaber. Nur die Bank hatte sich bisher gefügig gezeigt; jedoch stellte sie die Bedingung, dass noch mindestens 30 000 Franken in das Grundstück hineingesteckt würden.

Wilkens wandte sich an einen wohlhabenden Freund, einen Lederwarenfabrikanten in Sachsen, und fragte an, ob er Lust habe, sich an dem zukünftigen Unternehmen zu beteiligen. Ackermann richtete den gleichen Vorschlag an seinen Schwager William Werner, der in Baden auf einem Obstgut saß.

M. Bethke und H. Wilkens verkauften ihre Wohnungen und Möbel. Ackermann verhandelte mit seinem Teilhaber über den Austritt. Die Geschäftslage war im Augenblick besonders unsicher und ungünstig. Schließlich trat er alle Rechte an den gemeinsamen Firmen gegen eine annehmbare Summe in Schweizerfranken ab; allerdings war erst ein kleinerer Teil davon flüssig.
Die rapide Inflationsbewegung machte alle Verkäufe, die gegen Geld in deutscher Währung getätigt wurden, illusorisch.

Die Ungeduld wuchs. Schließlich hielten Ackermanns die ewige Warterei nicht mehr aus. Sie beschlossen, auch ohne definitive Entscheidung nach Ascona zu fahren. Sie verschleuderten alles, was sie nicht mitnehmen wollten, packten hastig eine Anzahl Kisten und beauftragten einen Spediteur mit dem Transport.

Stunden vor der Abreise traf ein Telegramm des Professors ein. Der Kauf war abgeschlossen!

Bethke und Wilkens kündigten ihre Stellungen und verkauften den Rest ihrer Habe. Familie Ackermann fuhr nach Ascona. Am 1. Oktober traf sie dort ein.

Ascona horchte auf. Monte Verità verkauft? Jeder war neugierig, was für ein neues Leben sich dort entwickeln würde. Vor allem die Geschäftsleute spitzten die Ohren.

Ackermanns quartierten sich im Hotel ein und nahmen Besitz vom Monte Verità. Eine Anzahl Wohnungen waren besetzt. Die Aufforderung zur Räumung stieß auf Widerstand. Erst allmählich begriffen die Leute, dass der herrenlose Zustand zu Ende war.

Acht Tage später langte eine Karawane an: Wilkens mit einem Kind, Bethkes mit zwei Kindern, der Professor mit dem Ackermannschen Kind. Wie eine Auswandererkolonne standen sie mit ihrem Handgepäck beim Postauto.

Kaum waren die Neuankömmlinge oben auf dem Berg angelangt, da berief der Professor eine Konferenz ein. Er erstattete Bericht. Dann erkundigte er sich nach den verfügbaren Kapitalien.

Das deutsche Geld hatte sich in den letzten Wochen so stark entwertet, dass die Umfrage durchaus negativ verlief. Es war ein peinlicher Augenblick. Der Professor war empört und machte ernste Vorhaltungen. Es stellte sich zu allem Überfluss noch ein höchst unangenehmes Missverständnis heraus: Die Zusage des Professors, dem Unternehmen 10000 Franken zu leihen, bezog sich nicht auf Geld, das nun zur Verfügung stand, sondern auf die Provision, die eigentlich sofort fällig sein sollte.

Es fehlte sogar das Geld für die Handänderungsgebühren. Erst als sich Ackermann telegraphisch 2000 Franken vom Zürcher Anwalt seiner früheren Firma überweisen ließ, beruhigten sich die Gemüter. Nun konnten wenigstens die Gebühren und die ersten Kosten für die Lebenshaltung gedeckt werden.

Endlich wurde der Kauf auch den Behörden gegenüber perfekt. Aber erst gegen Mitte November gelang es, die Hypothekenangelegenheiten ganz in Ordnung zu bringen. Ackermann und Wilkens waren als Besitzer eingetragen. Bethke hatte sich bereit erklärt, die Führung des Restaurants zu übernehmen.

Eine erfreuliche Nachricht war von Ackermanns Schwager eingetroffen. William Werner war einverstanden, in das Unternehmen einzutreten. Er kam nach Ascona und war entzückt von dem prachtvollen Besitz.

Werner wurde als gleichberechtigter Teilhaber aufgenommen und verpflichtete sich dafür, die Finanzierung auf sich zu nehmen. Er war wie Oedenkoven gebürtiger Antwerpener; seine belgischen Verwandten gehörten zu den reichsten Kaufleuten von Antwerpen.

Da Werner der Geldgeber und ehemaliger Kaufmann war, erhielt er das kaufmännische Ressort; die organisatorische und propagandistische Leitung übernahm Ackermann; der gärtnerisch interessierte Wilkens bekam die Herrschaft über den Park; Bethke wurde Direktor des Restaurants. So hatte jeder seine Kompetenz, aber Fachmann war keiner auf seinem Gebiet.

Nach ein paar Wochen traf Frau Werner mit ihren vier Kindern, einem Kinderfräulein und einem Dienstmädchen ein. Der großen Familie wurde das Oedenkovensche Privathaus überlassen. Familie Wilkens bezog das Steinhaus am Nordende des Parkes. Familie Ackermann richtete sich im Chalet gegenüber dem Hotel ein. Familie Bethke fand im Grenzhaus, der früheren Cooperativa, Unterkunft.

Kaum war Werner als Teilhaber aufgenommen, da meldete sich auch der sächsische Lederwarenfabrikant. Er war gleichfalls bereit, als Geldgeber in das Unternehmen einzutreten. Er kam eines Tages mit seiner Gattin an, trug ein Tirolerkostüm, besichtigte voller Begeisterung das Objekt und war untröstlich, dass ihm der Belgier zuvorgekommen war.

Ein modernes Märchen will Regie

Nun wurden hochfliegende Pläne gemacht. Aber es war schwer, Ordnung in die vielfältige Arbeit zu bringen. Statt die Aufsicht über die Gärtner und Handwerker zu führen, stellte Wilkens sich selbst hin und fällte Bäume. Statt zu kalkulieren, erteilte Werner Aufträge und Bestellungen. Statt sich einen Überblick zu verschaffen, Offerten abzuwägen und die Arbeiten einzuteilen, ließ Ackermann wahllos Reparaturen vornehmen. Statt sich praktische Kenntnisse im Restaurationswesen anzueignen, vertraute Bethke die Küche dem Personal an und stellte sich überall, wo gerade irgendeine Kraft gebraucht wurde, zur Verfügung. Alle meinten es gut und waren von größtem Eifer beseelt.

Es herrschte ein wildes Durcheinander. Aber es kam doch ein Aufbau zustande. Zusehends wuchs aus dem Chaos ein neuer, schmucker Betrieb.

Vor allem sollte der Monte Verità bunt und fröhlich werden. Ackermann wandte sich an Professor César Klein und bat ihn, die Bemalung der Hotelfassade zu übernehmen. Klein sagte zwar zu, lehnte es jedoch ab, den Winter im schlecht «geheizten» Süden zu verbringen. Da im Frühjahr die Renovation beendet sein sollte, mußte auf die künstlerische Bemalung des Hotels verzichtet werden. Auch auf die Anfrage bei Professor Max Pechstein, ob er das Restaurant und ein paar Holzhäuser ausmalen wolle, kam zustimmender Bescheid. Aber daraus wurde ebenfalls nichts. So entschloss sich Wilkens, selbst den Pinsel zu schwingen. Er machte expressionistische Entwürfe, die allgemeinen Beifall fanden. Er malte den Hauptsaal des Restaurants mit zarten grünen Kreisen, Parabeln, Pyramiden, Spitzen und interessanten Schattierungen aus. Den kleinen Nebenraum übernahm Bethke, der eine eindrucksvolle Symphonie in kräftigen roten und gelben Tönen schuf. Die Wände des größeren Nebenraums wurden in lauter bunte, unregelmäßige geometrische Figuren aufgeteilt, und jeder, dem es Spaß machte, konnte sich an der kindlichen Malerei beteiligen. Ackermann machte aus seiner Hauswand ein futuristisches Bild.

Das Chalet gegenüber dem Restaurant bekam das Aussehen einer Negerhütte. Darin wurde eine Kunstausstellung untergebracht. Alle Asconeser Maler wurden gebeten, leihweise Bilder zur Verfügung zu stellen. Gern wurde diese Gelegenheit, mit einigen Werken an die Öffentlichkeit zu treten, von den Künstlern aufgegriffen.

Professionelle Maler strichen Gartenmöbel, Fenster und Türen an. Schreiner reparierten durchgefaulte Fußböden, zerbrochene Fensterkreuze, eingefallene Dachstühle; Klempner setzten schadhafte Wasserleitungen instand. Schlosser, Elektriker, Installateure und Gartenarbeiter fanden Arbeit ohne Ende – der Monte Verità war wieder ein Dorado für Handwerker und Unternehmer.

Um störende Besuche von Neugierigen zu verhindern, war das ganze Grundstück gesperrt worden. Nur Bevorzugten wurde der Zutritt gestattet. Erwartungsvoll hörte Ascona von den Vorbereitungen und harrte ungeduldig großer Dinge. Es war den Asconesern selbstverständlich, daß auf dem Monte Verità wieder etwas ganz Besonderes geschehen würde.

Der Zoologe Karl Soffel, der die kostspielige Renovation aus nächster Nähe beobachten konnte, behauptete, der Biologie des neuen Unternehmens bis auf den Grund zu sehen; er prophezeite den Zusammenbruch nach Ablauf eines Jahres. Werner lachte ihn aus; seine Verwandten in Antwerpen hatten ihm ihre finanzielle Hilfe zugesagt.

«So viel Geld, wie der Monte Verità verschlingen kann, gibt es gar nicht», versicherte der ewige Skeptiker.

Werner von der Schulenburg, der damals gerade seine Erzählung «Briefe vom Roccolo» beendet hatte, fügte in das letzte Kapitel einige Anspielungen auf die neue Asconeser Sensation ein. An einer Stelle hieß es:

«Der Doktor winkte von ferne: ‹Waren Sie schon auf dem Monte Verità? Nicht? Dann wirds aber Zeit. Neues Leben blüht aus den Ruinen. Drei junge Kerls sind da eingezogen mit jungen Weibern und kleinen Kindern. Das bringt Leben in die Bude ... Ein Künstlerheim ... Aufenthalt für feine Geister ... Sehen Sie sich das mal an.› – Ich schüttelte den Kopf. ‹Ich will Ruhe haben!› – Aber der Doktor ließ nicht locker, bis ich ihm versprach, einmal hinaufzugehen.»

In den «Tessiner Blättern» erzählte Schulenburg:

«Ein modernes Märchen kann sich um die Organisation nicht herumdrücken. Ein modernes Märchen will Regie, will ein ganz wenig Komfort und ist nicht böse, wenn es auch etwas mehr Komfort wird. Aber dann kamen drei ... Als der letzte Schnee die Berggipfel überpuderte, stieg der Verdacht auf, dass die neuen Herren des Berges doch irgendwo eine Prinzessin gefunden haben müssten, denn es begann wirklich die Entzauberung. Zerfallene Hütten wurden gerüstet, Häuser keck bemalt, wirklich heile Teller angeschafft und ein Telephon angelegt. Es wurde gerodet, es wurde Ordnung geschaffen, und ein neuer Glanz trat auf, anders als der alte; das moderne Märchen begann mit Organisation. Es wurde bunt. Der König Chulalonkorn von Siam, Tipputipp aus Afrika und Ramses II. schickten die Pläne zur Bemalung. Man ließ jedem dieser Herren sein Recht, wie man überhaupt jedem sein Recht lässt. Hier wird jeder Kanarienvogel, jedes Individuum gefüttert und gehegt; darin ist es wirklich fast wie früher. Die kleinen, bunten Chalets stehen für neue Gäste offen, Gäste, die nichts wollen, und Gäste, die alles wollen. Auch eine Kunstausstellung ist da. Und der Lago Maggiore ist ebenso schön wie zu Zeiten der Höhen- und Höhlenmenschen. Die Palmen klappern ebenso wie damals, und die Blumen blühen ebenso verschwenderisch wie in den Zeiten, die verschwunden sind.

Über Ascona liegt die alte Akropolis, aber sie ist neu gebaut, wie damals nach den Perserkriegen die Akropolis von Athen neu gebaut wurde. Die Akropolis von Ascona hat alle Vorzüge der weltberühmten Ruheplätze, aber nicht deren Nachteile. Man wird nicht moralisch erwürgt durch Zwang, und der edelste Teil des menschlichen Körpers, die Geldbörse, wird geschont. Ist das nicht wirklich ein Märchen?

Die, die Ascona lieben, hoffen auf Menschen, die ihnen Neues bringen. Sie wissen, dass der alte Geist des Ortes, der Geist des Uranus, unzerstörbar ist, dass aber die Erscheinungen wechseln mußten, bis endlich die Stetigkeit gefunden wurde, die aktiv wirksam in das Leben der Zeit eingreifen kann. – Die neue Zeit verlangt eine neue Synthese: die von Organisation und Individualismus. Es scheint, als ob sie hier gefunden wurde. Der See rauscht sein ewiges Märchen weiter und lächelt dem neuen Märchen auf dem Gipfel über Ascona zu.»

Mit einiger Aufregung sah man dem Tag entgegen, wo der Monte Verità für die Allgemeinheit freigegeben werden sollte. Es gab alle Hände voll zu tun. Personal für Hotel, Küche und Restaurant wurde engagiert; neue Bestecke wurden angeschafft; was an Betten, Matratzen, Kissen, Decken, Vorhängen und Gardinen fehlte, wurde eingekauft; Prospekte in deutscher, französischer, englischer, italienischer und holländischer Sprache, ferner Speisekarten, Kofferzettel und Ansichtskarten wurden bei einer graphischen Kunstanstalt in Auftrag gegeben. Wilkens entwarf Signete, von denen das blaurote – Blau und Rot sind die Farben des Kantons Tessin – mit der Palme und dem Berg, das noch heute das Wahrzeichen des Monte Verità ist, ausgewählt wurde.

Ende Januar kamen die Kisten mit dem Porzellan an. Große Aufregung: in dem Signet fehlte auf dem A von Verità der Accent grave! Erregte Telephongespräche mit dem Lieferanten in Lugano und der Langenthaler Fabrik. Dann wurde die ganze Sendung wieder in die Kisten verpackt und zurückgeschickt. Am 31. Januar traf das Porzellan abermals ein und erlöste die neuen Hoteliers aus der Angst, am nächsten Tag keinen einzigen Teller für die Gäste zu haben. Sämtliche Schüsseln, Teller, Tassen, Platten hatten nochmals gebrannt werden müssen. Aber der Akzent war da.

Am 1. Februar 1924 fand die offizielle Eröffnung statt. Die Presse von Locarno und Bellinzona war zu einem Gabel-Frühstück eingeladen. Es gab vor allem Mayonnaisegerichte und spritzigen Nebbiolo; Werner hatte seine eigenen feinschmeckerischen Neigungen berücksichtigt und dafür gesorgt, dass auf der ständigen Speisekarte «Le coin du gourmet» figurierte. In der Speisekammer lagen erhebliche Vorräte an Kaviar, Hummer und Gänseleberpastete. Die Gäste würdigten das Gebotene und waren in ausgezeichneter Stimmung. Da Werner am besten Italienisch gelernt hatte, war er dazu auserkoren worden, eine auswendig gelernte Rede zu halten. Er löste diese Aufgabe, indem er der Hoffnung auf eine neue Blütezeit des Monte Verità feierlichen Ausdruck verlieh.

Eine kostspielige Musikkapelle war verpflichtet worden; sie konzertierte bis zum späten Abend. Selbstverständlich gab es ein vornehm gedrucktes Programm.

Um zwei Uhr wurde das festlich hergerichtete Restaurant für das Publikum geöffnet. Ein endloser Menschenstrom ergoss sich über das Grundstück, füllte die Restaurationsräume, besichtigte die Gemäldeausstellung, nahm an den Tischen auf der großen Wiese Platz.

Am nächsten Tag erschienen lange Berichte in den Zeitungen. Mit liebenswürdigen Worten wurde dem wiedererstandenen Monte Verità Glück gewünscht.

Die ersten Gäste trafen ein. Eine Dame mit Kind; ein Berliner Arzt; ein Charlottenburger Literat.

Der Literat schmunzelte, als er das Restaurant sah:

«Aha! Der Expressionismus ist also doch nicht tot. Hier in diesen Winkel hat er sich zurückgezogen.»

Sein Freund stand ihm an gutmütigem Spott nicht nach. Die neuen Besitzer verbrachten häufig die Abende in Ascona. Als eines Nachts die Wilkens, die Bethkes, die Ackermanns nacheinander heimgekommen waren und schließlich auch Werners auf dem Berg anlangten, klang aus einem Hotelfenster heraus die Stimme des Herrn Doktor:

«Jetzt kommt der letzte Wirt nach Haus!»

Das Wort war geprägt und wurde gern zitiert. Aber es verlor bald seine Gültigkeit. Es kamen so viele Gäste, dass der Platz bald nicht mehr ausreichte. In alle Welt waren die bunten, von Wilkens reich illustrierten Prospekte gegangen und hatten für Ascona und seine Collina geworben. Der Text, den Bethke verfasst hatte, war schwungvoll; erst die letzte Seite brachte den sachlichen Teil: «Preise sind sehr mäßig. Besonders im Hinblick auf die Güte des Gebotenen.

Wohnung: Im Hotel, Fr. 3.– bis 5.– pro Bett; in den Chalets, Fr. 1.50 bis Fr. 3.50 pro Bett.

(Der Preis der Chaletzimmer versteht sich ohne Bedienung. Wird solche gewünscht, so ist ein zu vereinbarender kleiner Zuschlag zu zahlen.)

Für das Einstellen eines Kinderbettes werden 50% des Bettpreises für Erwachsene berechnet.

Für Licht werden 25 Cts., für Heizung 50 Cts. extra erhoben.

Ermäßigungen: 1 Woche 10%, 1 Monat 20%, 3 Monate ⅓, 6 Monate und mehr 50%.

Restaurant: Frühstück Fr. 1.50, Mittagessen Fr. 3.50, Abendessen Fr. 3.50.

Und à la carte. – Ermäßigungen: 10 Mahlzeiten (Mittag- oder Abendessen) Fr. 30.–. Pension (3 Mahlzeiten) für 7 Tage Fr. 45.–. Für Ermäßigungen werden Abonnementshefte, die 14 Tage gültig sind, ausgegeben. Auch an Gäste, die nicht auf Monte Verità wohnen.

Das Verkaufshaus bietet neben der Kurkleidung: Gebrauchsgegenstände aller Art. Auch Süßigkeiten, Zigaretten und Postkarten. Zahlungen im Voraus. Nachträglich sich ergebende Ermäßigungen werden vergütet.

Es wird empfohlen, Anmeldungen frühzeitig im Voraus ‹An die Direktion Monte Verità, Ascona, Tessin (Schweiz)› zu richten. Telegrammadresse: Monteverità Ascona. Telephon: Locarno 385. – Auf Wunsch Abholung. – Der Tag der Ankunft wird voll, der Tag der Abreise wird nicht berechnet.

Geisteskranke, Tuberkulöse, Epileptiker sind von der Aufnahme ausgeschlossen. –

Frei von konventionellem Zwang und Weltanschanungsdoktrinen, wird jeder, der Monte Verità aufsucht, neue Harmonie der Seele und des Körpers finden. Monte Verità wird ihm Erleben werden, das fortzeugend weitere Kreise zieht. Nochmals:

Monte Verità blüht wieder und erwartet seine Gäste!»

Für den Karneval wurde das erste große Künstlerfest auf dem Monte Verità vorbereitet. Es hieß «Unter der blauen Sonne». Wilkens war der Arrangeur, die anderen unterstützten ihn. Wer von den Asconeser Künstlern Lust hatte, stellte sich als Hilfskraft zur Verfügung. Unermüdlich wurde an der Dekoration und den sonstigen Vorbereitungen gearbeitet. Der ganze Saal wurde mit Papier bespannt, mit den lustigsten Szenen bemalt. Eine riesige blaue Sonne, die an der Decke befestigt und von innen beleuchtet war, beherrschte den Raum. Im Souterrain wurde eine Apotheke mit vielerlei alkoholischen Arzneien eingerichtet. Für eine Lotterie wurden großartige Preise, die von den Familien gestiftet waren, aufgebaut. Das Fest dauerte nahezu ununterbrochen von Samstag abend bis Mittwoch früh. Viele hundert Menschen nahmen daran teil. Nicht nur in Ascona und Locarno, sondern bis nach Zürich und Basel war dieses Fest Tagesgespräch.

Zwischendurch wurde auch unten im Dorf gefeiert. Karneval war neben dem «San Guiseppe» das schönste Volksfest im Tessin und speziell in Ascona. Die Nächte hindurch wurde in allen, auch den kleinsten Lokalen getanzt. Am Karnevalsdienstag fand zuerst eine der feierlichen, rührend primitiven Prozessionen statt. Dann begann auf der Piazza eine übermütige Maskerade. Es gab viel Musik, eine sehr beliebte Tombola, Spiele für die Jugend, Konfettischlachten, einen einfachen, aber überaus komischen Faschingsumzug, bei dem oft recht derbe Witze demonstriert wurden, ferner große Preisverteilungen und als Clou: das kostenlose Risottoessen.

Neben der Post, die 1946 in ein größeres Gebäude gegenüber der Taverna übersiedelte, befand sich eine alte Tür, die den Zweck einer Plakatsäule erfüllte; dort war ein Anschlag angebracht, demzufolge am Karnevalsdienstag allen Hausfrauen verboten war, selbst zu kochen. Jedermann wurde eingeladen, sich mit Teller, Löffel und Becher zu bewaffnen und mittags auf der Piazza zu erscheinen.

Die Tessiner Hoteliers von Ascona standen an riesigen Kupferkesseln, die über offenen Holzfeuern hingen, und rührten eigenhändig den safrangelben Risotto. Daneben lagen auf Holzgestellen zwei große Fässer mit rotem Nostranowein.

Um zwölf Uhr ging eine große Esserei im Freien los. Jeder, der kam, ob Tessiner oder Fremder, ob der Reichste oder der Ärmste, erhielt so viel Risotto und Wein, bis er satt war. Meistens gab es auch noch Würstchen, Brot und gekochtes Fleisch dazu. Die Freigiebigkeit kannte keine Grenzen.

Und die Musik spielte, die Sonne schien, die Kleider waren bunt, alles lachte und war guter Dinge – man glaubte an einem Volksfest im alten Rom teilzunehmen.

Hinter dem Restaurant auf dem Monte Verità wurde eine richtige Bocciabahn angelegt. Die Tessiner lieben das elegante Kugelspiel leidenschaftlich. Sie kamen gern auf den Berg, um bei einem Glas Chianti eine Partie zu spielen.

In dem Bestreben, den Besuchern des Monte Verità jede mögliche Unterhaltung zu verschaffen, wurde Ackermanns Vorschlag, einen Tennisplatz anzulegen, gutgeheißen und ausgeführt. Die Anregung beruhte zum Teil auf eigennützigen Motiven des sportbegeisterten Mitbesitzers. Die Spielgelegenheit war aber auch den Gästen sehr willkommen, zumal es damals weder in Ascona noch in Locarno öffentliche Tennisplätze gab.

Der Monte Verità spielte seine Rolle als Bohemien unter den Bergen weiter. Mindestens jeden Sonntagnachmittag war «Grande Ballo». Dann füllte sich das Restaurant mit den Tanzlustigen der ganzen Gegend. Nirgends ging man lieber hin als auf den «Monte». Der «Monte» war große Mode.

Die Liebe und Vorliebe für den Berg waren allerdings recht platonisch: Es wurde nur sehr wenig verzehrt, und Bethke schüttelte oft verzweifelt den Kopf über die viele Arbeit, die so wenig einbrachte. Dabei beanspruchten die Tänzer richtige Musik mit Geige und Klavier; ein Grammophon lehnten sie ab.

Im Mai war der Monte Verità so besetzt, dass eine Reihe von Ankömmlingen abgewiesen werden musste. Der Bildhauer

Rudolf Belling allerdings erfasste den amüsanten Geist dieses Amateurbetriebes und schleppte eigenhändig aus einem Schuppen ein Bett in die oberste Etage des Hotels. Er hatte da ein kleines Eckzimmer ergattert, in das er nun für seine Frau, die Tänzerin Toni Freden, ein zweites Bett zwängte. Das Künstlerpaar fühlte sich so wohl auf dem Monte Verità, dass es dreimal so lange blieb als ursprünglich geplant. Erleichtert wurde ihm die Aufenthaltsverlängerung durch das im Prospekt bezeichnete System der progressiven Ermäßigungen. Ähnlich erging es dem Schauspielerehepaar Erwin Faber und Grete Jacobsen. Auch der Maler Oberländer, der einem berühmten Großvater nacheiferte und nicht abreisen wollte, ehe er sämtliche Motive der Umgegend auf der Leinwand eingefangen hatte, konnte sich nicht trennen. Ein feuchtfröhlicher Schwede, der sich auf drei Wochen ein Chalet gemietet hatte, verlängerte seinen Aufenthalt um drei Monate, und schließlich wurden drei halbe Jahre daraus.

So war es seit jeher in Ascona. Man will einen Tag bleiben und bleibt ein paar Wochen. Oder man will ein paar Monate bleiben und bleibt ein paar Jahre. Oder man will gar nicht bleiben, will sich losreißen – und bleibt für immer.

In jeder Beziehung war der Monte Verità der Gipfel von Ascona. Es war unmöglich, nicht in den Berg verliebt zu sein. Aus allen Philosophien, Religionen und Experimenten hatte sich ein einziges Gesetz herauskristallisiert: Der Monte Verità war der Toleranz und der Lebensfreude geweiht. Und damit kam er seiner Bestimmung schon recht nah.

Werner hatte eine Kurkleidung eingeführt. Kleine Höschen, leichte Hemdchen. Für Frauen kurze Kleidchen – luftiger als die der Ida-Hofmann-Zeit. Im ersten Jahr war diese praktische Garderobe sehr beliebt. Später wurde alles, was nach Exzentrizität aussehen konnte, vom Monte Verità verbannt. Es war die Zeit, wo

Werner seinen Direktor unumschränkt herrschen ließ und wo die Leute auf dem Berg ihre alten Kleidungsstücke aufzutragen pflegten.

Manchmal sah es in Ascona aus wie auf einem Trachtenfest. Stadtdamen trugen Zoccoli und Gerlo. Herren mit Kneifer und goldener Uhrkette trugen Sandalen und roten Schirm. Die Norddeutschen zogen Tirolerkostüm vor. Viele Leute, die von dem berüchtigten Ascona etwas gehört hatten, brachten sogar eine Art Faschingsdress mit. Sie nahmen an, sie würden dann in das Milieu hineinpassen und nicht weiter auffallen.

Immerhin schwirrte noch immer viel Sonderbares und Sachliches, Altes und Neues durcheinander. Vor den Cafés wurden Kalorien ausgerechnet und Grundstücksspekulationen besprochen. Neben einem hypermodernen Baumeister saß der vierfache Doktor Gösch, malte eine Analysisfigur auf den Marmortisch und bewies seinen ehrfurchtsvollen Zuhörerinnen haarscharf, dass Eifersucht durch eine mathematische Formel aufzulösen sei.

Die netten Gäste und die Inhaber des Monte Verità freundeten sich meist schnell an. Sie trafen sich zum Sport, machten gemeinsame Wanderungen oder Bergtouren, veranstalteten Abendunterhaltungen oder feierten zusammen kleine Feste. Die Besitzer fühlten sich nicht als Geschäftsleute, sondern als ständige Gäste ihres Unternehmens. Es gab Perioden, wo ihre Arbeit immer mehr in den Hintergrund rückte und dem Privatvergnügen des Einzelnen Platz machte. Verschiedentlich war keiner der Herren aufzutreiben.

Es gab aber auch Zeiten, wo alle vier intensiv von morgens bis abends bei der Arbeit waren. Aber ob mit oder ohne strenge Pflichterfüllung – der Monte Verità krankte, wie zu alten Zeiten, an mangelnder Rentabilität. Da Werner jedoch immer das fehlende Geld, sei es für Hypothekenzinsen, für Betriebsunkosten, für Löhne oder für Lebensmitteleinkäufe, von seinen Verwandten beschaffte, gingen die Sorgen nicht allzu tief.

Wie es die Tradition auf dem Monte Verità erforderte, kam es nach Ablauf einer gewissen Frist zwischen den Leitern zu kleinen Mißstimmungen, die eines Tages zu ernsthaften Differenzen ausarteten. Die Folge war, dass Bethke ausschied. An seine Stelle rückte ein gewiegter Bahnhofswirt.

Direktor Rieß traf mit Frau und Kind ein, brachte ein Faktotum mit, außerdem eine alte Großmutter, die das Kind betreuen sollte. Rieß übernahm das Restaurant, seine Frau das Hotel. Wilkens behielt die Gartenverwaltung. Ackermann und Werner teilten sich in Buchführung, Propaganda und was sich sonst an Büroarbeiten ergab. Den Einkauf dirigierte Rieß.

Aber dem Monte Verità ging es finanziell nicht besser. Trotzdem wurde ein kleines Auto angeschafft. Angeblich für die Gäste. Die Besitzer fuhren gern Auto.

Am wenigsten Sorgen machte sich Direktor Rieß. Er passte sich seinen Chefs so gut an, wie er es eben verstand. Er hielt sie alle für ein bisschen verdreht, fand sich aber damit ab, da ja das Absonderliche ein Bestandteil von Ascona zu sein schien. Schnell verlor er seine anfängliche Servilität, sowohl seinen Brotherren wie auch den Fremden gegenüber.

Die Autostraße von Ascona über den Monte Verità bis Moscia war im Bau. Bisher konnte man das Kurhotel mit dem Auto nur auf dem holprigen Weg über die Madonna della Fontana erreichen. Die neue Straße bedeutete einen großen ideellen Gewinn für das Unternehmen. Aber selbstverständlich war der Kostenanteil, den es beizusteuern verpflichtet war, nicht gering bemessen. Die Schulden häuften sich.

Ab und zu kamen flaue Wochen. Eine Anzahl der Betten war nicht belegt, der teure Apparat lief jedoch weiter. Große Rechnungen wurden fällig.

Es fanden sehr ernste Diskussionen über die Geldfrage statt. Die paar tausend Franken, die Ackermann investierte, waren wie ein Tropfen auf heißem Stein. Werners Verwandte in Antwerpen wurden bockig.

Als es wieder einmal ganz trübe aussah, tadelten die Geldgeber die große Belastung des Betriebes durch die drei Besitzerfamilien. Sie verlangten, dass der Maler Hugo Wilkens ausscheiden sollte. Es kam aber zu keiner Einigung.

Ein günstiger Abschluss erhellte wieder die Atmosphäre. Es wurde ein Arrangement mit Martin Buber, der einen Teil seiner Anhänger zu einem Kurs versammeln wollte, getroffen. Ein Buberianer, der schon mehrfach auf dem Monte Verità geweilt hatte, spielte den Vermittler. Nun trafen auch noch etliche Anmeldungen für den Sommer ein. Plötzlich war wieder jedes Bett belegt, jeder Winkel ausgenutzt.

Martin Buber war mit zahlreichen Schülern erschienen und hielt täglich vielstündige Vorlesungen über indische und eigene Lehren ab. Vor allem wurde Laotse gehuldigt. Die Vorträge fanden fast immer im Freien statt; bei zweifelhaftem Wetter oder abends wurde ein Saal im Privathaus zur Verfügung gestellt.

Noch immer kursierten allerlei Erzählungen über das grandiose Kostümfest. Bei den Gästen machte sich immer lauter der Wunsch geltend, ein neues Fest zu veranstalten. Freudig wurde die Anregung von allen Seiten aufgegriffen. Was konnte es im Sommer auf dem Monte Verità Besseres geben als ein großes Negerfest? Kiliwumba – oder so ähnlich mußte es heißen.

Mit dem übertriebenen Ernst und der hingebenden Emsigkeit, die man nur für das Unnötige aufbringt, wurde das Ereignis vorbereitet. Die Maler Ernst Frick und Walter Helbig bauten auf dem

Platz vor dem Restaurant einen sechs Meter hohen Götzen. Das Ausstellungshaus wurde mit afrikanischen Matten, Teppichen, Waffen und Lagerstätten ausgestattet. Auf der Wiese, wo die Riesenstatue Aufstellung fand, arbeiteten fleißige Hände daran, eine kunstgerechte Strohhütte zu errichten. Der Restaurantsaal erhielt durch Strohwände eine runde Form; von der Mitte der Decke aus wurde mit unendlicher Mühe ein schräges Strohdach bis an die Wände geleitet. Auch die unteren Räume wurden irgendwie exotisch hergerichtet. Eine Wiese, die man mit großen Faschinenbündeln umstellte, bildete einen Kral. Der Schnellmaler und Zoologe Soffel schuf eine Anzahl Tiere, die den Park bevölkerten; aus den Gebüschen lugten Giraffen und Elefanten, auf den Bäumen saßen Pfeffervögel und Papageien, an den Ästen baumelten Affen, zwischen den Felssteinen lagerten Schlangen. Ein auf der Collina ansässiger früherer Bewohner Kongo's gab die Anleitung zur Einübung eines Tanzes; ferner stellte er eine Anzahl echter Trommeln, Waffen und Gewänder zur Verfügung. In Ascona und Locarno wurden bunte Plakate, die die Künstler gemalt hatten, ausgehängt oder in den Straßen umhergetragen.

Die Freunde Laotses bewiesen, dass sie neben den Ewigkeitswerten auch die Gegenwart zu genießen verstanden. Von einem von ihnen ging die Empfehlung aus, sich mit übermangansaurem Kali die Haut zu färben. Viele benutzten den Hinweis und erschienen auf dem Fest in natürlichster Bräune.

Als Eintrittskarten galten Ketten aus Erdnüssen und weißen Bohnen. Die Kostüme zeigten die Völker Afrikas von Algier bis zum Kap. Die Tanzkapelle bemühte sich, naturgetreue Musik zu spielen. Es herrschte in dieser Sommernacht eine geradezu unheimliche Feststimmung auf dem Monte Verità.

Vor der Strohhütte hatte sich eine Gruppe gebildet, die ein großes Feuerfressen veranstaltete. Gegen Mitternacht wurde der Tanz der Wilden, der vorher um den Götzen vollführt worden war, um ein Riesenfeuer herum wiederholt. Gespenstisch kreisten die schwarzen Gestalten um den Scheiterhaufen. Dicke Stämme gingen in den Flammen auf. Immer wilder wurde der Reigen. Immer erregter klang der dumpfe Gesang durch die Nacht. Schließlich wurden alle Faschinen, die im Umkreis lagen, in die Glut geworfen; hoch loderte das Feuer auf und beleuchtete grell das seltsame Bild. Vier- bis fünfhundert Menschen hatten an dem Fest teilgenommen. Es war ein Erlebnis. Noch lange wurde in Zürich davon gesprochen, sogar in Berlin wusste man davon. Allerdings gab es auch einige Leute, die einen Frevel in der Veranstaltung sehen wollten. Der Götze wurde eines Nachts von unbekannter Hand zertrümmert und angesteckt.

Die Auflösung des Triumvirates

Der Herbst 1924 war angefüllt mit Geldsorgen und Verhandlungen über eine Auflösung des Triumvirats. Werner ließ sich von seinen Verwandten, die auf einmal als rigorose Diktatoren auftraten, das Heft völlig aus der Hand nehmen. Bei den Geldgebern bestand offenbar die Absicht, auf Grund ihres finanziellen Übergewichts und möglichst ohne weitere pekuniäre Opfer Werner als alleinigen Besitzer einzusetzen.

Im Oktober musste Hugo Wilkens mit einer mühsam erkämpften Abfindung von einigen tausend Franken aus dem Unternehmen austreten. Im November musste auch Werner Ackermann, der mit hartnäckiger Liebe an «seinem» Berg festhielt, weichen und sein Besitzanrecht aufgeben. Statt einer Abfindung in bar ließ er sich durch Privatvertrag ein kleines Grundstück abtreten. Es bestand aus etwas Gartenland, einem Waldstück und dem Steinhäuschen, in dem Wilkens gewohnt hatte. Die notarielle Regelung sollte erfolgen, sobald das überlassene Gebiet von den Hypotheken, die ja auf dem gesamten Monte Verità ruhten, befreit sein würde.

Familie Wilkens zog nach Ascona in ein schönes altes Klostergebäude, das der Gräfin Reventlow einst als Wohnung gedient hatte. Wilkens fuhr nach Berlin und Leipzig, orientierte sich über Handdrucktechnik, kaufte einige Maschinen und hoffte, mit seiner Handpresse einen sowohl künstlerischen als auch einträglichen Beruf ausüben zu können. Solcher Optimismus reift unter Asconas Sonne.

1925 begann der frischgebackene Drucker seine Tätigkeit mit der Herstellung eines Mappenwerkes für den Maler Walter Helbig. Seinen Verlag nannte er «Officina Verbano». Die Druckerei bildete eine Parallelerscheinung zu der «Tipografia del Lago Maggiore», die im Jahre 1870 in Ascona bestanden und Bücher populär-wissenschaftlichen Inhalts herausgegeben hat.

Es dauerte nicht lange, da siedelte Wilkens mit seiner Familie nach St. Moritz über, wo er in dem merkwürdigen Unternehmen des Religionsstifters Schwaller Aufnahme fand. Ein paar Jahre später versuchte er in Zürich Fuß zu fassen. Schließlich landete er aber wieder in Berlin.

Auch bei Ackermann fand sich eine Parallele zur asconesischen Vergangenheit. Der alte Baron Wrangel hatte einst in seinem Haus am Nordhang der Collina ein Zentrum der Kriegsgegnerschaft gebildet. Seine Tätigkeit stand in geistigem Zusammenhang mit den Anschauungen über Weltbürgertum, die Ida Hofmann in einigen Broschüren niedergelegt hatte. Bereits 1903 hatte sie den Internationalismus oder vielmehr den Anationalismus befürwortet und den Unsinn der Grenzen eingesehen.

Sie hatte das Einmischungsrecht des Staates in das Privatleben abgelehnt, die Reduzierung der staatlichen Machtvollkommenheit verlangt und die Forderung nach internationalen Schulen aufgestellt. Sie war von der Überzeugung durchdrungen, dass sich der Nationalismus überleben würde: «Das Kind kommender Geschlechter wird nicht mehr als Christ, Mohammedaner, Buddhist, Jude, nicht mehr als Russe, Franzose, Pole oder Deutscher erzogen werden. Seine erste Bestimmung und Aufgabe ist, ‹Mensch› im vollen Sinne des Wortes zu sein.»

Jetzt trat Ackermann in diesen Gedankenkreis ein und schuf die ersten Formulierungen der kosmopolitischen Grundsätze, die später zur Gründung der Cosmopolitischen Union führten. Es handelte sich um eine Toleranzforderung, die die Kirche durch das

Recht zum Austritt längst erfüllt, der Staat jedoch noch nicht anerkannt hat. Außer der Friedensbewegung wollte Ackermann mit dem neuen Prinzip auch einer höheren Ethik und dem rein äußerlichen Wohl vieler staatenlos gewordener dienen. Übrigens hatten bereits J. G. Fichte und Herbert Spencer klar und eindeutig das Recht zum Austritt aus dem Staat aus menschenrechtlichen Gründen proklamiert und verlangt.

Nachdem Ackermann anderthalb Jahre auf dem Berg literarischen und gärtnerischen Arbeiten gelebt hatte, erklärten die Antwerpener Finanziers plötzlich die Privatabmachungen zwischen den beiden Schwägern für ungültig; sie verlangten von Ackermann die sofortige Räumung des Monte Verità. Sie ließen plötzlich den gesamten Besitz, einschließlich des von Werner abgetretenen Teils, durch einen Rechtsanwalt verkaufen. Wohl oder übel musste Ackermann nach Ascona hinunterziehen. Als er nach zwei Jahren endlich eine Entschädigung erhalten hatte, siedelte er nach Berlin über. So kam auch er wieder an seinen Ausgangspunkt zurück. Aber 1933 wanderte er aus und gelangte schließlich 1951 nach Johannesburg in Südafrika, wo er 1972 als freier Schriftsteller seinen achtzigsten Geburtstag feierte und von sich selbst sagte: «Ich lebe hauptsächlich von kleinen Überraschungen, die größer sind als gar keine.»

Ab Ende 1924 war Werner alleiniger Besitzer des Monte Verità. Seine Verwandten sanierten das Unternehmen. Direktor Rieß blieb auf seinem Posten.

Mit jeder Exzentrizität wurde Schluss gemacht. Der Monte Verità sollte eine normale, bürgerliche Kurpension werden wie jede andere auch. Zuerst wurde die unrentable Bilderausstellung aufgehoben und in ein vermietbares Wohnhäuschen umgewandelt. Dann gab es neue Prospekte, deren betont nüchterne Aufmachung den problematischen Ruf des Monte Verità in Abrede stellen sollte. Vor allem wurden die viel zu niedrigen Preise in die Höhe geschraubt.

Aber weder die Geldkalamität noch der alte Geist des Berges ließ sich unterdrücken. Die von Natur aus bedingte Unordnung lebte munter fort, warf alle fachmännischen Berechnungen über den Haufen, würfelte die verschiedenartigsten Menschen durcheinander, ironisierte das ernsthafte Leben und umgab jede Spielerei mit göttlicher Wichtigkeit.

Karneval 1925 wurde wieder ein großartiges Fest, «Das rasende Karussell», auf dem Monte Verità veranstaltet. Wieder beteiligten sich die Künstler an den Vorbereitungen. Wieder wurde es ein voller Erfolg, den viele hundert ausgelassene Menschenkinder mitgenossen.

Obwohl Rieß auf Anordnung der Antwerpener Kaufleute alles Künstlerische und Ideelle, das keinen Geldgewinn brachte, als unrentabel und überflüssig verpönte, kamen doch zuweilen Vorträge und Musikabende im Restaurant zustande. Im Wernerschen Privathaus wurden für Gäste und Freunde Abendunterhaltungen inszeniert, die den Künsten und der zwanglosen Geselligkeit gewidmet waren. Schulenburg eröffnete den Reigen der literarischen Abende. Er rezitierte aus seinen verheimlichten Werken – Novellen und gefühlvolle Verse. Den nächsten Abend bestritt Ackermann mit leicht konventionellen Dichtungen. Hans Arp brachte dadaistische Neuschöpfungen. Zwischendurch sang die Gattin eines Malers Arien und Liedchen. Die kleinen Veranstaltungen wurden gern besucht und bildeten eine willkommene Abwechslung.

Im Verlauf der Jahre fanden sich zahlreiche alte Ascona-Liebhaber ein. Sie saßen im Café Centrale oder auf der Terrasse des Monte Verità und tauschten gern mit ihren alten Asconeser Bekannten Erinnerungen aus. Die neuen Asconafreunde gesellten sich zu ihnen. Unter vielen anderen besuchten den Monte Verità: Wilhelm Schmidtbonn, Georg Kolbe, Klabund, Victor Adler, Richard Seewald, Christian Rohlfs, Otto Niemeyer-Holstein, Niklaus Stöcklin, Max Picard, Ernst Toller, die Tänzerin Trümpy, Henri van de Velde, Fernand Crommelinck, Max Pulver, Eckart v. Sydow. Auch Johannes Nohl und Else Lasker-Schüler ließen sich gelegentlich wieder blicken. H.L.Follin, der Begründer der République Supranationale, traf mit einer vierköpfigen Familie ein und verkündete später den Ruhm des Monte Verità in seinen Pariser Kreisen.

Professor Robert Saitschick verbrachte viele Abende bei Werners. Er hegte den Plan, seine Riesenbibliothek, die einen Millionenwert repräsentierte, auf dem Monte Verità zu installieren; leider fehlte es an Idealisten, die sich für die pekuniäre Seite des Projektes interessierten. Der Professor ging auch mit dem Gedanken um, auf dem Berg der Wahrheit eine Art Schule der Weisheit ins Leben zu rufen. Oder eine Ferienhochschule auf religiös-philosophischer Basis. Er machte ein Experiment in dieser Richtung, indem er Studenten nach Ascona zog und Vorlesungen hielt. Das Ergebnis schien ihn nicht zu befriedigen; er gab seine Bemühungen auf und baute sich ein stilles Gelehrtenhäuschen am Ufer des Lago Maggiore.

Im Herbst 1925 fand die Konferenz von Locarno statt. Sie brachte Ascona einen Abglanz durch die berühmte Unterredung zwischen Hans Luther und Aristide Briand. Auf der Terrasse des «Elvezia» an der Piazza prangt eine bronzene Erinnerungsplakette, die die Annäherung der beiden Staatsmänner illustriert. Zu dieser Zeit war der Monte Verità natürlich wieder voll besetzt.

Dem folgte eine Periode, die die letzten Hoffnungen wegschwemmte. Werners Verwandte stellten fest, dass das Einbesitzersystem noch erheblich höhere Zuschüsse erforderte als die frühere Konstellation. Plötzlich setzte sich die Idee in ihnen fest, die «Atmosphäre von Ascona» sei an allem schuld. Um die Seele ihres Schützlings zu retten, mussten sie ihn sofort in eine andere Umgebung, in andere Verhältnisse versetzen. Sie beauftragten daher ihren Advokaten, das ganze Besitztum schleunigst und um jeden Preis loszuschlagen.

Ende Februar 1926 wurde der Monte Verità erneut verkauft.

William Werner sollte nun wieder Kaufmann werden. Er wurde von seinen Angehörigen bei Geschäftsfreunden in Luxemburg untergebracht. Er fand sich in das Bürogetriebe gut hinein und freute sich am sicheren Geldverdienen wie einst am Hotelierspielen. Die Asconeser Zeit stand wie ein traumhaftes Geschehen in seinem Leben. Er dachte daran wie an einen Bubenstreich, der lange zurücklag.

Der neue Herr des Monte Verità

Von jeher erfüllte den Berg ein zäher Wille zu eigenem, eigensinnigem Leben. Mit magischen Kräften zog der Monte Verità den Schöpfer seiner weiteren Entwicklung heran. Der nächste Besitzer, Eduard Freiherr von der Heydt, erwarb den erlebnisreichen Hügel von Ascona fast gegen seine eigene Absicht. In seinen Erinnerungen erzählt er die Geschichte selbst:

«Anfang März 1923 befand ich mich mit Bekannten in Engelberg zum Skilaufen. Plötzlich setzte Regen ein. Der Zimmerkellner verabschiedete sich und sagte, jetzt sei die Saison zu Ende, und das Hotel würde geschlossen. Ich wusste nicht, was ich tun sollte, da ich noch vierzehn Tage Urlaub von meiner holländischen Firma hatte. Der Kellner schlug mir vor, doch nach Locarno ins Esplanade-Hotel zu gehen, und überreichte mir zur Ermunterung einen Prospekt des Hotels, der in leuchtenden Farben die dortige Gegend zeigte… Fast wider Willen folgte ich dem Rat des Kellners und beeilte mich, so bald wie möglich nach Locarno zu kommen. Ich wurde nicht enttäuscht, Locarno und seine Umgebung gefielen mir außerordentlich. Zu meiner Überraschung wurde ich einen Tag nach meiner Ankunft von einem alten französischen Bekannten, M. André Germain, dem Sohn des Gründers des Crédit Lyonnais, angerufen, ich solle mit ihm zu Abend essen. Auf meine Frage ‹wo›, sagte er ‹in Ascona, bei Frau Froebe›, wo er wohne. Auf diese Weise hörte ich den Namen des nur drei Kilometer von Locarno entfernten Ascona zum ersten Mal in meinem Leben.

Bei dem Abendessen war auch die höchst amüsante russische Malerin Baronesse Werefkin zugegen ... Sie hatte wie viele interessante Russinnen nicht nur einen großen Charme, sondern auch eine überzeugende Art zu sprechen und einen anzusehen. Mit blitzenden Augen fragte sie mich, ob ich schon die Perle Asconas, den ‹Monte Verità›, gesehen hätte, was ich verneinte. Ich hatte von einem Monte Verità noch nie etwas gehört. Wir verabredeten für den nächsten Tag eine gemeinsame Tour dorthin, und sie erzählte mir in kurzen Stichworten die merkwürdige Geschichte dieses Berges ...

Als ich mit gespannter Aufmerksamkeit den Erzählungen der Frau von Werefkin lauschte und mit ihr über den Berg schritt, war ich begeistert von der Schönheit und einzigartigen Lage von Monte Verità. Die Hütten und Gebäude der früheren Naturmenschen standen zwar noch, aber sie befanden sich alle in einem ziemlich verwahrlosten Zustand ...

Ich dachte zunächst nicht im Entferntesten daran, das Grundstück zu erwerben, weil ich in Holland wohnte und geschäftlich außerordentlich in Anspruch genommen war. Trotz dem großen Eindruck, den mir der Monte Verità gemacht hatte, und trotz der Empfehlung meiner reizvollen Begleiterin verschwand er aus meinem Gedächtnis, bis ich zu meiner Überraschung etwa drei Jahre später einen Brief von William Werner bekam mit der Anfrage, ob ich den Monte Verità erwerben wolle. Dem Brief lagen ausführliche Schätzungen und Beschreibungen bei, sodass ich gleich sah, dass der Ankauf, rein geschäftlich gesprochen, eventuell ein gutes Geschäft sein konnte. Verschiedene Hypothekengläubiger wollten auf ihre Hypothek verzichten. Das ganze Anwesen sollte für Fr. 320 000.– zu haben sein. Ich wollte trotzdem auf das Angebot nicht eingehen, da ich nicht sah, wie ich von der Besitzung Gebrauch machen könnte und die Entfernung von Holland mir zu weit erschien. In Erinnerung des großen Eindrucks aber, den ich von dem Monte Verità seinerzeit erhalten hatte, entschloss ich mich schließlich doch, einen Gegenvorschlag zu machen, und bot, eigentlich mehr zum Spaß, die Hälfte des geforderten Preises an. Einige Wochen hörte ich nichts über Ascona. Dann kam ein Telegramm, ob ich nicht etwas mehr zahlen könnte. Ich lehnte eine Erhöhung ab und erhielt zu meiner Überraschung die telegraphische Nachricht, dass mein Angebot angenommen sei. So war ich zu meinem großen Erstaunen plötzlich Besitzer des Monte Verità geworden. Eigenartig genug… war es auch, dass wenige Tage nach dem Erwerb durch mich eine Zürcher Gruppe mir Fr. 100 000.– mehr bot, wenn ich ihr den Monte Verità überließe. Das wäre selbst für einen Bankier vom holländischen Schreibtisch aus ein ‹gutes Geschäft› gewesen. Aber ich lehnte es ab. Ich hatte nun richtige Sehnsucht nach meinem neuen ‹Kind›, an dessen Wiege als Paten ein Kellner und eine russische Malerin gestanden hatten!

Aus geschäftlichen Gründen fand ich keine Zeit, gleich nach Ascona zu fahren, und beauftragte den mir von Frau Froebe empfohlenen Anwalt Zanolini in Locarno, den Kauf für mich abzuschließen. Endlich, Ende März, war es mir möglich, nach dem Tessin zu reisen. Ich stieg wieder im Esplanade in Locarno ab, da ich mir nicht zutraute, in eines der verwahrlosten Gebäude, die ich damals gesehen hatte, einzuziehen. Im Auto fuhr ich nach Ascona hinüber und stellte zu meiner Genugtuung fest, dass inzwischen eine bequeme Straße auf den Monte Verità führte. Die Vorbesitzer hatten dort alles zwar bescheiden, aber doch geschmackvoll eingerichtet. Ein Direktorehepaar leitete die Verwaltung und wurde von mir vorerst mit übernommen…

Natürlich musste auf der neuen Besitzung viel renoviert und ergänzt werden. Ich entschloss mich, bei dieser Gelegenheit einen Teil meiner Kunstsammlung nach dem Monte Verità zu bringen, da ich den Gedanken hegte, meinen neuen Besitz als Treffpunkt für Kunstfreunde, insbesondere für Freunde der asiatischen Kunst, auszugestalten. Im Übrigen hielt ich mich an die Tradition des Berges, gestaltete das Luft- und Sonnenbad weiter aus, lief selbst in einem von mir erfundenen luftigen Kostüm herum und aß, meinen persönlichen Neigungen entsprechend, wenig oder kein Fleisch. So habe ich wenigstens auf diesem Gebiet die Tradition der naturfreudigen Gründer fortgesetzt, ohne allerdings ihre sonstigen konfusen Ideen einer neuen Lebensart und Weltverbesserung zu übernehmen …

Es dauerte nicht lange, und viele Gäste kamen, zum Teil aus Neugier, um sich das in Künstlerkreisen schon lange bekannte Hotel anzusehen. Bald fand ich, dass das alte Hotel, die sogenannte Casa Semiramis, nicht mehr den Ansprüchen aller Besucher gerecht wurde, weil es darin keine Badezimmer gab, welche in diesem Klima besonders notwendig sind, und weil keine Möglichkeit bestand, solche einzubauen. Ich entschloss mich daher, durch den bekannten Düsseldorfer Architekten Prof. Fahrenkamp und den Architekten Willy Roelli in Ascona ein neues, wenn auch nicht großes, doch modernes Hotel daneben zu errichten. Dadurch erhielt ich auch die Möglichkeit, meine Kunstsammlung in größeren Räumen besser zur Geltung zu bringen. Infolge dieses Ausbaus kamen aber nicht nur immer zahlreichere Gäste in die beiden Hotelgebäude, sondern der ganze Berg wurde, dem Beispiel des Gipfels folgend, zum hochbeliebten Bauterrain, so dass das frühere Paradies der Naturmenschen allmählich von einer großen Anzahl von Villen und Bungalows umgeben wurde. Diese Entwicklung erfuhr durch den Zweiten Weltkrieg begreiflicherweise eine gewisse Unterbrechung. Nach 1945 jedoch wurde mit verdoppeltem Eifer auch das letzte verfügbare Stückchen Erde bebaut und neues Gelände stellenweise sogar durch Sprengung von Felsen geschaffen. Die Straßen, auf denen die Autos hinauf- und hinunterjagten, mussten in kostspieliger Arbeit verbreitert werden, aber sowohl der Stil der Neubauten wie die vielen Palmen und die

Blumenpracht der Gärten sorgten dafür, dass sich das Gesamtbild der Collina eigentlich immer mehr verschönerte. Die Anziehungskraft Asconas war schließlich so groß geworden, dass man sich nicht mehr damit begnügte, mühsam auf dem Berg selbst ein natürlich auch immer teurer werdendes Stückchen unbebauter Erde zu suchen, sondern dazu überging, auch in der Ebene der Maggia, die sich vor Ascona nach dem Lago Maggiore zu erstreckt, eine nun auch schnell zunehmende Anzahl meist aparter Häuser südlichen Charakters zu bauen. Moderne Campingplätze am Wasser trugen dem Geschmack der Neuzeit Rechnung, und der dringendste Bedarf nach weiteren Hotels in Ascona und seiner nächsten Umgebung wurde gestillt. Es wird heute nur wenige Fremdenorte in der Schweiz geben, wo so viele Maurer und Handwerker an der Arbeit sind, wo so viele Läden entstehen, so viele Erdarbeiten Neues künden und die interessierten Einwohner Neues planen. Angesichts der guten wirtschaftlichen Konjunktur in der Schweiz geht diese Aufwärtsbewegung immer noch weiter, und ein Ende ist nicht abzusehen. Das alles ist natürlich den alten Freunden von Ascona – und vielleicht auch manchen Bewohnern des ursprünglichen alten Ascona – wenig sympathisch. Aus dem früheren kleinen, bescheidenen Fischerdorf mit seiner Künstlerkolonie ist ein internationaler Kurort und ein beliebtes Reise- und Ausflugszentrum geworden …

Dem Zuge der Zeit folgend wurde in der Nähe von Ascona zum See hin ein wunderbarer Golfplatz geschaffen, zuerst mit 9 und dann mit 18 Löchern. Dieser Golfenthusiasmus, dem ich selbst jahrelang gehuldigt habe, ging natürlich zuerst von den Fremden aus, übertrug sich aber bald auf die Einheimischen, und jetzt sind fast ebenso viele Tessiner wie Fremde Mitglieder des Golfklubs. Das Golfhaus musste vergrößert werden. Das Gelände war vom Patriziat von Ascona zu günstigen Bedingungen zur Verfügung gestellt worden. Direkt neben dem Golf schuf der unternehmende

Luigi Antognini einen zauberhaften Lido mit den üblichen Zutaten wie Bar und Tanzdiele, was natürlich auch wieder viele Fremde anlockte, aber wiederum den alten Freunden Asconas weniger gefiel. Früher konnten sie ganz frei baden, wo sie wollten, ohne Eintritt zu bezahlen oder eine Kabine zu nehmen. Nun war alles nach Schweizer Art schön reglementiert. Hier ‹Camping›, dort ‹Camping verboten›, hier ‹Parkplatz›, dort ‹Parken verboten›, hier ‹Bagno pubblico›, dort ‹vietato il bagno›. So entstand der reizvolle Kontrast: Unten in Ascona der Strom des Lebens mit den unvermeidlichen Geräuschen der modernen Zeit – oben auf dem Monte Verità unter Palmen, Bäumen, Büschen und Blumen absolute Ruhe, der Frieden, die Aussicht auf den Lago und die Berge, stille Luft und Sonnenbäder für den, der dem Trubel entgehen will.»

Nachdem von der Heydt den Monte Verità erworben hatte, sollte sich sein Leben fortan zwischen Zandvoort, Berlin und Ascona abspielen.

Da er das Direktorenehepaar und das Personal übernehmen konnte, brauchte der Hotelbetrieb nicht ins Stocken zu geraten. Etwas später zog ein Vertrauensmann des Barons ein und übernahm die Direktion.

Erlesene Kunst und hohe Gäste

Das Hotel erhielt fließendes warmes Wasser, kisten- und waggonweise trafen Einrichtungsgegenstände aus dem Besitz des Barons von der Heydt ein. Es wurde gebaut und gepflanzt, verschönert und verbessert, erneuert und erweitert. Weder Mühe noch Kosten wurden gescheut. Die Hypotheken wurden gelöscht, alle Rechnungen bar bezahlt – ein großes Staunen und Raunen ging durch die ganze Gegend.

Wilde Gerüchte tauchten auf. Ein Monte-Verità-Klub, der weiter nichts war als die Zusammenfassung der an dem Unternehmen interessierten Herren, wurde nach den abenteuerlichsten Richtungen hin kommentiert. Ein geheimnisvoller Zusammenhang mit Kaiser Wilhelm II., mit dem die Bankfirma des Barons in geschäftlichen Beziehungen stand, wurde konstruiert; das Märchen erhielt Nahrung durch den Besuch des Kronprinzen bei Baron von der Heydt. Als eines Tages Gustav Stresemann auf dem Monte Verità erschien, schob man diesem Ereignis besondere diplomatische Bedeutung zu.

Die Phantasie entflammte an den harmlosesten Anzeichen und berauschte sich an Vorstellungen von unermesslichen Reichtümern und großartigem Mäzenatentum.

Allmählich gingen die Arbeiten ihrem Ende entgegen. Das neue Gesicht des Monte Verità ließ nichts übrig von den asketischen Grundsätzen seiner ersten Bewohner. Auch die gewagte Farbenfreudigkeit, auf die die letzten Besitzer so großen Wert gelegt hatten, war verbannt worden. Die Chalets hatten einen seriösen dunkelbraunen Anstrich erhalten. An den Holzwänden im Restaurant hingen antike asiatische Malereien und pompöse Gobelins; in den Nebenräumen standen alte Stilmöbel. Die Hotelzimmer schmückten französische Kupferstiche, Radierungen und chinesische Seidenmalereien aus der Mingzeit. In den Korridoren waren Gemälde, Zeichnungen und indische Statuetten untergebracht. Auf der «Japanischen Traumwiese» standen, inmitten exotischer Pflanzen, verwitterte Buddhafiguren und seltsame Steinlaternen. Auf die Räume im Privathaus, das komfortabel umgebaut war und den Gästen gern zur Besichtigung offenstand, verteilten sich wunderbare alte indische, japanische und chinesische Bronzen und Steinbilder, afrikanische und australische Plastiken und Masken, Statuen und Reliefs aus dem geheimnisvollen Kunstland der Khmer und eine herrliche, harmonische archaische Figur aus dem griechischen Archipel (nach dem Kunstschriftsteller Hausenstein etwa aus dem Jahre 700 vor Christus). Zeitungen und Zeitschriften des In- und Auslandes berichteten von der originellen Ausstaffierung der Hochburg von Ascona. In einem Artikel hieß es:

«Eine witzige Lösung der Kunstschau ist in Ascona zu finden. Auf dem sagenumwobenen Monte Verità – jetzt ein moderner Kurhaus- und Restaurationsbetrieb, der nicht nur den Pensionsgästen, sondern auch Spaziergängern und Zufallsbesuchern offensteht – wird eine vielseitige, hochwertige Kunstsammlung dargeboten. Nicht auf einen Fleck zusammengedrängt, nicht absichtlich gestellt, sondern ganz zwangslos, wie die Erfordernisse es ergaben, sind auf dem großen, paradiesischen Besitz, der ein Dutzend Häuser und Häuschen umfasst, kostbare Gemälde, Stiche, Radierungen, überraschend schöne Plastiken aus allen Erdteilen, Gobelins, Stilmöbel untergebracht. Ein Teil der Statuen und Bilder stammt aus der berühmten Petruchischen Kollektion. Da wird Kunst produktiv, eindrucksvoll, aufregend, Genuss und Erhebung spendend

– lebendig. So zweckmäßig ist kaum jemals Kunst dargeboten worden … Tausenden stehen diese hervorragenden Kunstschätze zur Besichtigung frei; allen den Angehörigen des ewig wechselnden Fremdenstroms, der sich in das benachbarte Locarno, in das Künstlernest Ascona und auf den Monte Verità selbst ergießt. Das Hotel als Museum, Kunst neben der Küche – ein bedeutungsvolles kultur- und kunsthistorisches Phänomen, das Wilhelm Hausenstein, der zur Zeit auf der Collina von Ascona wohnt, gewiss notieren wird.»

Durch das Hotel hatte Baron von der Heydt die Möglichkeit erworben, interessante Menschen zusammenzuziehen, ohne eine zuweilen wünschenswerte Distanzierung auszuschließen. Der Kurhausbetrieb schuf einen neutralen Boden. Den Gedanken, auf diese Weise eine neue, unverbindliche Form des gesellschaftlichen Verkehrs zwischen geistig und künstlerisch lebendigen Menschen herzustellen, hatte Baron von der Heydt bereits auf ähnliche Weise, wenn auch in kleinerem Maßstab, in Holland verwirklicht. Er besaß in Zandvoort eine Teestube, die ein beliebter Treffpunkt aller Kunstfreunde war.

Im «Pantheon» erschien 1929 ein illustrierter Aufsatz von Otto Fischer über die «Sammlung von der Heydt in Ascona»: «Eduard Freiherr von der Heydt ist als der erste, bedeutendste Sammler ost- und südasiatischer Kunst in Deutschland bekannt. Sein Besitz an chinesischer, japanischer und indischer Plastik, den er mit genialem Blick in wenigen Jahren nach dem Weltkrieg zusammengebracht hatte, ist zuerst im Hause Yi Yüan in Amsterdam, dann im Musée Scheuerleer im Haag öffentlich ausgestellt gewesen; er ist seit mehreren Jahren als Leihgabe in der Ostasiatischen und Indischen Abteilung der Berliner Museen zum Allgemeinbesitz der deutschen Kunstfreunde geworden. Eine schöne Publikation von Karl With hat ihn auch wissenschaftlich erschlossen und bekanntgemacht.

Diese Sammlung ist von ihrem Schöpfer nie als abgeschlossen angesehen worden. Er hat sich in seinem Hause am Strand von Zandvoort über jenes Sondergebiet hinaus mit einer Fülle von Kunstwerken aller Art umgeben. Und er hat in den letzten Jahren, seit er in Ascona am Lago Maggiore die herrliche Besitzung des Monte Verità erworben hatte, eine große Zahl bedeutender Neuerwerbungen hier um sich versammelt. Diese sind in dem einfachen und geschmackvollen Heim, das Baron von der Heydt selbst bewohnt, den Gästen des Kurhauses, die der Besitzer gerade unter den geistig tätigen und künstlerischen Menschen der verschiedensten Länder für diesen köstlichen Erdenfleck zu gewinnen wusste, jederzeit gern zugänglich. Auf diese neue Sammlung in Ascona, die so wie jene ältere nicht bloß einem einzelnen, sondern einem größeren Kreise von Kunstfreunden gehört, sei hier in aller Kürze hingewiesen.

Der Kern und die Hauptwerke der Sammlung gehören auch hier wieder der Plastik an, für die ihr Besitzer eine besonders in Deutschland seltene Liebe und ein sehr selbständiges, intuitives Gefühl hat. Wie er seinerzeit als einer der ersten, von seiner Beschäftigung mit der buddhistischen Lehre aus, den Zugang zu den eigentümlichen künstlerischen Werten der ostasiatischen und der indischen Skulptur gefunden hat, so ist er bald auch der primitiven Plastik der verschiedenen außereuropäischen Völker nahegekommen und hat, wie kaum ein anderer deutscher Sammler, mit sicherem Blick besonders eindrucksvolle Werke der afrikanischen Skulptur erworben. Da sind Tanzmasken, Köpfe aus Stein und Holz, Beispiele einer urtümlichen plastischen Schöpferkraft, die in der Steigerung weniger mächtiger Formelemente eine strenge Konzentration des Gebildes und eine unheimliche, nicht in Worten fassbare dumpfe Ausdrucksgewalt erreicht. Dieser Plastik, die wir primitiv zu nennen pflegen, sind auch europäische Werke nicht immer fern. Ganz nahe steht ihr eine steinerne Halbfigur aus

Frankreich, die als merowingisch gilt, und die spätromanische Holzfigur einer thronenden Madonna, wohl eine normannische Schöpfung des 12. Jahrhunderts. Auch die archaische Kunst der Antike schließt sich hier an: auf der Terrasse des Hauses von der Heydt steht die lebensgroße Kalksteinfigur einer Göttin oder Priesterin, die offenbar aus Cypern, jenem merkwürdigen Mischungsgebiet hellenischer, orientalischer und ägyptischer Anschauungen stammt und dem Ende des sechsten Jahrhunderts v. Chr. angehören dürfte!

Die Skulpturen des großen indischen Kunstkreises, die einen Hauptteil der Sammlung bilden, leiten in eine andere Welt, die freilich dem frühen Griechentum nicht so fern ist wie der späteren klassischen Antike. Auch die indische Plastik lebt in der Anschauung des blühenden Menschenleibs, auch sie kennt die Gültigkeit fester Gesetze der Stellungen und der Proportionen, aber diese sind freilich in der religiösen Bedeutung ihrer Götterbilder begründet, und sie findet die Schönheit in der sinnlichen Überzeugungskraft der übersinnlichen Mächte, die in ihr sich offenbaren. Bei aller Lebensfülle und Weichheit wird die Sphäre der Hoheit niemals verlassen. Die ältere und größte Zeit dieser Plastik, d. h. das erste Jahrtausend nach Christus, ist in Ascona durch eine Reihe von Steinskulpturen aus Kamboja und Campa einseitig, aber sehr bedeutend vertreten. Sie gehören durchweg, wie es scheint, dem sivaitischen Kultus an. Das früheste Werk ist eine bis auf Füße und Arme wohlerhaltene Statue der Uma, Sivas Gattin, aus den Tempeln von Mison (Campa), die aus dem 7. Jahrhundert stammen dürfte. Die Formung des aufgeschlossenen, frischen Gesichts, des nackten Oberkörpers und des eng anschließenden Sarong ist von einer strengen archaischen Knappheit und Präzision, um so feiner und wirksamer, besonders in der Rückenansicht, der leise Bewegungsrhythmus des stolz aufgerichteten Leibes.

Noch erstaunlicher ist die Wesensfülle und künstlerische Reife einer zweiten, etwa lebensgroßen stehenden Göttin, der leider der Kopf fehlt und die deshalb nicht benannt werden kann. Es ist eines der vollkommensten Werke der Vor-Khmer-Kunst von Kambodja und mag im 8. Jahrhundert entstanden sein ... Diese Formen sind nicht mehr gespannt, sondern bei allem Stolz natürlicher Haltung von solcher Weichheit und Fülle, dass man das Atmen der sanften, sonnegewohnten Haut zu spüren meint. Dies ist das indische Gegenbild der melischen Aphrodite. Man muss die Figur immer wieder rings umwandern, um den Reichtum und das Ebenmaß dieser Plastik ganz zu erfassen. Bei aller Sinnenfülle wirkt sie nicht sinnlich, sondern sachlich und rein, ja göttlich, als die erhabene Verkörperung einer vollkommenen harmonischen Natur.

Im Gegensatz dazu erscheint ein unvollständig erhaltenes Relief mit dem Oberkörper einer Apsara als eine Vorstufe der klassischen Khmer-Plastik von Ankor. Die Gesichtszüge deuten auf eine andere Rasse, der malerische Charakter des tief unterhöhlten Reliefs, der Linienreiz der Bewegung auf die Frühzeit des späteren Stils. Man wird das Werk etwa in das 10. Jahrhundert datieren dürfen. Später als die beiden Göttinnen sind auch drei Siva-Figuren aus Campa: eine in klarem kubischem Aufbau auf hohem Sockel sitzende Gestalt ist noch ganz Stolz und starke Kraft, wenn auch die Züge schon weicher, naturalistischer, fühlsamer sich runden; eine zweite ist schon ganz vermenschlicht in hingegossen lässiger Haltung, schon ganz barock in der dekorativen Formenfülle von Schmuck und Nimbus, die um das brütend weiche, sinnliche Gesicht sich schließt. Die erste Figur stammt aus dem Tempel von Dongduong, die zweite ebenfalls aus der Provinz Quangnam, jene dürfte dem Anfang, diese dem Ende des 10. Jahrhunderts angehören, so wie eine derbere Figur, von der nur der Oberkörper des Gottes erhalten ist. Von der Verwandtschaft aller dieser hinterindischen Kulturen, von der Parallelität im Ablauf ihrer Kunstentwicklung zeugt neben Buddhaköpfen des 12. Jahrhunderts von Ankor auch ein schönes Spätwerk der javanischen Plastik des 13. bis 15. Jahrhunderts, die stehende Steinfigur eines reich geschmückten Wächters oder Gottes, vielleicht auch hier wieder Sivas. Das großartig leidenschaftliche Haupt hat die differenzierte malerische Behandlung, die leicht verzerrten Züge jener spätesten Plastik dieser Insel, in der ein urtümlich dämonisches Element wieder durchschlägt und die in die wilde Phantastik der heute noch blühenden balinesischen Skulptur ausmündet. Das herrlichste Beispiel dieser letzteren, die bekannte Fruchtbarkeitsgöttin (bemaltes Holz), schmückt heute ebenfalls Baron von der Heydts Haus in Ascona.

Das eigentliche Indien ist in seiner Sammlung durch eine Reihe südindischer Bronzen vertreten. Sie gehören dem Sivakult und der Schule von Madras an, die meisten mögen im 16. Jahrhundert oder wenig später entstanden sein … In allen blüht der eingeborene Sinn für die schlangenhaft freie Beweglichkeit menschlicher Leiber, für die pflanzenhaft biegsame Rhythmik der Glieder, der in aller indischen Plastik als unmittelbare und gültige Existenz mit hoher Schönheit sich ausspricht.

Diese wichtigste deutsche Sammlung primitiver und exotischer Plastik ist von ihrem Besitzer nicht aus kunsthistorischer Liebhaberei und nicht aus Snobismus, sondern aus einem sehr lebendigen künstlerischen Bedürfnis geschaffen worden. So ist es auch kein Zufall, wenn er die Wände der schönen Wohnräume, in denen jene plastischen Meisterwerke stehen, mit Meisterwerken der Malerei des 19. und 20. Jahrhunderts geschmückt hat. In Zandvoort hängen die großen Franzosen Manet, Renoir, Degas, Cézanne und van Gogh; in Ascona sei auf ein Frühwerk von Daumier, auf die Plätterinnen von Toulouse-Lautrec, ein Stilleben von Gauguin, ein anderes von van Gogh besonders hingewiesen. Hier befinden sich auch ein trefflicher Feuerbach aus Coutures Atelier und zwei Bilder von Munch: Frau Thaulow am Fenster und eine köstliche Winterlandschaft. Hier endlich eine Serie zartester Kohlezeichnungen von Seurat, in deren Nebel- und Dämmersphäre seltsame und starke seelische Schwebungen merkwürdig eingewoben sind. Alle diese Werke der Kunst aber stehen nicht kalt und fremd nebeneinander, sie wirken und weben zusammen eine Lebensluft, in der die Stille abgezogener Betrachtung mit den Spannungen hoher Schöpferkräfte erfüllt ist. Man spürt hier, dass in der Kunst der verschiedensten Zonen dasselbe und eine wirkt: die innere Sammlung der Seele. Auch in diesem Sinne bilden die hier vereinigten vielartigen Werke eine wirkliche Sammlung.»

Ein dürftiges Gegenstück zu der Kunstsammlung auf dem Monte Verità bildete das «Museo Comunale» in Ascona. Der Schlüssel sollte eigentlich im «Café Sport» zu haben sein, war aber nie zu finden. Also erhielt man statt eines Schlüssels die Begleitung eines freundlichen Schlossers. Das Museum befand sich auf der ersten Etage eines Hauses, in dem unten ein Schlächtermeister sein Handwerk und ein Ladengeschäft betrieb. An Würsten, Schinken und Schlachtgeruch vorbei ging es nach oben. Das morsche, oft belästigte Schloss gab dem Dietrich willig nach.

Ein paar Zimmer waren angefüllt mit Bildern aus zwei Jahrzehnten – alles Schenkungen von Malern, die in Ascona geweilt hatten. Auch einige Skulpturen führten in den Winkeln ein verstaubtes Dasein. Das schönste in dem Museo war der Blick aus den Fenstern hinaus auf die alten Steindächer, ein Stückchen Kirchturm und den Ausschnitt einer engen Gasse. Heute ist das Museum teilweise dem Andenken der Malerin Marianne von Werefkin geweiht; teilweise bietet es Wechselausstellungen der Asconeser Künstler.

Außerdem gab es in Ascona eine siebenköpfige Malergruppe, die sich den Namen «Der große Bär» gegeben hatte. Sie bestand aus Walter Helbig, Ernst Frick, Albert Kohler, Gordon MacCouch, Otto Niemeyer, Otto von Rees, Marianne von Werefkin und veranstaltete von Zeit zu Zeit Ausstellungen, die ein erfreuliches Zeichen für die positive Einstellung einiger Asconeser Künstler bildeten.

Der Ruf der Malergruppe war auch in die Nordschweiz gedrungen. Im Jahre 1932 ereignete sich die folgende Geschichte, wobei vorausgeschickt werden muss, dass der Maler A. E. de Beauclair, der einmal Sekretär bei Oedenkoven gewesen war und seitdem ein Häuschen unterhalb des Monte Verità bewohnte, einen Vollbart trug, und dass Strassgraba, der vor Urzeiten in Ungarn Student, später in Ascona Inhaber einer vegetarischen Pension und zuletzt Würstchenhändler auf der Collina war, mit ziemlich starker Schwerhörigkeit zu kämpfen hatte.

Ein biederer Basler fragte den alten Strassgraba nach der Ausstellung «Der große Bär».

«De Beauclair?»

«Der große Bär!»

«Ja, ja, Sie wollen sich etwas anschauen, wie?»

«Sowieso. Die Bilder. Ich interessiere mich für Bilder.»

«Bilder? Na eben! Kommen Sie nur mit mir die Stufen hinauf.»

Und der Basler Kunstfreund besuchte Herrn de Beauclair, besah sich einige Werke und kaufte sogar ein wunderschönes Bild. Zum Abschied sagte er kopfschüttelnd: «Hat mich sehr gefreut, Ihre Bilder sind wirklich prima, prima, aber entschuldigen Sie, wegen der Haare da brauchen Sie sich doch nicht gleich ‹Der große Bär› zu nennen – entschuldigen Sie!»

Die neuen Namen, die auf dem Grundstück eingeführt wurden, erinnerten an die Zeiten, wo Ida Hofmann in der altgermanisch-wagnerischen Ideenwelt schwelgte. Es gab nun eine Parsifalwiese, einen Loreleyfelsen, einen Harrassprung, eine Sommerwiese, eine Casa Ruhe, einen Walkürenfelsen. Aber auch ein Château d'amour fehlte nicht, und die meisten Chalets erhielten zarte Frauennamen.

Ein einfacher, sachlicher Prospekt, bei dessen Schlusswort jedoch der romantisch-lebensreformerische Geist der Oedenkovenzeit noch einmal durchbrach, setzte die bunte Reihe der Propagandaschriften des Monte Verità fort.

Nach dem Text kamen aber auch andere Preise als früher: «Die Preise stellen sich wie folgt:

Ostzimmer Fr. 12.50 bis 14.50 einschl. voller Verpflegung,

Südzimmer Fr. 16.50 bis 18.– einschl. voller Verpflegung,

Südzimmer mit Bad und Balkon ab Fr. 30.– einschl. voller Verpflegung.

Chalets Fr. 12.50 bis 15.50 per Person einschl. Verpflegung.

Die Miete der größeren möblierten Chalets per Monat beträgt Fr. 200.– bis 700.–.

Für Heizung wird ein Zuschlag von Fr. 1.– und für Kurtaxe von 30 Cts. per Person und pro Tag erhoben. Für Kinder im Alter von 1 bis 5 Jahren wird ein Rabatt von 50% und für Kinder von 6 bis 9 Jahren ein Rabatt von 30% gewährt. Für Gäste, welche mit Automobilen ankommen, steht zur Unterbringung der Wagen eine Garage zu Fr. 3.– per Wagen pro Tag zur Verfügung. Bei längerem Aufenthalt besondere Vereinbarung. Die Automobile des Hotels stehen den Gästen für längere und größere Autofahrten in die Umgebung zu billigem Tarif zur Verfügung. Nach Locarno und nach dem Badestrand in Ascona, zum Golfplatz und nach dem Kursaal findet ein regelmäßiger Pendelverkehr zu billigsten Preisen statt. Zimmer für Chauffeure zu Fr. 11.– inkl. Verpflegung.

Es wird empfohlen, Anmeldungen frühzeitig im voraus an die Direktion des Monte Verità, Ascona (Tessin), Schweiz, zu richten.

Telegramm-Adresse: Monteverità, Ascona. Telephon: Locarno 681.

Der Tag der Ankunft wird voll, der Tag der Abreise nicht berechnet. Lichtgruß!»

Als Ergänzung zum Hotelprospekt verfasste der begeisterte Heinrich von Wedderkop, der Herausgeber der Berliner Monatsschrift «Der Querschnitt», die Propagandaschrift:

«Licht und Sonne auf dem Monte Verità.

In unseren Bemühungen, die Ungesundheit unserer winterlichen Betätigungen auszugleichen, ist zweifellos eine neue Phase eingetreten: Heute spielt die Wärme eine ganz andere Rolle als früher. Der Norden ist viel weniger populär als noch vor wenigen Jahren; man bevorzugt unter allen Umständen den Süden: Wärme ist modern geworden. Diese Erscheinung hängt offenbar zusammen mit der Veränderung in der Art unserer Ernährung, die uns die Hitze leichter ertragen und mehr Gewinn aus ihr ziehen lässt.

Allen diesen Bestrebungen wird auf dem Monte Verità in weitgehendem Maße Rechnung getragen, aber das ist es nicht allein, was den Ort so reizvoll macht. Hoch über dem Lago Maggiore dehnt sich ein Komplex von über 120 000 Quadratmetern aus; ein Naturpark, in dem die herrlichsten Exemplare südlicher Vegetation vorkommen, Palmen, Kamelien, Kastanien, Lorbeer usw. Der Monte Verità liegt in der Tat an einer der wenigen Stellen der Welt, die gottbegnadet und einzig sind: Am Südhang der Alpen, also geschützt, ohne deshalb heiß zu sein, am größten der oberitalienischen Seen, trotz des typisch italienischen Charakters immer noch innerhalb der Schweiz, mit einer Fernsicht auf schneebedeckte Gipfel, auf die Riesenfläche des Lago, ebenso zauberhaft schön bei Sonne wie bei Mond, und in nächster Nähe des einzigen flachen, d. h. nicht felsigen Uferteils dieses Sees, der sich dadurch zum idealsten Strandbad eignet und mit Recht ‹Riviera› genannt wird.

Dieser ‹Wahrheitsberg› hat schon immer eine gewisse Klasse von Leuten angezogen, denen es darauf ankam, etwas Ausgefallenes zu finden, etwas Merkwürdiges, was mehrere Reize in sich vereinigt, Reize, die ihrer Natur nach sich eigentlich gegenseitig ausschließen. Der Berg hat seine Geschichte: Schönheitsapostel, Theosophen, leicht anarchistisch angehaucht, Vegetarier, Magnetiseure, Naturapostel und wie sich alle diese seltsamen Menschen nennen mochten, die sich darin glichen, dass sie die Kompliziertheit der Welt satt hatten und sich nach einem einfachen Leben sehnten, hatten diesen Berg als ihr Asyl ausgesucht, zu dessen Erwerb ein reicher Belgier, namens Oedenkoven, das Geld gegeben hatte. Hier fanden nun die Meetings statt, denn alle Bedingungen für eine Lebenserneuerung, wie sie diesen Leuten vorschwebte, waren hier gegeben. Auf die Dauer aber mussten diese Bestrebungen scheitern, teils an ihrer Verrücktheit, teils aus Mangel an Organisation.

Das Grundprinzip, die Daseinsbedingungen haben sich erhalten, nur sind diese ungewöhnlich großen Möglichkeiten jetzt in eine ordnende und organisierende Hand genommen worden. Ein altes, mehr gemütliches Hotel, die Casa Semiramis repräsentiert den alten, ein neues glänzendes Hotel mit allen Schikanen, mit der Möglichkeit z. B. in lauen Nächten sein Bett und sich selbst darin auf den Balkon zu rollen, repräsentiert den neuen Monte Verità. Wer ganz für sich leben will, ungestört, um tun und lassen zu können, was ihm beliebt, logiert sich in einem dieser kleinen Chalets ein, wo er als vollkommener Einsiedler seine Tage verbringen kann.

Das Leben ist ausgesprochen einfach und bildet durch diese Einfachheit gerade den richtigen Kontrast zu der verruchten Kompliziertheit des Erwerbslebens. Man spielt im Badeanzug Tennis, nimmt Sonnenbäder, und vielleicht gehört es zum Schönsten, über Mittag am ausgestorbenen Strand herumzuliegen, sich mit einem frugalen Mahl aus mitgebrachten Früchten zu begnügen, ein paarmal ins Wasser zu tauchen, um am Nachmittag in die Umgebung zu fahren, in das wildromantische Maggiatal oder in eines der zahlreichen anderen Täler, dicht und wildbewachsen, oder aber in die weitere Umgebung nach Como, nach Brissago, oder über die italienische Grenze nach Stresa, wo man in etwa 600 Meter Höhe den schönsten Golfplatz der Welt findet. Und wenn man sehr faul ist und von Signorina Fede gut bedient sein, europäische Literaturgrößen, Maler und Malerinnen sehen will, so setzt man sich in Ascona vors Café Verbano, oder man fährt nach Locarno in die Konditorei Scheurer, wo man einen hervorragenden Kaffee und die besten Kuchen bekommt. Leute mit Auto sind wie überall besonders gesegnet, denn es gibt keine größeren Möglichkeiten als hier in diesem Paradieszentrum.

Die Hotelleitung will bewusst kein elegantes Badeleben entstehen lassen. Sie ist der Ansicht, dass ein solches Leben nur Zwang bedeutet, der der Gesundung Abbruch tut. Für solche Zwecke gibt es andere Plätze, wie z. B. Carersee, die Villa d'Este, den Lido, Cannes oder Biarritz. Es ist ihre Absicht, insbesondere auch geistig arbeitenden Menschen die nötige Erholung zu bieten, sie durch eine sozusagen geregelte Zwanglosigkeit den Zwang des täglichen Betriebes vergessen zu lassen. Dem entspricht das Kostüm über Tag, das so leicht wie möglich ist, dem entspricht es, dass man abends im gewöhnlichen Anzug erscheint, und dem entspricht es, dass es keine Musik und keine Bälle gibt. Wer tanzen will, kann dies fast jeden Abend tun, sei es unten in dem vorzüglich geleiteten Kursaal des ehemaligen Boxers und jetzigen Großgrundbesitzers, Herrn Antognini, auf den hübschen kleinen «bals champêtres», oder auf den eleganteren Bällen in den großen Hotels von Locarno und Brissago.

Die Wirkung eines längeren Aufenthaltes auf dem Monte Verità ist im eigentlichen Sinne des Wortes zauberhaft, besonders wenn man nach Möglichkeit dem Zwang der Kleidung entsagt, und sich unbeschwert, sei es oben auf dem Berg, sei es unten am Ufer, bewegt. Die Stärke der Sonne ist tabellarisch festgestellt, und dazu soll noch der starke Radiumgehalt des Bodens das Seine tun. Außerdem kommt als ein besonderer Heilfaktor die Güte der Nahrung hinzu, die für Interessenten bis zur Einfachheit des Vegetarischen nach der Methode Bircher-Benner gesteigert werden kann. Wie auch immer die einzelnen Heilfaktoren heißen mögen, kann dahin gestellt bleiben; Tatsache aber ist, dass alle Leute, die einmal hier gewesen sind, nur den einen Wunsch kennen, wieder hierher zurückzukommen. Das Merkwürdigste ist, dass ein Aufenthalt auf dem Monte Verità den Besucher sozusagen abstempelt, denn die Sonne hat ihn so nachhaltig braun gebrannt, dass er diese Bräune, die ihn schier und glatt macht, auch noch Monate nachher am ganzen Körper behält.

Trotzdem ist der Monte Verità kein Sanatorium. Er hat wohl etwas von der organisierenden Vernunft eines solchen, ist aber von dem Lastenden einer derartigen Anstalt vollständig frei. Schon nach einem ganz kurzen Aufenthalt fühlt man sich gesund und wie neu geboren, ohne doch versucht zu sein, sich von dieser über Tag gewonnenen Gesundheit in den üblichen Nachtbetrieben der großen Plätze zu befreien.

Die einzige Gefahr, die der Monte Verità mit sich bringt, ist die immer wieder erwachende Sehnsucht, jedes Jahr an diesen Ort zurückzukehren.»

Das Grundstück war durch Zukäufe vergrößert worden und umfasste jetzt eine Fläche von 125 000 Quadratmeter. Hotel und Chalets waren fast dauernd voll besetzt. Es kamen alte und neue Freunde der Collina, zahlreiche Bekannte des Besitzers, die Prominenz der Kunst, der Wissenschaft, der Industrie, der Weltanschauung und des Adels. Jeder Gast war froh, in Ascona Mensch unter Menschen sein zu dürfen, und lebte auf unter den toleranten Prinzipien des freiheitlichen Ortes.

Genau wie früher war es schwer, sich vom Monte Verità loszureißen. René Schickele kam einst für acht Tage und blieb acht Wochen. Er widmete Baron von der Heydt folgendes Gedicht:

Der Tag des Monte Verità

Von Milch und Honig umflossen
Kommt der Morgen über den Berg.
Er bringt die Taggeräusche
Von Como und Lugano mit –
Einzeln fallen sie gleich Silberstücken
In die Schüssel voller Dunst.
Bald beginnt der See
Bläulich zu schäumen.

Mit dem gesträubten Fell einer Katze
Funkelt er vor Mittag.
Die Berge öffnen sich,
Als verwühle sie die Sonne.
Dann starrt der Tag
Als tönende Säule.
Sie verrinnt in Stunden,
Die blaue Asche regnen.

Immer wieder stehn die Sterne,
Als achteten ernsthaft sie
Auf diese Berge, diesen See
Und die große Terrasse,
Auf der eine weiße Gestalt
Schweigend wandelt
Zur menschlichen Musik,
Die aus dem Hause tönt.

Gesellschaftstoilette war auf dem Monte Verità höflichst verbeten. Baron von der Heydt ging seinen Gästen mit gutem Beispiel voran: Er trug sogar auf Soireen sein kurzes weißes Höschen und führte die Mode der Lufthemden wieder ein. Sein luftiges Kostüm vervollständigte er gern mit Sandalen und dem lustigroten Tessiner Schirm. Wedderkop erzählte im «Querschnitt», der regelmäßig über Ascona berichtete:

«König ist hier Baron von der Heydt. Zum Zeichen seiner Würde trägt er einen kleinen roten, in Ascona gekauften Sonnenschirm, nicht anders, und zwar mit derselben Sachverständigkeit wie ein Häuptling in Zentralafrika. Er sieht es gern, dass alle, die ihm nachfolgen, weil sie eines Geistes sind, gleich nach der Ankunft das Lufthemd anlegen. Tatsächlich fällt mit seiner Anlegung alles Ererbte wie Schlacken von einem ab, man wird einfacher, heiterer, gleichgültiger gegen die großen Fragen der Politik, der Literatur und selbst der Weltanschauung. Nur von dem Fleisch wollen sich manche noch nicht trennen. Zumal die Küche dort oben vorzüglich, italienisch trocken und würzig ist. Sie meinen immer, die Kraftreserven gehen zum Teufel, und die Stärke der Persönlichkeit lässt nach. Ein verhängnisvoller Irrtum.»

Wie in allem herrschte auch im Essen unbedingte Duldsamkeit. Baron von der Heydt selbst war seit vielen Jahren Anhänger der vegetarischen Lebensweise. Er erkannte überhaupt eine Anzahl der einstigen Oedenkovenschen Grundsätze an. Aber er war viel zu weise, um fanatisch zu sein und sich maßgebend zu gebärden. Ohne Andersdenkende in ihren Wünschen zu beschränken, befürwortete er durch Beispiel, Zeitschriftenauslage und doppelte Menügestaltung in wohltuend unaufdringlicher Weise den Vegetarismus und eine gewisse Lebensreform.

Die liebenswürdige Praxis, die sich ohne Pathos, Geschrei und viel Aufhebens vollzog, zeigte, dass der dosierte Kommunismus stärker sein kann als der fanatische. Es war wenigstens eine Art von

Kommunismus, die als Leitidee über dem Berg stand und sich vor allem darin kundtat, dass die Sehenswürdigkeiten, die der Monte Verità barg, nicht als reines Privateigentum behandelt, sondern der Allgemeinheit zugänglich gemacht wurden.

Auch andere Grund- und Hausbesitzer in Ascona hatten herrliche Gärten, einige Kunstschätze und interessante Sammlungsstücke. Aber ihr Besitz blieb der Welt verborgen, denn nur wenige Auserwählte, nur die Freunde und Bekannten des Hauses bekamen gelegentlich einmal etwas davon zu sehen. Baron von der Heydt erklärte: «Zu meinem Besitztum hat jeder Zutritt!» Und er fügte hinzu: «Jeder seriöse Kunstfreund kann die Sammlung, die sich in meinem Privathaus befindet, betrachten, während die Gegenstände im Restaurant, Hotel und Park jedem ohne weiteres zur Besichtigung freistehen.»

Immer wieder drängten sich Vergleiche zwischen der alten und der neuen Zeit des Monte Verità auf. Früher war man dogmatisch und ziemlich humorlos, aber auch vertiefter und konsequenter in der Lebensauffassung. Das Herz war damals übermäßig stark beteiligt. Man ließ reichlich kritiklos jeden guten Willen als gute Tat gelten. Das hatte sich nun geändert – wenn auch das Neue immer noch mancherlei von dem Naturmenschenstil an sich hatte. Den Parallelen zwischen alter und neuer Zeit standen große Gegensätze gegenüber. Dadurch, dass sich jetzt der Stil liebenswürdiger gebärdete, fielen die grostesken Härten weg, und es blieb nur das Schöne; es blieb nur das harmlose, zu nichts verpflichtende Genießen einer hingebungsfreudigen Natur. Man lehnte die verlogene Pose des guten Willens ab, man hielt auf Niveau zu, man engagierte sich nicht allzu stark, man zog der Einfachheit halber sogar oft das Arrivierte dem Zweifelhaften und Unbekannten vor. Wenn früher alles furchtbar ernst genommen wurde, so traf man jetzt eine kleine, wohlerwogene Auswahl. Schon der Kauf des Berges war nicht ganz ernst, war keine Notwendigkeit gewesen –

das mochte die beste Vorbedingung für ein gesundes Wachstum sein.

Der grundlegende Unterschied gegenüber dem alten Monte Verità bestand darin, dass die Gründer eine unmögliche Fülle von Erwartungen in das Unternehmen steckten, dazu ihre ganze Seele, ihre ganze Existenz – wohingegen der neue Besitzer Geld hineinsteckte, das er sich außerhalb von Ascona verdiente; er hatte einen festen Zusammenhang mit den anderen Möglichkeiten, die das Leben in aller Welt bot.

Trotzdem hatte er die große Liebe zum Berg und zu den Mitmenschen – und vielleicht größere Freude an der Freude. Oedenkoven und Ida Hofmann wollten eine ideale Weltanschauung, die doch immer nur eingeschlossen sein kann in den weiten Gebieten des Herzens oder des Verstandes, mit einem Schlag in eine kleine Form pressen und praktisch sichtbar machen. Ihr privater Wunsch sollte tägliches Leben werden. Die Menschen sollten das alte Leben verlassen und auf dem Monte Verità Kraft für ein neues finden. Baron von der Heydt bot seinen Gästen an, bei ihm eine neue Lebensform zu suchen; oder er gab ihnen Gelegenheit, sich neue Kraft zu holen für die Erfordernisse des alten Lebens. Wohl sagte der in die indische Weisheit eingedrungene Baron: «Mit dem alten Leben können wir nicht mehr viel anfangen. Die Gäste des Monte Verità müssen Kraft suchen für ein neues Leben», aber er wusste auch, dass die meisten nur Erholung und Betäubung suchten.

In dieser klugen Beschränkung liegt die leise Resignation, die das praktische Dasein immer wieder den allzu hohen, allzu fernen Idealen abringt.

Das Naturmenschentum hatte sich, die mutigschüchternen Ansätze Oedenkovens weit überflügelnd, mit jeglichem Komfort verbunden. Um auch den verwöhntesten Gästen das Naturleben schmackhaft zu machen, ließ Baron von der Heydt einen neuen Hotelbau nach den modernsten Grundsätzen errichten. Jetzt war alles da, was man sich nur wünschen konnte – von der romantischen Primitivität bis zum Gipfel der Bequemlichkeit. Der Monte Verità, der so lange reifen, irren und wachsen musste, hatte nun endlich seine Fehler, Erlebnisse, Launen und Exzesse überwunden und war zur Vollkommenheit gelangt.

Im «Querschnitt» vom Oktober 1929 schrieb der Kunsthändler Alfred Flechtheim, der Begründer der Zeitschrift und ein guter Freund des Barons:

«Über das Paradies Ascona ist schon so viel geschrieben worden, dass es sich erübrigt, Käse in die Schweiz zu tragen. Was da alles kreucht und fleucht, oben auf dem Monte Verità, auf dem einmal Gustav Nagel residiert hat, unten im Café Verbano und im Café Centrale, dem Dôme und der Rotonde von Ascona, auf dem Lido und in den Villen am Ufer des Sees und in den Bergen – man lese die Fremdenzeitung für Locarno und den Langensee; ich nenne nur die vier Matadoren: den Baron von der Heydt, der in seinem schönen (vor 25 Jahren für den Belgier Henri Oedenkoven erbauten) Haus seine Götter und Göttinnen aus China, Indien und Afrika aufgestellt hat, Dr. Max Emden, den Neptun des Lago Maggiore, der aus den Brissago-Inseln die Inseln der Seligen gemacht hat, Charlotte Bara, die gotische Tänzerin, und Marianne von Werefkin, die, von Epheben begleitet, durch die engen Straßen von Ascona, über die Piazza und durch die Tanzlokale schreitet.»

Wie sich die Gesinnungsgenossen der alten Monte Veritaner in der Nähe des Berges ansiedelten, so erwarben auch die Bekannten und Freunde des neuen Besitzers Grundstücke in seiner Nachbarschaft. Dr. Edmund Stinnes kaufte ein großes Gelände, zu dem auch das prachtvolle Besitztum der Baronin Wrangel gehörte; er sehnte sich nicht nach einer bescheidenen Lufthütte, sondern baute eine ansehnliche Villa. Auch Freiherr von Stumm legte sich eine Villa in Ascona zu. Und Dr. Emden aus Hamburg wurde glücklicher Besitzer der beiden Inseln von Ronco.

Die Inseln der Seligen

«Jeder Tessinfahrer, dem sich zum erstenmal der tiefblaue Zauberspiegel des Lago Maggiore in seiner ganzen Ausdehnung erschließt, sei es vom Kai von Ascona, von Monte della Trinità oder vom südlichen Ufer, von Gerra aus, umfasst mit seinem trunkenen Blick zuerst zwei Eilande, die grün und traumverweht vom See herübergrüßen. Es sind die Inselchen von Brissago, die jetzt den Namen ihrer Besitzerin St. Léger führen. Wer aber vermutete, dass diese grünen Eilande ein Paradies im wahrsten Sinne des Wortes sind? Was Menschenfleiß, Kulturwille und Schönheitsdurst zu schaffen vermögen, ist hier geschehen, wo aus steiniger Wildnis im Laufe eines Vierteljahrhunderts ein Garten Eden entstand …

Die zwei kleinen Inseln hießen vormals San Pancrazio, mit zirka 55 000 Quadratmeter Umfang, und San Apollinare, etwa halb so groß; sie sind vom nächsten Ufer (Porto di Ronco) einen Kilometer, von der italienischen Grenze etwa drei Kilometer entfernt. Ihre Geschichte geht bis auf die Zeiten der römischen Herrschaft zurück, wo sie gelegentlich den kleinen Ansiedlungen der umgebenden Seeufer als Semaphorstation dienten. Nach dem Edikt Konstantins wurden sie, Jahrhunderte später, ein Zufluchtsort der ersten Christen aus der Umgebung des Sees. Auf der kleinern Insel entstand aus dem dort vorgefundenen Tempel der Aphrodite nunmehr die erste christliche Kirche, welche dem hl. Appollinaris geweiht war und nachträglich zur Pfarrkirche von Brissago erhoben wurde …

Nachdem unter dem hl. Ambrosios (zirka 400 n. Chr.) diese Pfarre nach Brissago selbst versetzt worden war, wurden die Inseln im Mittelalter, um das Jahr 1131, dem Orden der ‹Umiliati› abgetreten, die hier ihr Kloster gründeten. Dieses Kloster degenerierte aber mit der Zeit derart, dass es im Jahre 1574, auf Antrag des hl. Borromeo, als allzu reich und luxuriös von Papst Pius V. aufgehoben wurde.

Auch das Kirchlein San Pancrazio auf der größeren der Inseln, das aus dem Ende des 16. oder dem Anfang des 17. Jahrhunderts stammen mag und stellenweise Spuren von Malereien aus dieser Zeit aufwies, verstummte bald, so dass die beiden Inseln nunmehr fast immer unbewohnt und gänzlich unkultiviert blieben, bis sie im Jahre 1885 von der jetzigen Besitzerin, Frau von St. Léger, käuflich erworben und zu dem wertvollen und prächtigen Besitz unter ihrer eigenen Leitung und Initiative umgestaltet wurden.»

So hat Johann Venner, ein begeisterter Tessinkenner, die Brissago-Inseln einst beschrieben. Vielleicht ist das Schicksal der Baronin Antonietta St. Léger eines der bewegtesten und interessantesten jener Menschen, die sich rund um Ascona angesiedelt haben.

Aus der Wüstenei der beiden Brissago-Inseln schuf die Phantasie dieser eigenwilligen, schönen und begabten Frau ein botanisches Paradies.

Sie war nicht nur Herrin der Insel, sondern auch eine eindrückliche Persönlichkeit, die 43 Jahre hindurch jedes Wesen, das in ihren Bannkreis kam, in Atem hielt, eine Frau, die schon zu ihren Lebzeiten von der Legende umhüllt war.

Antonietta Baronin de St. Léger wurde in Petersburg geboren. Ihre Herkunft ist in geheimnisvolles Dunkel gehüllt. Man sagt, dass sie das uneheliche Kind einer jüdischen Tänzerin, die eine Liaison mit einer hochstehenden Persönlichkeit am Zarenhofe hatte, gewesen sei. Bayer war ihr Mädchenname. Ihr Vater sorgte für eine gute Erziehung; sie besuchte das damals vornehmste Petersburger Töchterinternat, das Smolny-Institut. Da sie als junges Mädchen von zarter Gesundheit war, wurde sie von ihrem Vater in Begleitung einer Erzieherin nach Neapel zur Erholung geschickt und im Hause des deutschen Konsuls Jaeger mit ihrer Gouvernante einquartiert. Konsul Jaeger hat die junge Antonietta bald darauf geheiratet.

Für ihren unruhigen Geist war das Leben am häuslichen Herd aber nicht geschaffen. Sie reiste viel, lebte einige Zeit in Rom, wo es ihr gelang, die Bekanntschaft von Liszt zu machen, der zurückgezogen in einem Kloster lebte. Auch er war von dem Charme und der Begabung dieses reizvollen Geschöpfes so entzückt, dass er ihrem Drängen nicht widerstehen konnte und einwilligte, ihr Klavierunterricht zu erteilen. Sie war seine letzte Schülerin.

Antonietta begann Kunstschätze zu sammeln: Bilder, venezianisches Glas, etruskische Vasen, Elfenbeinschnitzereien.

Aber schon nach wenigen Jahren ließ sie sich von ihrem Mann scheiden und reiste mit ihrem Söhnchen herum. Eines Tages, in einem Mailänder Hotel, erblickte sie der irische Baron Richard Fleming de St. Léger, der sich gerade auf einer Erholungsreise in Italien befand.

Er verliebte sich in die hübsche, zierliche und lebhafte Frau und heiratete sie 1880. Sie begleitete ihn nach China, wo er in Peking Gesandter war.

Nach Irland zurückgekehrt, lebte das Paar eine Zeitlang auf dem Besitz der Familie de St. Léger in Dublin.

Aus klimatischen Gründen verließen Baron St. Léger und seine Frau den unwirtlichen Norden und ließen sich in Intra am Lago Maggiore nieder. Sie bewohnten dort ein Haus, das dem Fürsten Troubetzkoj gehörte, der hier seiner Liebhaberei, der Bildhauerei, nachging. Hier wurde der Sohn James geboren. Danach lebten sie einige Zeit in der Villa «La Barenata» in Muralto. Noch

hatte die Baronin de St. Léger ihren Fuß nicht auf die beiden verlassenen Inseln gesetzt, aber sie träumte davon, sie einmal erwerben zu können. 1885 kaufte der Baron de St. Léger schließlich die beiden Inseln für 25 000 Franken, dank einer großen Erbschaft.
Nun begann das Planen und Gestalten. Der Baron war ein schüchterner Mann, der Poesie und Musik liebte und ebenso wie sie ein großes Interesse an exotischen Pflanzen hatte. Er überließ aber die Durchführung der Pläne für die Gestaltung und Anlage des Parkes auf der großen Insel völlig seiner Frau. Ihr schwebte vor, etwas Ähnliches zu schaffen wie den Park auf der Isola Madre.

Wie von einem Zauberstab wurden die verlassenen Inseln aus ihrem Dornröschenschlaf erweckt. Gäste gingen in dem Hause des Barons ein und aus, der italienische Komponist Leoncavallo, der in Brissago eine Villa besaß, gehörte zu den regelmäßigen Besuchern. Konzerte und Gartenfeste wurden veranstaltet. Die Baronin hatte die Großzügigkeit der russischen Gastfreundschaft als Erbe mitbekommen. 1886 wurde auf der Insel die Tochter Joan geboren.
Zu den Gästen der Insel gehörten Öl- und Bahnmagnaten, denn auch in diesem Inselparadies fand der unruhige Geist der Baronin keine Ruhe. Immer wieder neue Verbindungen nahm sie auf, immer wieder beteiligte sie sich an gewagten Unternehmungen. Sie kaufte Fabriken, sie finanzierte die erste Straßenbahn in Belgrad. Sie reiste nach Mailand, Bukarest und Budapest, um Terrains zu kaufen, sie baute in Italien eine Lokalbahn.

Dem stillen, musisch begabten und allen Geschäften abgeneigten Baron de St. Léger wurde es unheimlich in der Nähe ihres vulkanischen Temperamentes, das zu Ausbrüchen neigte, die durch nichts einzudämmen waren. Er ließ sich als irischer Vizekonsul nach Neapel berufen, verließ die Inseln, die seinen Namen trugen, und kehrte nie mehr zurück. Er starb im Jahre 1923. Die Tochter folgte dem Vater nach einiger Zeit, und auch sie hat nie wieder ihren Fuß auf die Inseln gesetzt und ihre Mutter nicht mehr wiedergesehen.

Nun lebte die Baronin Antonietta allein auf der Insel, auf der sie sogar ein Postamt mit eigenem Stempel eingerichtet hatte. Ständig wurde am weiteren Ausbau des Parkes gearbeitet. Während der stillen Monate beschäftigte sie 15 bis 20 Personen. Dabei gab es nur Zisternenwasser auf der Insel. Das Haus, das sie bewohnte, hatte weder Licht noch Wasser. Jeden Tag fuhr der Postmeister Bette von Porto Ronco mit einem Boot zur Insel hinüber, um ihr die Post und eine Gießkanne mit Trinkwasser zu bringen.

Nach dem Tode des Barons de St. Léger machte Antonietta die Bekanntschaft des schönen Griechen Tsiko, den sie heiratete. Er kam bald danach durch einen Autounfall in Canobbio ums Leben und wurde in Brissago begraben.

Auch an allen neuen Erfindungen war die Baronin interessiert. So hatte sie eine Erfindung aufgegriffen, die sie mehr als alles andere fesselte, und von der sie bis in ihr hohes Alter hinein besessen war: Die Gewinnung von Alkohol aus Torf.

Im Laufe der Jahre haben sie diese Versuche ebenso wie ihre Spekulationen buchstäblich an den Bettelstab gebracht.

Nach Beendigung des Ersten Weltkrieges reiste sie mit einem Koffer voller Dokumente zu ihren Advokaten, die sie überall sitzen hatte: in London, Paris, Rom, Lugano und Locarno. Ein Stück nach dem anderen aus ihren wertvollen Sammlungen musste sie verkaufen, um die laufenden Prozesskosten zu bezahlen.

Zu der Zeit, als das Gerücht im Umlauf war, dass die Baronin die Inseln verkaufen wollte, waren der Geiger Bronislaw Hubermann und der deutsche Warenhausbesitzer Dr. Max Emden als Gäste auf dem Monte Verità. Eine jahrelange Freundschaft verband die beiden, und sie beschlossen, gemeinsam die Inseln zu erwerben. Hubermann wollte die große und Dr. Emden die kleine Insel bewohnen. Beide fuhren hinüber, der Preis wurde auf

Fr. 150 000.– festgesetzt, und es wurde vereinbart, dass aus steuerlichen Gründen Scheinhypotheken aufgenommen werden sollten. Zwischen dem Vorvertrag und dem endgültigen Vertragsabschluss verstand es die Baronin, weitere Hypotheken aufzunehmen, sodass sich der endgültige Verkaufspreis auf Fr. 350 000.– stellte. Als Dr. Emden diese Manipulation an Hubermann, der inzwischen abgereist war, um seinen Konzertverpflichtungen nachzugehen, telegraphierte, trat Hubermann vom Vertrag zurück.

So kam Dr. Max Emden wider Willen in den Besitz der Inseln. Er zahlte den Kaufpreis von 350 000 Franken.
Im November 1927 hatte er den Verkaufsvertrag unterzeichnet, nach welchem die Inseln bis zum 15. Februar geräumt sein mussten. Giorgio wurde geholt, um die Insel zu beaufsichtigen und beim Umzug zu helfen. Vierzehn Tage lang wurden Kisten um Kisten gepackt, denn die Baronin konnte sich von nichts trennen. Jedes Stückchen Papier, Schachteln voller Fotografien standen herum, jeden Zeitungsausschnitt hatte sie aufgehoben, ein ganzer Wagen wurde allein mit den Papieren und Prozessakten beladen. Bis zuletzt wusste die Baronin nicht, wohin sie ziehen wollte. Schließlich, in letzter Minute, erwarb Dr. Emden das gegenüberliegende Areal, für sie, eine alte Mühle am Wasserfall von Moscia mit verschiedenen, nicht sehr gut erhaltenen Häusern.

Vom Fenster ihres neuen Hauses aus konnte die Baronin nun die Inseln wenigstens sehen. Aber verschmerzt hat sie den Verlust ihres Paradieses nie.

Sie endete im Altersasyl von Intragna, völlig verarmt. Hin und wieder erhielt sie dort den Besuch einiger weniger Getreuer aus ihrer glanzvollen Zeit, zu denen auch Giorgio gehörte. Ein silberner Becher mit dem Wappen von St. Léger, drei Bürsten aus Elfenbein mit einer Krone verziert, das waren die einzigen Zeugen der einstigen Pracht.

Eine tiefe Tragik liegt über diesem Lebensende. Der letzte Wunsch der Baronin Antonietta de St. Léger, die eines der schönsten Naturdenkmäler des Kantons Tessin geschaffen hat, blieb unerfüllt: in Brissago begraben zu sein.

Niemand von ihren wenigen Freunden wurde von ihrem Tod verständigt, selbst der eigene Sohn nicht, der am Genfersee lebte. Niemand hat ihren letzten Wunsch erfüllt. Sie wurde in Intragna begraben. Am Hafen von Porto Ronco ist noch die alte Inschrift zu erkennen:

Già Proprietà di Nobildonna Antonietta de San Léger Re Casa al Porto del parco isole.

Mit den neuen Herren der Insel zog ein anderer Geist ein. Max Emden, Doktor der Chemie und Mineralogie, hatte die Kaufmannskarriere eingeschlagen und die Leitung der väterlichen Unternehmungen übernommen, einen der größten Kaufhauskonzerne Deutschlands in Hamburg, dem noch andere Warenhausbetriebe in deutschen Städten angeschlossen waren. Dr. Emden gehörte zu denen, deren Leitsatz es war: «Auch leben ist eine Kunst.» Als er sich den Fünfzig näherte, verkaufte er für einige Millionen sein Unternehmen. Er wandte seinen unternehmerischen Geist von nun an der Gestaltung der Insel zu.

Das alte Haus der Baronin wurde gesprengt. Die Pläne für das neue hatte der Berliner Architekt Professor Breslauer ausgearbeitet, der den Wohnpalast in seiner heutigen Gestalt schuf. Der in Ascona damals ansässige und inzwischen verstorbene Bildhauer Paolo Osswald wurde mit dem figürlichen Schmuck betraut. Alle Statuen, die den Dachfirst zieren, die Skulpturen in der Hafeneinfahrt stammen von seiner Hand. Mit einem Spiegelsaal in einem Ausmaß von 150 Quadratmeter, Fußböden aus edlen Hölzern, Wänden mit kostbaren Seidentapeten, einem Marmorfußboden im ersten Stockwerk, der eine getreue Nachahmung des Bodens aus dem Mailänder Dom ist, wurde das Haus mit seinen 30 Räumen ein Luxushaus, wie man es an diesen Gestaden und wohl in der ganzen Schweiz noch nicht kannte.

Die Kunst zu leben zog nun auf der Insel ein, denn Dr. Emden verstand es mit der Großzügigkeit eines «königlichen Kaufmanns», dem unbegrenzte Mittel zur Verfügung standen, sich das Leben nach seinen Vorstellungen zu gestalten. Große Sorgfalt verwandte er auf die Pflege und weitere Ausgestaltung des Parkes, der immer wieder um neue exotische und einheimische Pflanzen bereichert wurde. Eine Sonnenuhr wurde aufgestellt, ein Schwimmbassin aus Marmor von 33 Meter Länge angelegt, für das der Hamburger Bildhauer Wrba eine reizvolle Frauengestalt schuf. In die Mauer, die diesen Badeplatz umschließt, wurde eine halbkreisförmige Öffnung eingelassen, mit einem schönen Eisengitter verziert. Einige Meter vor dem Schwimmbassin gab es eine überdachte Halle, in der eine breite Gartenschaukel aufgestellt war. Von hier aus pflegte der Herr der Insel dem munteren Baden junger, schlank gewachsener Mädchen zuzuschauen, die sich hier nach Herzenslust tummeln konnten. Wie andere Männer Bronzestatuen sammeln, so liebte es Max Emden, von schönen, jungen Frauen umgeben zu sein. Ihr Lachen und ihre Lebensfreude erfüllten die großen Räume des Palastes, und wie mit einem Zauberstab wurden all ihre Wünsche erfüllt. Täglich konnte man Max Emden in seinem Motorboot, auf dessen Deck sich braungebrannte Körper sonnten, über den See fahren sehen.

Er war auch ein leidenschaftlicher Golfspieler, und seiner und Baron Eduard von der Heydts Hilfe verdankt Ascona die Schaffung seiner schönen Golfanlage.

Der Sohn der Baronessa St. Léger aus ihrer ersten Ehe stand als Bootsmann in Emdens Diensten. Dreizehn Boote hatte er zu betreuen. Er war ein wenig merkwürdig, dieser Sprössling aus der Ehe der Baronessa mit dem deutschen Konsul Jaeger. Er verlangte, dass man ihn mit «Admiral von Jaeger» anredete. Dreizehn Jahre lang lebte Max Emden auf seiner Insel. Zu den Gästen, die er empfing, gehörte Agha Khan, der sich nach dem Tode von Dr. Emden eine kurze Zeit lang für den Erwerb dieses Besitzes interessiert hat. Auch E. M. Remarque war ein oft gesehener Gast

H. von Wedderkop hat seinerzeit im Berliner «Querschnitt» den scheuen Lebemann beschrieben:

«Der große Panje, der mit dem großen Pan das gemeinsam hat, dass er überall und nirgends ist, taucht plötzlich in einem Cadillac auf, mit einem bunch of beautiful northgerman ladies, eine Vision von Blau und Nickel, oder der Lago wird geteilt von seinem Motorboot mit 80-Stunden-km-Geschwindigkeit, welche die sonst fehlende Brandung schafft, wofür ihm alles dankbar ist. Er möchte am liebsten aufgehen in Luft, Wasser und Sonne und möchte, dass man ihn niemals sieht, weil er das Idyll nicht stören möchte, wie er sagt. Und das gerade Gegenteil ist der Fall, denn man sieht ihn infolge der Schnelligkeit seiner Motoren überall. Er eilt vom Festland zu seinen Inseln, wo fußdicker Bambus, Oliven- und Pinienhaine ihn verbergen. Weg! Still ruht der See, den er soeben noch übertreten ließ. Er will nicht genannt sein, will verschwinden in dem Idyll – und trägt doch eine Bügelfalte in seinen kurzen Hosen, mit denen er notgedrungen einen Teil seines mahagonibraunen Leibes bekleiden muss.»

Die beiden Nabobs, Emden und von der Heydt, machten einander weder etwas streitig, noch schlossen sie Freundschaft. Dr. Emden kehrte zwar mitunter auf dem Monte Verità mit seinen Inselmädchen oder anderen Gästen ein, aber der Baron kam nie auf die Inseln.

In seinem letzten Lebensjahr konnte Max Emden – er starb im Mai 1940 im Alter von 66 Jahren und liegt in Ronco begraben –

das heitere Inselleben nicht mehr genießen, denn der Krieg überschattete es insofern, als das Benzin rationiert wurde. Und wer hätte im zwanzigsten Jahrhundert einen Kilometer rudern mögen?

Immer wieder bis in die jüngste Zeit hinein erschienen die Inseln im Bannkreis der Legende. Nach dem gewaltsamen Tode Mussolinis kursierte zum Beispiel das Gerücht, dass die Gebeine des Duce heimlich über die Grenze gebracht und auf den Brissago-Inseln beigesetzt worden seien. Die Tessiner Polizei stellte sogar Untersuchungen an.

Nach dem Tode von Max Emden legte sich von neuem die Einsamkeit und Stille über diese Inseln der Lebenslust und Lebensfreude. Emdens einziger Sohn lebte in Chile. Ein Wächter und sein bissiger Hund blieben jahrelang die einzigen Bewohner der Insel, wo kein anderer mehr Zutritt hatte. Niemand war an der weiteren Pflege des Parkes interessiert. Nun fing es an allen Ecken und Enden zu wuchern an. Mit der gleichen Schnelligkeit, in der in diesem Klima edle Pflanzen zu gedeihen vermögen, fing das Unkraut zu sprießen und zu wachsen an, sodass sich der gut gepflegte Park in eine buchstäbliche Wildnis verwandelte.

Inzwischen waren immer mehr Stimmen laut geworden, die sich für die Erhaltung dieses botanischen Juwels interessierten und verlangten, den Inselpark dem Publikum zugänglich zu machen. Der entscheidende Schritt wurde durch den Schweizer Heimatschutz und durch den Schweizerischen Bund für Naturschutz getan. Die am Ufer gelegenen Gemeinden schlossen sich zusammen. Es musste ein Kaufpreis von 600 000 Franken aufgebracht werden.

Nun zog wieder eine rege Tätigkeit auf der Insel ein. Der Garten wurde gesäubert und instand gesetzt, kranke Pflanzen entfernt und durch neue ersetzt.

Die Schiffe, die den See befahren, legen heute bei der Insel an, an deren Hafen kein kläffender Hund mehr den Eintritt verwehrt.

Motorboote bringen von Ascona und Porto Ronco aus die Besucher in wenigen Minuten hinüber.
170 verschiedene Bäume gibt es auf dieser botanischen Insel: Zypressen, Phönix-, Dattel-, Bananen- und Zwergpalmen, solche von den Kanarischen Inseln und Hanfpalmen aus China, während die Kokospalmen aus Südbrasilien stammen, Kampfer- und Eukalyptusbäume, Keulenlilien aus Neuseeland, Araukarien verschiedenster Art, 20 m hoher Bambus, Sträucher, die sonst in China und Japan beheimatet sind, Myrthen, Schlingpflanzen aller Art und Hunderte von blühenden Pflanzen, die mit geschickter Hand in den grünen Rasenteppich gepflanzt worden sind.

Aber die großen Zeiten der Baronin St. Léger und Max Emdens sind vorüber.

Heute ist dieser bezaubernde Ort, den zu Dr. Emdens Zeiten kein Außenstehender betreten durfte, dem Publikum ebenso zugänglich wie der Monte Verità. Ein Cafe, Kunstausstellungen, Konzerte, ein Postbüro und eine Anlegestelle, besonders aber der herrliche Park, der vom Botanischen Institut der Universität unterhalten und ständig verschönert wird, locken die Feriengäste an. Sie lassen sich die wechselvolle Geschichte der Inseln erzählen und glauben die Mär vom «tollen Emden und seinen Inselmädchen» ebenso gern wie einst die neidischen Asconauten.

Mondänes Dorf

Der Lido von Ascona, der einst Freibad war, wurde mit der Zeit mondän. Ein Kasino mit Tanzsaal und Terrasse, eine riesige Spielwiese, ein wundervoller Sandstrand und eine amüsante Jazzkapelle machten den Lido zum beliebtesten Ziel der Gäste. Ein vergnügtes, zwangloses Leben und Treiben spielte sich dort ab, und als die Autostraße zum Lido gebaut war, nahm der Betrieb immer mehr zu. Der Strand zieht sich bis an die Maggia hin. Landeinwärts befindet sich einer der schönsten und interessantesten Golfplätze; er umfaßt zirka 600000 qm und nimmt den größten Teil des sogenannten Saleggi, der durch Anschwemmungen entstandenen Ebene zwischen Locarno und Ascona, ein.

Am Weg zum Strandbad stand ein kleiner, gedrungener ehemaliger Vogelturm, dem das Dach fehlte. In dem einzigen Raum stand eine räderlose gelbe Postkutsche; sie diente dem Russen Nicol als Ameublement.

Nicol war einer der wunderlichsten Typen Asconas. Er hatte ein rundes, schwammiges, farbloses Gesicht, einen flüchtigen Blick, eingezogene Schultern, einen scheuen Gang. Er sah ärmlich und bedauernswert aus, war dunkel gekleidet und trug auf halblangen Haaren einen staubzerfressenen schwarzen Hut.

Dieser eigentümliche Mensch hatte viele Jahre lang auf den Inseln bei der Baronin Antonietta Saint-Léger gelebt. Die Baronin betete ihn als einen Heiligen an, und tatsächlich zeigte er erstaunliche fakirhafte Eigenschaften. Er heilte die Inselbesitzerin durch magische Behandlung von einer akuten Krankheit. Im übrigen war er der Zerberus der einsamen Besitzung. Bis zum Jahre 1925 sah und hörte man wenig von ihm. Die Einheimischen sprachen nur mit leiser, geheimnisvoller Stimme von dem «Jogi». Dann verkrachten sich die Herrin und der Heilige. Nicol musste die Inseln verlassen. Sein Nachfolger war der Gründer einer Weltwandererbewegung. Er warb Mitglieder, die die von ihm selbst hergestellten internationalen Geldscheine kaufen sollten, und gab Broschüren heraus, die im Verlag der Inseln St. Léger erschienen.

Die Baronin Wrangel räumte dem Jogi ein Dachzimmer ein, wo er ein stilles, meditatives Dasein führte. Dann zog er plötzlich aus und installierte sich auf dem flachen Dach der Casa Angolo unterhalb des Monte Verità. Dort lebte er in einer aufrecht stehenden Kiste. Er hatte darin ein Brett mit einem Ausschnitt angebracht und konnte nun, wenn er sich zum Meditieren in die Kiste zurückzog, durch das Brett seinen Kopf vom übrigen Körper abteilen. Es wird behauptet, dass er tagelang in dieser Stellung verharrt habe. Er huldigte der Anschauung, dass ihn der Körper vom Hals an abwärts nichts anginge. Aber im Winter erfroren ihm beinahe die Glieder. Wie er existieren konnte, war ein Rätsel. Die Bewohnerin des Hauses versicherte, er nähme keine andere Nahrung zu sich als täglich einen halben Liter Milch. Nun lebte der Jogi seit fast zwei Jahren in der engen Kutsche im offenen Turm.

Die Wohnungsidee hatte er anscheinend von einer einzigartigen Pensionsinhaberin übernommen. In einem abgelegenen Teil des Saleggi stieß der Spaziergänger nämlich auf eine weitere Merkwürdigkeit. In der Umgebung eines weißen Häuschens standen – teilweise durch Gestrüpp verdeckt – einige abgebaute, uralte Hotelwagen. Statt auf Rädern ruhten sie auf Bohlen; sie sahen aus wie Gluckhennen. Durch einen Blick ins Innere konnte man sich überzeugen, dass es sich um mehr oder weniger unkomfortable Wohnungen handelte. Salon, Schlafgemach und Bücherbrett kombiniert; Badezimmer im Freien. Das Bett, der Tisch, der Stuhl, das Kleiderfach, alles war fest eingebaut. Das Ganze konnte mit gutem Gewissen nur kleinen dünnen Menschen empfohlen werden. Die ausrangierten, altmodischen Wagen trugen noch die stolzen goldenen Aufschriften aus ihrer Glanzzeit: «Grand Hotel», «Hotel d'Angleterre», «Palace» und «Hotel Metropole». Lotte Gerstfeld, die findige Unternehmerin, die diesen Hotelkonzern gegründet hatte, vermietete die primitiven Behausungen für ein paar Franken monatlich an dankbare Unbemittelte. In ihrem weißen Häuschen verköstigte sie ihre Pensionäre, ohne sich allzuviel Mühe zu machen. Vor allem billig und gut vegetarisch.

Im Jahre 1927 wurde Ascona um eine Kulturstätte bereichert. Der Vater der Tänzerin Charlotte Bara, die einst als Wunderkind gefeiert worden war, hatte das Castello San Materno gekauft, eines der alten Schlösser langobardischen Ursprungs, und ließ nun vom Architekten Carl Weidemeyer ein entzückendes kleines Theater mit 160 bis 180 Sitzplätzen bauen, dem außen sehr geschickt Apartements angefügt wurden. Hier trat Charlotte Bara ab und zu mit ihren sakralen Tänzen auf, und man sprach mit dem üblichen asconesischen Spott von Zwangsvorstellungen, weil es sich ganz einfach gehörte, das Eintrittsgeld zu bezahlen und sich im Zuschauerraum zu zeigen. In der 1932 erschienenen heiteren Sommergeschichte «Neun in Ascona» lassen die Autoren Ursula von Wiese und Werner Johannes Guggenheim eine Theatertanzgruppe, die Ascona in den Ferien besucht, in diesem Kleinen Theater auftreten und schildern die Zuschauer, größtenteils Schlüsselfiguren, folgendermaßen:

«Neben Mahlberg saß zur Linken Walter Manig, zur Rechten die Baronin mit rotem Kopftoch, neben ihr Günter Schaffroth, der Mäusezähnige, neben Walter Manig war ein Stuhl noch leer. Vor Mahlberg thronte eine junonische Frau mit zwei Töchtern, die sie bewachte; unweit von ihr war Schöpwinkel zu sehen, der Menschenähnliche, und an seiner Seite Molas der Schweiger, der schweigend das grüne Programmblatt las. Hinter Mahlberg saß Dr. Salpeter mit Frau, und Sylvia bemerkte auch in dem nun schon nahezu vollbesetzten Zuschauerraum Gerd Eccarius, den Verflossenen, der jugendlich und heldisch einem weiblichen Wesen mit langnäsigem Gesicht und Wandervogelschnecken auf den Ohren eben aus einer Tüte Zuckerzeug anbot. Und es schien Sylvia, als hörte sie über den Köpfen der Menge sein ‹r› rollen. In einer Loge saß glatzköpfig und etwas gelangweilt, umgeben von gleichförmig gekleideten Mädchen in blauen Matrosenanzügen, der melancholische Inselherr; in der andern Loge lächelte aus kindlichem Buddahgesicht der Bankier weiland Seiner Majestät Wilhelms des Zweiten. In der vordersten Reihe war Wilhelm Schmidtbonn mit Frau (sein aufgeregter Hund Betty weinte im einsamen Heim), zu seiner Linken saß eine eifrig lorgnettierende ältere Dame, die streitsüchtig einen niemals endenden Disput mit ihm führte; und hinten im Winkel befand sich die muntere Fede, die es sich nicht hatte nehmen lassen, bei diesem großen asconesischen Abend dabei zu sein.»

Carl Weidemeyer aus Bremen, der einen blonden Vollbart trug, als die Bärte gerade aus der Mode gekommen waren, führte die Schar der Architekten an, denen es die Umstände in Ascona gestatteten, der modernen Bauweise zu frönen: Robert Abegg, Fritz Bähler, Albert Hauser, Oswald Roelli, Max Schmuklerski, Otto Zollinger. Ihnen vor allem war es zu danken, dass sich in Ascona eine Bauweise entwickelte und jahrelang hielt, die Althergebrachtes mit Modernem verband und den Ort vor der später einsetzenden Verschandelung bewahrte.

Ascona sollte für Weidemeyer die zweite künstlerische Heimat werden. Nicht allein Bauaufträge hielten ihn in diesem «merkwürdigen Dorf» zurück. Vielleicht war es die Freundschaft mit manchem Künstler, der hier kürzere oder längere Zeit gelebt hat, die Werefkin, Paul Klee, Christian Rohlfs, Robert Genin, Richard Seewald, Carl Hofer, Moïse Kogan, Arthur Segal. Vielleicht war es auch die anmutige Lage des Dorfes an den sanft ansteigenden Hängen der Collina. Von Weidemeyers modernem architektonischem Empfinden zeugen noch heute die prächtigen Villen von Professor Hahn, die Villa Oppenheimer, Villa Schultheß, die Villa Rocca Vispa und die Villa Tutsch. In Ascona sind auch seine lichtdurchsetzten, leuchtenden Ölbilder und Aquarelle entstanden. Noch in späten Jahren schloß er sich als Sprecher und Solist dem von Jakob Flach gegründeten Asconeser Marionettentheater an.

Auf dem Monte Verità versammelten sich wieder die verschiedenartigsten Menschen, genau wie zu Ida Hofmanns Zeiten. Ein Aufsatz in Ullsteins Monatszeitschrift «Dame» kennzeichnet die Zufallsgesellschaft mit treffenden Worten:

«Nachdem Ascona die letzten Jahrzehnte sukzessiv Perioden der Anarchie, des Vegetarismus, der Malerei und der Literatur durchlief, ist es heute in einer Ära, in der dies alles simultan auftritt, vermehrt um allerlei Mondänes. Man fletschert immer noch viel Rohkost, Weltanschauung und Gesinnung. Noch immer gibt es Bohemiens, die im Kampf mit der Sauberkeit, dem guten Geschmack, der Kunst und der Tugend alleweil siegen und mit einem erstaunlichen Minimum an Arbeit auskommen. Das Klima der geistigen Landschaft Ascona ist gefahrenreich. Hier bildet manch Talent sich in der Stille ein. Überdies aber trifft man jetzt eine Fülle von Prominenten aller Künste, Fakultäten und Branchen, die da mit- und voneinander sich erholen, arbeiten oder bedeutende schöpferische Pausen erleben.

Nur summarisch seis gesagt, was sich alljährlich in Ascona auf kleinem Raum zusammentut, um am Lago zu wasser-, luft- und sonnenbaden, auf hohen Bergen Erhabenes zu fühlen und all der anderen mannigfachen Freuden dieses gesegneten Ortes teilhaft zu werden.

Da gibt es neben stellenlosen Potentaten und friedlichen alten Militärs wilde Pazifisten, die jedem Andersdenkenden den Krieg erklären. Man findet Schwerindustrie auf Monte Verità und Leichtathletik am Lido. Man trifft auf Heimatkunst, Bauhaus und Querschnitt, auf monumentalen Kitsch und edle Kleinkunst, auf Männer der Wissenschaft und ernste Philosophie, auf Psychoanalyse sowie vollkommene Ehe. Und schließlich gibt es hier stets Beträchtliches an europäischer Literatur, Musik und Tanz, das heißt ein Publikum, das ohne Publikum nicht leben kann. Wer zählt die Völker, nennt die Namen! Ich nicht!»

Dennoch seien hier einige genannt: Edwin Fischer, Bronislaw Hubermann, dem Max Emden die kleinere Brissago Insel wegschnappte, Elli Ney, Arthur Schnabel, James Simon, Gerhart Münch, Wilhelm Hausenstein, die Soziologen Max Scheler, Alfred Weber und Leopold von Wiese, René Schickele, Fernand Crommelinck, Oskar Schlemmer und die übrigen Bauhaus-Lehrer, Hertha Feist, Mary Wigman und Rudolf von Laban, der Sexualforscher Magnus Hirschfeld und Henri van de Velde, der Galerist und Sammler Alfred Flechtheim, Heinrich von Wedderkop, Emil Jannings, Thomas Mann und Gerhart Hauptmann, Leo Lewald, der 1936 als Präsident des Olympia-Komitees die Eröffnungsrede hielt, Wilhelm Cohn, der Kenner asiatischer und chinesischer Kunst, und Eckart von Sydow, Frank Thieß, Annette Kolb und Balder Olden, Ilse Gräfin Kanitz und Katharina von Kardorff, Kurt Glaser, der ehemalige Direktor der Staatlichen Kunstbibliothek, nicht zu vergessen den Hochadel: August Wilhelm und Friedrich-Eitel von Preußen, König Leopold von Belgien, Kronprinz Ruprecht von Bayern, Großfürst Alexander von Russland – ja, man tat sich förmlich etwas darauf zugute, mindestens einmal auf dem

Monte Verità gewesen zu sein. Trotzdem war dabei kein Snobismus im Spiel, sondern sie alle waren Menschen unter Menschen, die das Band des Glücklichseins zusammenhielt. Es fanden oft interessante und wertvolle künstlerische Darbietungen statt. Es gab doch einen gewissen Ernst in diesem leichtlebigen Paradies. Er dokumentierte sich, außer durch den Genuss anspruchsvollerer Kunst, in den vielfach vertretenen Neigungen zu asiatischer Weisheit und theosophisch beeinflusster Religionsphilosophie.

Eranos, eine Gemeinschaft der Suchenden und Erkennenden

Im August 1933 fand in der Casa Gabriella die erste Eranos-Tagung statt, zu einem unglückseligen Zeitpunkt, aber das wusste man nicht, denn in Ascona glaubte man nicht, dass der Nazi-Spuk lange dauern würde, obwohl der Astrologe Paul Bendix seinen entsetzt lauschenden Zuhörern am Sonnenhof-Strand weissagte, dass das Tausendjährige Reich laut dem Gesetz, nach dem Adolf Hitler unterm Planetenstand seines Geburtstagsdatums angetreten war, genau zwölf Jahre währen sollte.

Ascona schien weitab von der Welt zu liegen, denn während in Deutschland böse Mächte am Werk waren, baute Olga Froebe-Kapteyn, die am 19. Oktober 1881 in London als Tochter holländischer Eltern geboren wurde, eine Brücke zwischen Ost und West.

Im Jahre 1953 erschien in der Heidelberger Zeitschrift «Psyche» ein Bericht von Walter Robert Corti: «Zwanzig Jahre Eranos», in dem es unter anderm hieß:

«Die Teilnehmer am Eranos kommen aus allen Ländern, sprechen hier in vier Sprachen und gehören den verschiedensten Glaubensrichtungen an. Vortragende und Zuhörer bilden eine Gemeinschaft der Suchenden und Erkennenden, von denen allein Aufrichtigkeit und Offenheit erwartet wird ... Indem die geistigen Erträgnisse aller Kulturen in die stets neu versuchte Synthese verarbeitet werden, indem sich aus den nationalen Bausteinen der Weltsinndeutung ein Mosaik des Ganzen aufbaut, indem dies schließlich in ökumenischer und irenischer Rahmung gemeinschaftlich geschieht, so bemüht sich Eranos um eine menschheitliche Paidaia …»

Die erste Sommertagung des Jahres 1933 hatte das Thema «Joga und Meditation im Osten und Westen». Neben Heinrich Zimmer und Mrs. Rhys Davids sprachen unter anderen C.G.Jung, der Eranos während der schlimmsten Jahre die Treue hielt, und Erwin Rousselle, der Nachfolger Richard Wilhelms am China-Institut in Frankfurt am Main.

Corti zählt als weitere Teilnehmer in den ersten zwanzig Jahren auf: «Im Kreise der coincidentia oppositorum stehen die Vertreter des modernen Judentums, Martin Buber, Leo Baeck, Gershom Scholem, dem englischen Dominikaner Viktor Whyte, dem Protestanten Karl Ludwig Schmidt (Basel) gegenüber; Karl Kerenyi und W. F. Otto wechseln mit den Ethnologen Th. W. Danzel und Richard Thurnwald, Frankreich stellt die eminenten Orientalisten Paul Pelliot, Paul Masson-Oursel und H.Ch.Puech von der Sorbonne, den Islamisten Louis Massignon vom Pariser Collège de France sowie den hervorragenden Iranspezialisten Henry Corbin … Seit 1946 treten die Naturwissenschaftler in das Gespräch ein, mit den Physikern Erwin Schroedinger und Friedrich Dessauer, vor allem aber mit dem Basler Biologen Adolf Portmann, der das weite Feld der modernen Lebensforschung hinzuerschließt …

Weitere Tagungsthemen waren ‹Gestalt und Kult der ‚Großen Mutter'› (1938), ‹Symbolik der Wiedergeburt› (1939), ‹Trinität, christliche Symbolik und Gnosis› (1940/41), ‹Das hermetische Prinzip in Mythologie, Gnosis und Alchimie› (1942), ‹Alte Sonnenkulte und die Lichtsymbole in der Gnosis und im frühen Christentum› (1943) und ‹Die Mysterien› (1944). Mit dem Jahre 1945 beginnt eine etwas veränderte Phase der Eranosarbeit, eine Verschiebung mehr ins Ontologische, jetzt wird ‹Der Geist› explizites Thema (1945), ‹Der Mensch› (1947 und 1948), ‹Der Mensch und die mythische Welt› (1949), ‹Mensch und Ritus› (1950), ‹Mensch und Zeit› (1951), das Tagungsthema 1952 wird das Problem ‹Mensch und Energie› umkreisen.»

Es ist gewiss kein Zufall, dass die Eranosarbeit 1945 in eine neue Phase eintrat; denn das Tausendjährige Reich machte sich in den zwölf Jahren seines Bestehens, vom Zweiten Weltkrieg nicht zu reden, trotz dem «gesicherten Geschichtsboden der humanen Schweiz», trotz Abgeschiedenheit und Weltfremdheit stark bemerkbar. Adolf Portmann leitete die Eranos-Tagungen der Nachkriegsjahre.

Wenn Eduard von der Heydt 1958 in seinen Erinnerungen schreibt: «Heute geht es in den Cafes von Ascona ruhiger zu. Wenn man langsam an den Stuhlreihen vorbei schlendert, wird man förmlich an die früher sehr bekannte ‹Lästerallee› der Insel Helgoland erinnert», so meint er damit gewiß nicht die Jahre 1933 bis 1945, in denen niemand mehr an den Stuhlreihen vorbei «schlenderte», in denen die Cafes mehr oder minder verödet waren, in denen Wilhelm Schmidtbonn es nicht mehr wagte, seine geliebte Konditorei Signorell an der Hauptstraße aufzusuchen, weil er mit keinem Menschen ins Gespräch kommen wollte, denn man konnte ja nie wissen... Tatsächlich konnte man nie wissen. Mit Staunen vernahm man, daß die geistreiche, hochgebildete Marquesa, in deren Haus man an einer Tischplatte auf dem Boden zu sitzen pflegte, als Spionin entlarvt und ausgewiesen worden war; und mit Entsetzen las man in der Zeitung, dass der junge Schweizer Sonnenhof-Wirt von der Militärbehörde in Bern standrechtlich exekutiert worden war.

Emigranten

Mit dem Jahr 1933 setzte der Strom der Emigranten nach Ascona ein. Er war weder so heftig noch so groß, wie es den Anschein hatte, weil sich die Tore der Schweiz sehr bald verschlossen; dafür entdeckten die Deutschschweizer, die nach Kriegsausbruch nicht mehr ins Ausland reisen konnten, ihren eigenen sonnigen Süden, und sowohl das Dorf als auch der Monte Verità erhielten neuen Zuzug, und in den Straßen und Cafes übertönten zum erstenmal die kehligen Laute des Schweizerdeutschen das schnoddrige Berlinerisch, das derbe Bayrisch und das langgezogene Rheinländisch. Wollte man meinen, dass damit das Pflaster von Ascona mit einem Holzboden für die Kunst belegt wurde, so kennt man Ascona schlecht. Irgend etwas Kulturelles gedeiht hier immer, und sei es auch neben dem ärgsten Merkantilismus, und wenn jemand behauptet, in Ascona könne man nicht arbeiten, auch eine beliebte Verleumdung, so ahnt er nicht, was hier neben bildender Kunst und Musik auf dem Gebiet der Literatur entstanden ist.

Kurt Glaser, der als Emigrant in Ascona Zuflucht fand, ehe er nach Amerika auswanderte, schrieb in einem Artikel:

«Von diesem alten Ascona ist nicht viel mehr übrig. Maler zwar gibt es noch zur Genüge, und es gibt sogar eine ständige Kunstausstellung der Maler von Ascona. Emil Ludwig wohnt noch ganz in der Nähe hoch an einem der steilen Uferhänge in einem Hause mit einem märchenhaften Blick über den See. Aber von den Haarmenschen sind nur noch wenige geblieben, und trotz ihres

Apostelgewandes gehen sie sehr bürgerlichen Berufen nach. Der Monte Verità selbst ist ein Hotel geworden, mit seinem großen Burggarten, der auf der einen Seite in das romantische Tal der Maggia, auf der anderen über den Lago Maggiore hinblickt, eines der schönsten, und durch seinen neuen Besitzer, der Haus und Garten in ein Museum exotischer Kunst verwandelt hat, zugleich eines der eigenartigsten Hotels dieser Welt.

Ein Hang zum Absonderlichen haftet an dieser Gegend. Es scheint, dass sie eine Anziehungskraft auf besondere Menschen übt. Auf dem Monte Verità haben sich viele Buddhastatuen aus allen Ländern des Ostens angesiedelt, aus einem Winkel glotzt eine ungeheure Tanzmaske aus einem afrikanischen Negerdorfe, auf einer Terrasse thront eine feierlich archaische Götterfigur, gespensterhaft, wenn im nächtlichen Dunkel unter dem von tausend Sternen funkelnden schwarzen Himmelsgewölbe die Grillen ihr lautes Konzert vollführen.

Unvergesslich sind diese lauen Sommernächte über dem See. Die Luft ist von einer wundervollen Klarheit. Das Schwarz der Berge geht unmerklich über in das Schwarz des Himmels und in das Schwarz des Wasserspiegels. Nur die Lichter der Sterne droben und der Häuser am See blitzen aus dem Dunkel, und hier und da zieht eine Sternschnuppe ihre lange Bahn. Wie die Tageszeiten, so haben die wechselnden Witterungen ihre sonderliche Schönheit. Wenn plötzlich Wolken vom Westen aufsteigen und den Himmel überziehen, wandelt in einer knappen Stunde südliche sich in nördliche Landschaftsstimmung. Denn dies ist einer der Reize von Ascona, und dies macht es nördlichen Menschen so lieb und so vertraut, dass es, nicht eigentlich südlich, noch diesseits jener Grenze liegt, wo eine fremde Sonne dem Ungewohnten allzu heiß vom allzu klaren Himmel herniederbrennt. Diese Landschaft ist selbst im Regen nicht traurig. Sie wirkt nicht so falsch wie ein verregnetes Stück Italien. Es ist nur wieder ein anderer Schleier, der anstatt des Schleiers der Sonne die Berge mit seinem Silberweiß mild verhängt. In wechselnden Fernen können Schleier weißen Regens über dem See treiben, bis dann der Monte Verità selbst sich in einen solchen Schleier hüllt, der auch die Nähe fern erscheinen macht, der die Wirklichkeit selbst den Bildern jener chinesischen Maler ähnlich werden lässt, mit denen der Herr des Zauberberges die Zimmer seiner Gäste geschmückt hat.

Den Menschen aber umfängt in dieser Landschaft eine merkwürdige Ruhe. Die Tage gleiten dahin in einer vollkommenen Wunschlosigkeit. Es ist, als glichen die Menschen, die in dieser Landschaft leben, selbst den Weisen, die chinesische Maler in ihren Nebelbildern hausen lassen. Es ist ein Irrtum, dass so viel Schönheit ein dankbares Motiv für Künstler sei. Diese Landschaft ist selbst Bild und darum in Bildern niemals zu fassen. Man soll sie genießen, aber nicht entweihen. Man soll seine Augen hier volltrinken, aber dann soll man dorthin zurückkehren, wo die Welt Kampf ist, wo nicht ewiger Friede den Menschen einhüllt, sondern der Streit der Dinge ihn zum Handeln treibt. Nur in der Erinnerung bleibt ein Traum vom Glück, wie man ihn selten auf dieser Erde erlebte.»

Jakob Flach eröffnete 1937 ein Marionettentheater, in dem im Laufe der Jahre über siebzig Stücke aufgeführt wurden. Die freiwilligen Mitarbeiter waren die Maler Fritz Pauli, Ignaz Epper und Richard Seewald, der Architekt Weidemeyer, die Bildhauerin Mischa Epper und ihr Kollege Werner J. Müller, die Schriftsteller Jakob Bührer, der sein Heim in Verscio im Onsernonetal gefunden hatte, und Richard B. Matzig, der mit seiner Frau eine deutschsprachige Privatschule gründete und 1951, erst 47 Jahre alt, als Privatdozent in Bern starb. Die Musik schrieb der Holländer Leo Kok, der später in Ascona ein Antiquariat besass und der mit seiner Ballettmusik für das Locarneser Kamelienfest das Lied «Il canto del cucù» in der ganzen Schweiz bekannt gemacht hat.

Wie viele Werke sind unter der Sonne und den Palmen Asconas entstanden! Es sind nicht nur Geschichten, die hier spielen wie der Roman «Das göttliche Gesicht» von Bruno Götz, die tragikomische Erzählung «Der Geldkomplex» von Franziska von Reventlow und Henry Jaegers Roman «Der Club», in dem Ascona Verbenia heißt, sondern hier arbeiteten in der Stille auch jene, die ihren Themenkreis außerhalb des Tessins fanden: Francis Külpe, René Schickele, Ignazio Silone, Erich Maria Remarque und die Schweizer Ulrich Amstutz, Richard B. Matzig, der begeisterte Sänger der Tessiner Schönheiten, die Lyriker Albert Ehrismann und Paul Adolf Brenner, der Romancier Klaus Peter Wieland, der Dramatiker Werner Johannes Guggenheim, dessen Drama «Erziehung zum Menschen» die Schweizer Theater in den Jahren der Nazi-Herrschaft nicht aufzuführen wagten, Heinrich Hanselmann, Julius Schmidhauser, Elsa M. Hinzelmann (Margrit Hauser), später Werner Keller («Und die Bibel hat doch recht»), Hans Habe und der ungarische Dramatiker Julius Hay, die das Gerücht vom süßen Nichtstun in Ascona ad absurdum führten. Zu ihnen ist natürlich auch Mary Lavater-Sloman zu rechnen, die Ascona allerdings nach ihrem achtzigsten Geburtstag verlassen hat. Dazu kamen noch die zahlreichen neuangesiedelten kleineren und größeren Autoren, die sich bewusst oder unbewusst die wohlklingende Ascona-Adresse zunutze machten.

Und auf dem Monte Verità? Wie standen hier die Dinge zu der Zeit, als Ascona nach dem deutschen Oberspitzel Dr. Ammer, der mit seinen beiden Schwestern verbissen durch die Hauptstraße schritt, «Ammergau» genannt wurde?

Seltsamerweise spricht der Besitzer des Hotels weder in seinen Erinnerungen noch in seinen Gedanken von dem Betrieb während der Nazi-Herrschaft in Deutschland; er zählt die Gäste sozusagen nach Sach- und Fachgebieten geordnet auf, nicht in chronologischer Reihenfolge. Es ist fast, als schweige er diese finsteren zwölf Jahre absichtlich tot, obwohl er als ehemaliger Parlamentarier und Kaisertreuer politisch interessiert und gebildet war, was nicht zuletzt aus seinen Bemerkungen über Gustav Stresemann, der ihn im März 1926 auf dem Monte Verità besuchte, und über Konrad Adenauer hervorgeht, der im Frühjahr 1956 drei Wochen lang auf dem Berg der Wahrheit weilte.

Nur eine einzige Anekdote streift den Explosivstoff, der Ascona in der Hitlerzeit erfüllte:

«An einem Mittag kam zufälligerweise Emil Ludwig herüber, der auch immer sehr begierig war, berühmte Leute kennenzulernen. Er war begleitet von dem berühmten Kommunisten Ernst Toller, der sich angeblich in München durch viele Erschießungen ausgezeichnet hatte. Er machte aber gar keinen blutdürstigen Eindruck. Man hätte ihm solche Freveltaten gar nicht zugetraut. Da gleichzeitig mein fast ständiger Gast, der frühere Botschafter Graf Wolf Metternich, zugegen war, kam eine eigenartige Tafelgesellschaft zusammen, welche von dem kleinen Chinesen (einem Begleiter Magnus Hirschfelds) photographisch festgehalten wurde. Ich habe das Bild noch. Da damals schon das Dritte Reich in Deutschland regierte, warnten mich manche Leute vor diesem Photo und meinten, ich solle mir das Negativ vom Chinesen zurückgeben lassen. Wenn das Bild in unrichtige Hände gefallen wäre, hätte mein Porträt, besonders in Gesellschaft von Emil Ludwig, van der Velde und Hirschfeld, unangenehme Folgen für mich haben können. Es ist aber weiter nichts passiert.»

Seit eh und je hat der Klatsch in Ascona üppige Blüten getrieben, und es ist unmöglich, Dichtung und Wahrheit zu trennen. Die einen sagen, von der Heydt sei Nazi gewesen, der zu Gunsten der braunen Herren in Deutschland in einen groß angelegten Goldschmuggel verwickelt worden sei; die andern bestreiten es glühend und weisen darauf hin, dass der Baron vielen Emigranten geholfen und jüdischen Kindern Unterschlupf gewährt habe. Vielleicht stimmt beides, jedenfalls lässt es sich denken, dass man sich in jener Zeit in einer solchen Stellung nur halten konnte, wenn man zumindest starke Konzessionen machte. Tatsache ist, dass die alten Freunde des Barons, für die er ursprünglich das große Hotel gebaut hatte, weil die Casa Semiramis den Andrang nicht zu fassen vermochte, dass diese Leute in alle Winde verstreut waren oder aus Deutschland nicht ausreisen durften. Erlaubnis für Auslandsreisen erhielten nur Nationalsozialisten, und das mag der Grund sein, warum die Gästelisten nicht mehr aufzutreiben waren. Bekannt ist, dass Waldemar Bonsels in jener Zeit das Chalet Aida bewohnte, dass sich Richard Strauß auf dem Monte Verità aufhielt, und dass ganz andere Berühmtheiten, so der Schweizer Romancier John Knittel und der Engländer John Boynton Priestley, in der verschwundenen Kartei vertreten waren. Der Bankierberuf des Hotelbesitzers brachte es mit sich, dass Finanzgrößen und rheinische Großindustrielle kamen, und der deutsche Reichswirtschaftsminister Hjalmar Schacht hat sich seinem steifen Kragen zum Trotz mit einem Champagner-Gelage im mittlerweile abgebrochenen Teehaus ins Buch der Erinnerungen eingeschrieben. Mehrmals war der schwedische Gesundheitsapostel Are Waerland zu Gast, worüber sich die Gründer des Berges der Wahrheit vermutlich gefreut hätten. Der Dramatiker Georg Kaiser starb hier 1945 in den Armen der Direktorsgattin und liegt in Minusio begraben, obwohl er sich gewünscht hatte, seine letzte Ruhestätte in Locarno neben Stefan George zu finden.

Wie schnell vergessen die Menschen! Fragt der Fremde heute, wie es denn während des Zweiten Weltkriegs auf dem Monte Verità zugegangen sei, so stutzen die Leute, werden tiefsinnig und – wissen keine Antwort. Die Erklärung ist einfach: Sie haben vergessen, dass das Hotel von 1939 bis 1942 geschlossen war. Im Jahr 1942 wurde es vom Deutschschweizer Otto Staub, der vorher den Sonnenhof geleitet hatte, gepachtet und bis 1969 geführt. Seine

Gäste waren in den letzten Kriegsjahren vorwiegend Schweizer und die Vortragenden auf der Eranos-Tagung, unter ihnen immer wieder C. G. Jung.

Nach dem Krieg kamen außer den Deutschschweizern vermehrt Engländer, Franzosen, Belgier, Amerikaner, Deutsche, vorwiegend ältere Herrschaften, in der Hochsaison auch Familien mit Kindern.

Das Weltdorf Ascona

Nach dem Zweiten Weltkrieg, als sich das Wirtschaftswunder bemerkbar machte, setzte Asconas großer Aufschwung ein, der eigentliche Boom, der all jene Lügen strafte, die schon zwanzig Jahre früher, als das erste Kauf- und Baufieber begann, einen argen Zusammenbruch prophezeit hatten, nicht zuletzt der konjunkturbeflissenen Hotellerie, die in Ascona Zukunftsmöglichkeiten witterte.

Baron von der Heydt sagte kurz vor seinem Tode: «Etwas Wehmut beschleicht mich, wenn ich die Entwicklung von 32 Jahren überdenke. Ich habe sie von Anfang an miterlebt, ja vielleicht durch die bauliche Veränderung und Erweiterung des Gipfelhotels auf dem Monte Verità zu einem guten Teile selbst eingeleitet und dann, wo ich konnte, sogar gefördert. Die berühmte Piazza am See, an der jetzt ein Cafe neben dem andern steht und immer neue hinzukommen, die heute gepflastert ist und leider auch als Parkplatz für die unvermeidlichen Autokolonnen benützt wird, war früher ein unbeachteter grüner Landstreifen, auf dem man höchstens einmal eine alte Kuh oder einen lahmen Esel weiden sah.»

Genau genommen fing die Veränderung damit an, dass man – war es gegen Ende der Zwanzigerjahre? – die Piazza pflasterte und kurz darauf die Taverna errichtete, um Geld einzunehmen.

Das war für die Alten, die Ascona und den Monte Verità als ihre Entdeckung und ihr Eigentum betrachteten, der Anfang vom Ende und für die Jüngeren und Jungen der Auftakt zu großen Zukunftsmöglichkeiten.

Der Herr des Monte Verità hat die Veränderung treffend ausgedrückt: «Als ich kam, gab es in Ascona keine einzige Galerie und Kunsthandlung, dafür viele, wenn auch außerhalb Asconas nicht sehr bekannte Künstler. Heute» – im Jahr – 1958 «sind die Künstler etwas vom allgemeinen Publikum zurückgedrängt worden, dagegen stehen die Kunsthändler in vorderster Linie.»

Es wurde weiter- und weitergebaut. Ganze Villenviertel entstanden, die Straßen erhielten Namen, und eine Zürcherin, die ihrer Tochter den einsam am See stehenden Bungalow zeigen wollte, wo die Tochter vor 25 Jahren geboren war, fand das idyllische Haus im Straßengewirr erst nach langer Suche wieder.

In den zehn Jahren von 1960 bis 1970 ist die Einwohnerzahl von Ascona von 3053 auf 4075 gestiegen. Aus dem stillen Feriendorf ist eine lärmige Neonstadt geworden. Bis in die Zwanzigerjahre wuchs das Dorf organisch, dann wurde es mehr und mehr vom Tourismus überrumpelt.

Erich Mühsams Traumvision hat sich keineswegs bewahrheitet. Es mag manch einer von Ascona aus ins Gefängnis wandern, aber außer Henry Jaeger und dem politisch grausam verfolgten Julius Hay, der 1971 seine Erinnerungen unter dem Titel «Geboren 1900» herausgegeben hat, findet man hier keine ehemaligen Gefangenen, wie es auch kein Zufluchtsort für verfolgte Heimatlose gewesen ist, als es deren viele gab, höchstens Durchgangsstation.

Was die Architektengruppe um Carl Weidemeyer einst in vorbildlicher Weise geleistet hat – wohlgemerkt, im Kampf mit den Behörden –, nämlich eine bauliche Eingliederung in Landschaft und Althergebrachtes, so dass ein eigentlicher Asconeser Baustil entstand, das ist kaum mehr zu sehen. Seit Jahren herrscht in Ascona das Baufieber, herrscht rigoros und zerstörerisch. Ein häßlicher, seelenloser, unpersönlicher Betonbau erhebt sich nach dem andern, eine Mietskaserne nach der andern, überall, sogar mitten im Dorf. Es sind lauter Bauten mit Eigentums- oder Mietwohnungen – eine Eigentumswohnung kostet (1970) etwa 250 000 Franken –, die von deutschen Wirtschaftswunderkindern mit Schwarzgeld gekauft oder gemietet werden. Die Asconeser Millionäre, die ihr Geld durchs Bauen eingeheimst haben, bauen weiter, weil sie nicht genug Geld kriegen können. Eine Raumplanung, die dringend notwendig gewesen wäre, gab es nicht; allfällige Vorschriften oder Verbote beachtet man nicht, denn wie es heißt: Im Tessin macht jeder, was er will. Ascona hatte jetzt 36 Hotels, obwohl kein vernünftiger Mensch mehr im verschmutzten See badete und wahrscheinlich demnächst auch die Unvernünftigen behördlicherseits nicht mehr im Lago schwimmen dürfen. An einzelnen Stellen ist das Baden schon jetzt verboten, nur der Lido hat angeblich irgendwelche Strömungen, die den ärgsten Schmutz wegspülen.

Diese trostlose Entwicklung, die nicht nur die alten Freunde Asconas beklagen, sondern auch manche Einheimischen, die sich an den Kopf fassen, wenn man mit ihnen spricht, diese Entwicklung setzte gleich nach dem Tod des Barons von der Heydt ein. Er starb am 2. April 1964 in seinem kleinen Haus im Saleggi. Schon einige Jahre zuvor hatte er einen großen Teil seines Besitzes verkauft: das Paradiso, den Landstrich beim ehemaligen Bagno publico, auf dem er Ferienhäuschen errichtet hatte, an den Zürcher Industriellen Emil Bührle. Bührle hatte ihm versprochen, hier ein Museum zu errichten, in dem von der Heydt seine gesamte Sammlung unterbringen wollte. Aber zwei Jahre später starb Bührle unerwartet, und die Erben dachten nicht daran, das Versprechen wahrzumachen. Ein großes Gebiet auf der Collina verkaufte von der Heydt an Pierino Ambrosoli, weil er hohe Steuern zahlen musste, ohne dass sich entsprechende Einnahmen ergaben. Ambrosoli hatte wie vor ihm sein Vater ein Fahrrad-Vermietungsgeschäft, übernahm die Vertretung von General Motors und Chrysler, verdiente im Krieg viel Geld, indem er dem Militär

Autos vermietete, und kaufte Grundstücke zu billigen Preisen, darunter einen großen Teil des Monte Verità, wo an Stelle der in die Luft gesprengten Casa Cedro ein Betonkasten errichtet wurde. Damit war der erste Schritt zur Verschandelung des Monte Verità getan, wenn auch noch reichlich unterhalb des Gipfels.

Das Hotel sowie das ganze dazugehörige Terrain hat Baron von der Heydt dem Kanton vermacht, und 1970 wurde hier der 1936 geborene Tessiner Aldo Cotti als Direktor eingesetzt. Er hat keine Zeit zum Tennisspielen oder vergnüglichen Autofahren, sondern ist Hotelier vom Scheitel bis zur Sohle, spricht vier Sprachen und hegt über das Wohlbefinden seiner Gäste hinaus ehrgeizige Pläne. Aber zum Glück hat er Stilgefühl: Der Monte Verità soll bleiben, wie er war; sowohl die Fassade des renovierten Haupthauses als auch das Jugendstil-Gesicht der Casa Semiramis sind zwar renoviert worden, aber nicht verändert. Nur das Innere ist der Moderne angepaßt, und sogar in der guten alten Casa Semiramis hat seit August 1971 jedes Zimmer ein Bad mit WC. Das ehemalige Sonnenbad der Naturmenschen ist eine Wiese, doch in der Nähe, wo die Casa Dorli stand, ist ein geheiztes Schwimmbecken mit Kabinen, Duschen, Bar und Liegestühlen, zum Glück, da der See nicht mehr lächelt. Die Gesellschaftsräume des Hotels, die im Verhältnis allzu groß und zahlreich waren, sind nun so eingerichtet, dass hier Kongresse abgehalten werden können, in einer einmaligen Umgebung, denn wo sonst finden Kongressteilnehmer kostbare Gemälde an den Wänden? Die schönsten Stücke hat von der Heydt zwar seiner Heimatstadt Wuppertal vermacht, aber auf dem Monte Verità sind noch genügend Schätze geblieben. Im Park gibt es allerdings nur noch zwei japanische Grablaternen; die übrigen ostasiatischen Stücke wurden dem Rietberg-Museum in Zürich übergeben, nachdem Vandalen während des Krieges einigen Figuren den Kopf abgeschlagen hatten. Die testamentarische Bestimmung des Barons, den Monte Verità nicht nur als Hotel, sondern auch als eine

Stätte der Kultur zu bewahren, gedenkt Cotti nun endlich zu befolgen; vor allem plant er Kunstausstellungen.

Henri Oedenkoven würde seinen Berg der Wahrheit trotz von der Heydts Hotel wiedererkennen und manches noch vorfinden, aber niemals würde er Ascona wiedererkennen. Auf der Piazza reiht sich ein Restaurant ans andere, am oberen und am unteren Ende parken die Autos, in unablässigem Strom fahren die Wagen durch die enge Hauptstraße, vorbei am Cafe Verbano, das sich bis auf die großen Glasfenster der Fassade kaum verändert hat. Das Restaurant Quattrini würde Oedenkoven noch wiederfinden, ein wenig vergrößert, nicht mehr ganz so «antico», aber noch idyllisch-rustikal. Ein paar Gässchen gibt es noch im Dorfkern, ein paar alte Häuser, so die schöne Casa Serodine, aber all das geht unter in der kalten Pracht der Mietskasernen, der neuen Straßen, der Neonlichter, der unzähligen Boutiquen und geschäftemachenden Geschäfte. Denn «Geschäft» wird in Ascona ganz groß geschrieben. Es ist eine verpestete, motorendurchdröhnte, äußerlich blitzsaubere, innerlich morbide Stadt, in der man seit Jahren von einem rettenden Autotunnel spricht, der ob des Gezänkes und der vielfachen gegenteiligen Interessen wohl niemals gebaut werden wird.

Aber es bleibt die Collina, zwar immer mehr überbaut, zwar verschandelt, doch immer erfreulicher, je höher man steigt. Henri Oedenkoven müsste von dem Teil absehen, der jetzt dem Millionär Ambrosoli gehört, er würde sogar manche Hütte wiederfinden, verwunschen, überwachsen, malerisch verfallen; er würde an der alten Parsifalwiese seine Freude haben, die der Gemeinde gehört und wie eh und je zu Freilichtaufführungen lockt, weil Oberon und Titania gut hierher passen würden; und er hätte wahrscheinlich seine helle Freude an dem Vita-Parcours, der zweieinhalb Kilometer weit durch Kastanien-, Akazien-, Birken-, Eichen- und Buchenurwald, durch Farnkraut und Brombeergestrüpp gelegt wurde. Dieser bezaubernde Vita-Parcours, den die Köche des Hotels ebenso emsig benutzen wie die Gäste, schlägt sozusagen den Bogen zu den Gesundheitsfanatikern der Jahrhundertwende, denen damals weitaus mehr Sauerstoff zur Verfügung stand als uns heute.

Im Dorf gibt es sogenannte Luxushotels, das Albergo Monte Verità gilt amtlicherseits als Gaststätte erster Klasse, weist aber Seltenheitswerte auf, die es zu einem Sonderfall machen, vielleicht vergleichbar mit einem abgelegenen englischen Landsitz, jedoch unvergleichlich durch die Landschaft, die eh und je von Dichtern besungen wurde. Die Generationen der geigenden Grillen, der flinken Ameisen, der scheuen Eidechsen, der flötenden und zwitschernden Vögel, der lauten und leisen Menschen sind einander gefolgt, aber dieselben Glockenklänge tropfen durch die Luft, dieselbe Sonne scheint, derselbe Mond leuchtet, wenn er auch inzwischen erreichbar geworden ist. Das Leben geht weiter, die Entwicklung – mag man sie auch bedauern – lässt sich nicht aufhalten, doch der «Berg der Wahrheit» wird neuen Generationen erhalten bleiben, denn er hat nicht nur eine Vergangenheit – wir kennen von ihr bloß einen Bruchteil –, sondern auch eine Zukunft.

Monte Verità – Der andere Zauberberg

«Nach Ascona kommen die Neugierigen und erwarten, Männer mit langen Bärten und Frauen in Büsserhemden anzutreffen, sie haben einmal etwas vom Monte Verità gehört, abenteuerliche Gerüchte, vielleicht den Namen jenes Belgiers, Oedenkoven, der vor mehr als dreissig Jahren dem Berge seinen Namen gab und – Vegetarier, Naturmensch, Weltverbesserer – in rätselhafter und immerhin achtunggebietender Ausdauer Enttäuschungen, Lächerlichkeit und Ausartungen über sich ergehen liess. Er gründete 1905 die «Vegetabilische Gesellschaft des Monte Verità», das war einer der zahlreichen und ausnahmslos gescheiterten Versuche, der in verhängnisvollen Irrtümern lebenden Menschheit den Weg zum Heil, zur natürlichen Besserung zu weisen. Lenin, Klabund, Mary Wigman, Emil Ludwig, Erich Mühsam und die Gräfin Reventlow haben den Berg besucht, dann kamen Spiritisten, Theosophen, Anarchisten, Schwindler, Besessene und gescheiterte Existenzen. «Man geniert sich etwas, in Ascona zu sein» – «als ob ich aus dem Narrenhaus entkommen wäre» – «Es ist ein Paradies …» – Aussprüche. der Gräfin Reventlow, die acht Jahre in Ascona geblieben ist. Das Paradies und Narrenhaus war nicht lebensfähig, und Oedenkoven musste – tragisches Schicksal – nach zwanzig Jahren sein Werk aufgeben und Ascona verlassen. Das Unternehmen schien einige Jahre gründlich zu Ende und der Vergessenheit anheim zu fallen. Aber Ascona war nun einmal entdeckt, das liess sich nicht rückgängig machen, in irgendeiner Form musste es wachsen und einen Stil bekommen: Das Gesinnungsdorf Ascona, Maler, Künstler, Tänzer und freie Geister – die Bohème Europas sammelte sich hier. Nicht mehr Naturmenschen, noch weniger Vegetarier und Abstinenten, vielmehr jene Gesellschaft aus den Kaffeehäusern der Grossstadt von intellektuell-revolutionärer Gesinnungsart. Worpswede ist verwandter Boden, wenn auch gemässigter, abgelegener, vielleicht exklusiver.

Eine neue Epoche: Jetzt war das Restaurant expressionistisch ausgemalt. «Monte Verità – Hotel – Kurhaus – Restaurant – bunt wie Tessiner Glockengeläut ist der Weltruf von Monte Verità – Monte Verità ist Synthese von Natursanatorium und Einzelleben. Die Basis hierzu: Zwanglosigkeit. Lago Maggiore zauberlacht Unlust in blaue Heiterkeit. – Hier ist Ruhepol und Angel der Welt. –»

Die Direktoren taten ihr Bestes, den ins Wanken geratenen Ruf des Wahrheitsberges zu befestigen. Die Maler von Ascona trugen das ihrige dazu bei, es war die Zeit der Künstlerfeste, die man mit ungeahntem Glanz arrangierte.

Erst der Freiherr von der Heydt hat aus dem Monte Verità ein gangbares, anspruchsvolles und von allen Absonderlichkeiten geheiltes Hotel gemacht. In Ascona wohnen unbekümmert immer noch Künstler, Philosophen und freie Geister. Frau Froebe hält in ihrem Haus Kurse für «Spiritual Research» ab, Unternehmungen von durchaus ernsthaftem geistigem Rang, die auch der Besitzer des Monte Verità besucht. Wer von den Asconesen würde aber seinerseits einen Aufenthalt im neuen Kurhaus erschwingen können? Die Wege trennen sich – …

Aber der Park ist unverfälscht geblieben, mit Sonnenbad, Walkürefelsen und kleinen Häuschen, welche Frauennamen tragen oder «Solitude» und «Château d'amour» heissen …– Man kann sich diese Häuschen mieten, sie liegen verstreut im Park der noch immer einer Wildnis ähnlich sieht, mit Felsen, unberührten Wegen, waldbedeckten Hügeln und plötzlichen Ausblicken in die Täler und Gebirge, die hier von romantischer Grossartigkeit sind.»

So beschreibt Annemarie Schwarzenbach im 1932 erschienenen Band «Schweiz – Ost und Süd» aus der Reihe «Was nicht im Baedeker steht» mit einer Mischung aus Respekt und leiser Ironie die Verhältnisse in Ascona und auf dem Monte Verità, deren Faszination auch sie sich nicht entziehen kann, wie wohl alle, «durchziehendes Volk» ebenso, wie jene, die sich für kürzere oder längere Zeit hier niederlassen. Bis heute – auch wenn sich die «Collina» noch überbauter präsentiert – hat sich die Topographie nicht so verändert, dass die Reisenden nicht die Gänge und Wege abschreiten, das Erleben nachvollziehen könnten, die seit damals, Schriftstellerinnen und Autoren in ihren Werken zu Schilderungen des Monte Verità und der Gegend um Ascona bewogen haben.

Hans Leip, später u.a. als Autor des Liedes «Lili Marleen» bekannt geworden, fasst «Ascona» in den 1930 publizierten «Tagebuchnotizen 1929», folgendermassen zusammen:

«Und unten, hinter dem Lido Locarnos und den Golflinks liegt Ascona, die sonderbarste aller deutschen Enklaven, Mixtur aus Weltdorf Worpswede, Goetheanum, Bircher Mäusle (!), Okkultätlichkeiten und Wigmanschule. Durch das Glas sehen wir deutlich den schönen Monte Verità, grün mit bunt wie ein rohköstlicher Gemüseauflauf, geziert mit Palästen und Blockhäusern, Eremitagen und einer zwanglosen im Freien verteilten fabelhaften Sammlung fernöstlicher Tempelplastik. Und der Hamburger Konsul von der Heydt wallt dort im Lufthemde spazieren …

Weiterhin unten am See wohnt Emil Ludwig, sehr prächtig. Wenn der Fernstecher reichen würde, sähe man ihn gerade sich einen ungeheuren Wattebart vorschlingen und an seine tägliche Portion Biographie des lieben Gottes schreiben ...

In einer der Trattorias an der einzigen Strasse zu Ascona setzt sich immer gleich jemand zu einem. Dieser heisst Weidemeyer. Ich behaupte er war mit mir zu Löbau im Lazarett. Damals war er Plakatmaler heute ist er Architekt. Das sei viel leichter. Alles mit Lineal, beziehungsweise rechtem Winkel, unter dem man das Leben sowieso ansehen müsse. Hat hier schon ein Theater gebaut.»

Im gleichen Jahr (1930) erschien in Berlin erstmals das Buch von Robert Landmann. Unter dem Titel «Monte Verità Ascona. Die Geschichte eines Berges», zeichnete er auf der einen Seite Erlebnisse derjenigen Menschen nach, die sich seit Beginn des Jahrhunderts auf dem «Berg der Wahrheit» niedergelassen hatten, ihrer Ideen und Bewegungen, ihrer Lebensgrundsätze und Statuten, war aber gleichzeitig eine bis in finanzielle Details akribische Darstellung und Rechtfertigung des sich hinter einem Pseudonym verbergenden Autors, welcher in den Jahren 1923 bis 1925 einer der «glücklosen» Besitzer des «Wahrheitsberges» gewesen war.

Inzwischen hatte Baron Eduard von der Heydt das Anwesen 1927 erworben und – mit ausreichenden finanziellen Mitteln – mit dessen Ausbau begonnen. Die politischen Veränderungen in Deutschland trugen in den dreissiger Jahren erneut dazu bei, einerseits Emigrantinnen und Emigranten nach Ascona und auf den Monte Verità zu bringen, spätestens der ausbrechende Zweite Weltkrieg veränderte aber für Jahre sowohl die Atmosphäre wie das Interesse an Ascona und seinem Berg. Dennoch wurde die Gegend für manche – oft weniger berühmte – Menschen durch den ganzen Krieg und darüber hinaus Refugium, etwa für den Kabarettisten und Verleger Leon Hirsch in Brissago ebenso wie für das Schriftstellerpaar Lisa Tetzner und Kurt Held (Kläber) in Carona, trotz einer auch im Tessin und besonders in der

Gegend um Ascona aktiven Ortsgruppe der NSDAP unter Julius Ammer.

Viel beschrieben und doch individuell waren (und sind) die Beweggründe, sich in und um Ascona und seinen Berg niederzulassen. Stefan George etwa kam 1933 nicht (wie später oft kolportiert) aus politischen Gründen nach Minusio, sondern weil ihm aus gesundheitlichen Gründen die klimatischen Bedingungen empfohlen worden waren.

Während 1939, nach Ausbruch des Zweiten Weltkrieges, diejenigen Emigranten, welche die Möglichkeit dazu hatten, Ascona vorab in Richtung Nord-, in selteneren Fällen Südamerika verliessen, einige nach Ende des Krieges den Weg zurück fanden, «entdeckten» in den Fünfziger- und Sechzigerjahren auf Grund der wirtschaftlichen Entwicklung viele (Bundes-) Deutsche Ascona und dessen Umgebung zunächst als Touristen, später als «Alterswohnsitz». Auch eine in der Zeit des Krieges herangewachsene Generation von Künstlern und Schriftstellern «erlag» dem Reiz der Gegend, wo etwa im Onsernonetal (Berzona) und andernorts neue «Künstlerkolonien» entstanden.

Zu Beginn der Siebzigerjahre, nachdem auch in Deutschland sich langsam ein verstärktes Interesse an den Bedingungen des Lebens im Exil spätestens seit dem Ersten Weltkrieg zu manifestieren begann, erwachte auch das Interesse am Monte Verità (inzwischen, nach dessen Tod 1964 testamentarisch aus dem Besitz Eduard von der Heydts in jenen des Kantons Tessin übergegangen) erneut. 1973 erschien die von Ursula von Wiese, selber zeitweilig «Asconesin» und der Freikörperkultur zugetan, überarbeitete und mit Doris Hasenfratz bis in die Zeit nach dem Zweiten Weltkrieg nachgeführte neue Ausgabe von Landmanns Buch, welche hier erneut vorgelegt wird. 1978 folgte die Aufsehen erregende Ausstellung von Harald Szeemann, die zunächst in Zürich, später an den Ausstellungsorten Berlin, München und Wien nicht nur einen

«Ascona-Boom» oder «Kult» auslöste, sondern auch eine anhaltende Diskussion um Tradition und Nutzung des «Monte Verità».

Schon seit 1933 versammelten sich Wissenschafter der verschiedensten Disziplinen (mit Ausnahme der Kriegsjahre) Jahr für Jahr auf Einladung von Olga Froebe Kapteyn in Ascona zu den ERANOS-Tagungen. Nachdem diese Tagungen bis in die Siebzigerjahre weitergeführt werden konnten, pflegt in gewissem Sinne die Eidgenössische Technische Hochschule, in deren «Verantwortung» die Anlagen des Monte Verità 1989 endlich übergingen, diese Tradition weiter.

In den Achtzigerjahren wurden die Casa Anatta und die Casa Selma renoviert und darin auf der Grundlage der Ausstellung von Harald Szeemann ständige Ausstellungen über die Geschichte des Monte Verità eingerichtet, später zudem das von Elisar von Kupffer ausgestattete so genannte Elisarion aufwendig restauriert und damit vor dem Verfall bewahrt.

Dass sich die Geschichte des Monte Verità heute auch als ein «who was who» des intellektuellen, politischen und «sonstigen geistbegabten Volkes», mithin auch als «Erfolgsgeschichte» liest, kann und soll nicht darüber hinwegtäuschen, dass das einfache Leben in den ersten Jahrzehnten des Jahrhunderts wohl nicht allein einem Bedürfnis, denn auch einer Notwendigkeit entsprach, wenigstens zu versuchen, sei es aus «Überzeugung» oder als Emigrant/in aus wirtschaftlicher, existenzieller Not eine Tugend zu machen.

Jahrzehnte vor Stefan George war 1873 der russische Anarchist Michail Bakunin als einer der ersten «Touristen» nach Minusio gekommen. 1885 folgte die russische Baronin Antoniette de St. Lèger, welche sich auf den Brissago-Inseln niederliess und die Anlagen zu einem bis heute viel beachteten botanischen Garten schuf.

Seit dieser Zeit behauptete sich die Anziehungskraft der Gegend um Ascona und den Monte Verità bis in die jüngste Zeit. So lebt Ascona fort, nicht allein als nach wie vor attraktives Ziel für Touristen, sondern auf und mit dem Monte Verità als Begegnungsstätte von Wissenschaftlern aus der ganzen Welt und vielerlei Disziplinen ebenso wie als Stätte ständiger und temporärer Ausstellungen zu einer inzwischen (über) hundertjährigen Geschichte und Gegenwart.

Martin Dreyfus

Literatur- (Auswahl) und Quellenverzeichnis

Ascona – Bau – Buch. Herausgegeben von Eduard Keller. Zürich, Oprecht & Helbling, 1934.

ASCONA. Turicum. Schweizer Kultur und Wirtschaft. Stäfa, Zürichsee-Zeitschriftenverlag, 1993.

Das Buch von der Schweiz. Ost und Süd. Von Annemarie Schwarzenbach und Hans Rudolf Schmid. Herausgegeben von Eduard Korrodi. Was nicht im Baedeker steht. Band XV. München, R. Piper, 1932.

Fontana, Martina. Vollständiger Faksimile-Druck von Fritz Jordi und Heinrich Vogeler 1931/32 in Ronco s./Ascona herausgegebenen Halbmonatsschrift. Mit einem Anhang von Dietger Pforte. Giessen, Anabas/ Ascona, Edizioni San Pietro, 1981.

Glauser, Friedrich: Dada, Ascona und andere Erinnerungen. Zürich, Arche Verlag, 1976.

Grohmann, Arthur: Die Vegetarier-Ansiedelung in Ascona und die sogenannten Naturmenschen im Tessin. Faksimile-Nachdruck der Erstausgabe 1904. Herausgegeben mit Anmerkungen und Nachwort von Hanspeter Manz. Ascona, Edizioni della Rondine, 1997.

Hurwitz, Emanuel: Otto Gross, Paradies-Sucher zwischen Freud und Jung. Zürich, Suhrkamp Verlag, 1979.

Landmann, Robert (d. i. Werner Ackermann) Ascona – Monte Verità, Geschichte eines Berges, Berlin, Schultz, 1930, Ascona, Pancaldi, 1934, Zürich, Benziger, 1973.

Leip, Hans: Aus Tagebuchnotizen. Hamburg, Kreis Verlag, 1930.

Ludwig, Emil: Tom und Sylvester. Ein Quartett. Berlin, Ernst Rowohlt, 1928.

Mayer, Bernhard: Interessante Zeitgenossen. Interesting Contemporaries. Lebenserinnerungen eines jüdischen Kaufmanns und Weltbürgers 1866–1946. Konstanz, Hartung Gorre Verlag, 1998.

Monte Verità, Ascona. du, Europäische Kulturzeitschrift. Zürich, Conzett + Huber, 1978.

Mühsam, Erich; von der Heydt, Eduard u.a.: Ascona und sein Berg Monte Verità. Zürich, Arche Verlag, 1979.

Oppenheimer, Wolfgang: Das Refugium. Erinnerungen an Ascona. München, Universitas, 1998.

Reventlow, Franziska Gräfin zu: Der Geldkomplex. München, Albert Langen, 1925.

Riess, Curt: Ascona. Die Geschichte des seltsamsten Dorfes der Welt. Zürich, Europa, 1964.

Schütte, Wolfgang, U.: Von Berlin nach Brissago. Auf den Spuren von Leon Hirsch in der Schweiz. Berlin, Buchverlag der Morgen, 1987.

Szeemann, Harald (Hrsg.): Monte Verità, Berg der Wahrheit. Lokale Anthropologie als Beitrag zur Wiederentdeckung einer neuzeitlichen sakralen Topographie. Milano, Electa Editrice, 1978.

(Szittya, Emil:) Das Kuriositäten-Kabinett. Begegnungen mit seltsamen Begebenheiten, Landstreichern, Verbrechern, Artisten, religiös Wahnsinnigen, sexuellen Merkwürdigkeiten, Sozialdemokraten, Syndikalisten, Kommunisten, Anarchisten, Politikern und Künstlern … gesammelt von Emil Szittya. Konstanz, 1923, See-Verlag. Reprint: Berlin, Zerling, 1979.

Venner, Johannes Vincent: Das Türmer Buch. Geschautes und Erlebtes. Basel/Lugano, Drei Burgen Verlag/Edizione tre Castelli, 1935.

von der Schulenburg, Werner: Briefe vom Roccolo. Mit Zeichnungen von Hanny Fries. Zürich, Arche 1967.von Wiese, Ursula; Guggenheim Werner Johannes: Neun in Ascona. Ein Sommerbuch. Zürich, Orell Füssli, 1933.von Wiese, Ursula: Vogel Phönix. Bern, Klio, 1994.

Fotonachweis

Umschlag	© Patmos Verlag GmbH & Co. KG, Benziger Verlag, Düsseldorf und Zürich
Hintere Klappe	© Patmos Verlag GmbH & Co. KG, Benziger Verlag, Düsseldorf und Zürich
Seite 145	© Rechtsinhaber nicht bekannt
Seite 146, oben	© Michele Vester, Ascona
Seite 146, unten	© du, Zürich
Seite 147, oben	© Giorgio J. Wolfensberger, Città della Pieve (PG)
Seite 147, unten	© Giorgio J. Wolfensberger, Città della Pieve (PG)
Seite 148	© Patmos Verlag GmbH & Co. KG, Benziger Verlag, Düsseldorf und Zürich
Seite 149, oben	© du, Zürich
Seite 149, unten	© du, Zürich
Seite 150	© du, Zürich
Seite 151, oben links	© Monacensia, München
Seite 151, oben rechts	© Insel Verlag, Frankfurt a. Main
Seite 151, unten links	© du, Zürich
Seite 151, unten rechts	© Europa Verlag AG, Zürich
Seite 152	© Patmos Verlag GmbH & Co. KG, Benziger Verlag, Düsseldorf und Zürich
Seite 153	© Patmos Verlag GmbH & Co. KG, Benziger Verlag, Düsseldorf und Zürich
Seite 154, oben	© Patmos Verlag GmbH & Co. KG, Benziger Verlag, Düsseldorf und Zürich
Seite 154, unten	© Turicum, Stäfa
Seite 155	© Michele Vester, Ascona
Seite 156, oben	© Turicum, Stäfa
Seite 156, unten	© du, Zürich
Seite 157	© du, Zürich
Seite 158, oben	© Patmos Verlag GmbH & Co. KG, Benziger Verlag, Düsseldorf und Zürich
Seite 158, unten	© Patmos Verlag GmbH & Co. KG, Benziger Verlag, Düsseldorf und Zürich
Seite 159	© Rechtsnachfolger Hans Thomamichel
Seite 160	© Klio-Verlag, Bern